创业原理与过程

主　编　王　涛　刘泰然
副主编　高　媛　李　涛
　　　　孙凤莲　张智利

北京理工大学出版社
BEIJING INSTITUTE OF TECHNOLOGY PRESS

内容简介

本书全面系统地介绍了创业的基础知识和基本理论，全书共分为10章，主要介绍了创业活动与创业过程、创业机会与创业风险识别、创业团队组建、商业模式设计、商业计划书、创业融资、创建新企业、初创企业战略管理、初创企业营销管理和初创企业财务管理等内容。各章均附有扩展阅读和思考题，供读者参考。

本书的特点是概念准确、论述严谨、内容新颖，突出基本知识、流程和方法的阐述，同时力图反映创业环境的最新发展情况。本书适合高等院校各专业的创业基础课程。

图书在版编目（CIP）数据

创业原理与过程 / 王涛，刘泰然主编. —北京：北京理工大学出版社，2019.3（2024.2重印）

ISBN 978-7-5682-6847-9

Ⅰ.①创… Ⅱ.①王… ②刘… Ⅲ.①创业—基本知识 Ⅳ.①F241.4

中国版本图书馆CIP数据核字（2019）第045960号

出版发行 / 北京理工大学出版社有限责任公司
社 址 / 北京市海淀区中关村南大街5号
邮 编 / 100081
电 话 / （010）68914775（总编室）
（010）82562903（教材售后服务热线）
（010）68948351（其他图书服务热线）
网 址 / http：//www.bitpress.com.cn
经 销 / 全国各地新华书店
印 刷 / 涿州市新华印刷有限公司
开 本 / 787毫米×1092毫米 1/16
印 张 / 14.5
字 数 / 352千字
版 次 / 2019年3月第1版 2024年2月第6次印刷
定 价 / 43.50元

责任编辑 / 江 立
文案编辑 / 赵 轩
责任校对 / 周瑞红
责任印制 / 李志强

前言

创业是一切财富的源泉，可促进事物的推陈出新，使创业者变得富有，也可以使社会繁荣、国家昌盛。面对经济转型和全球化激烈竞争的迫切需要，创新与创业成为一个国家经济持续发展的源泉和国家竞争力提升的新引擎。最近几年，由于就业压力逐渐增大，越来越多的高校毕业生开始把创业作为另一种“就业”方式，国家也在创业培训和政策引导上给予了更多的支持。然而调查显示，我国大学生创业的成功率并不高，原因既与创业环境尚待完善、创业政策扶持力度较弱有关，也与创业者缺乏相应的创业能力和素质密切相关。

为了提高大学生的创新能力与创业水平，各高等院校相继开设了与创新创业有关的通识类课程，但是这些课程在许多学校并没有摆脱就业指导性课程的定位，教学内容陈旧，教学资料匮乏。2012 年 8 月 1 日，教育部印发了《普通本科学校创业教育教学基本要求（试行）》，对普通本科学校创业教育的教学目标、教学原则、教学内容、教学方法和教学组织进行了明文规定，同时，在此基础上，制定了“创业基础”教学大纲（试行），作为高校开设创业教育课程的参考标准。随着“大众创业、万众创新”的国家方针的出台，对提高人才培养质量、促进大学生全面发展提出了新需求。

随着越来越多不同专业的大学生开始学习创业课程，编写适合教学需要的创业基础类教材十分必要。作为创业教育一线教师，围绕教育部“创业基础”教学大纲（试行）的教学目标，参考了大量的创新创业类教材和研究成果，编写了本书，目的是实现大学生创业教育的基本目标，使大学生掌握创业的基础知识和基本理论，熟悉创业的基本流程和基本方法，了解创业的法律法规和相关政策，激发创业意识，提高社会责任感、创新精神和创业能力。

本书根据教育部最新创业教育与创业人才培养理念，结合大学生创业特点，以培养大学生的创业意识、创业素质和创业能力为目标编写而成。参照教育部“创业基础”教学大纲（试行）的要求，在课程内容和教学要点上与教育部规定基本一致，具体内容包括创业活动与创业过程、创业机会与创业风险识别、创业团队组建、商业模式设计、商业计划书、创业融资、创建新企业、初创企业战略管理、初创企业营销管理和初创企业财务管理。本书以创业过程为主线，以创业机会为导向，精简架构，精选案例，注重系统培养学生的创业意识和创业实践能力。旨在开拓高校学生创业思维，提高创业能力，训练创业方法和技巧，并在一定程度上帮助创业者规避创业风险，提高创业成功率。本书可以作为全国普通高等院校本科学生创业基础课程的教材使用。

本书由王涛、刘泰然担任主编，副主编由高媛、李涛、孙凤莲、张智利担任。在编写分工上，王涛负责制定教材框架，并撰写了第四章和第五章，刘泰然撰写了第一章、第二章和第三章，高媛撰写了第六章和第十章，张智利撰写了第七章，孙凤莲撰写了第九章，李涛撰写了第八章。本书的出版得到了创业教育任课教师的大力支持和推动，同时也感谢北京理工大学出版社的大力支持。

由于编者水平有限，加之时间仓促，书中难免有疏漏之处，恳请广大读者批评指正。

王　涛

2018 年 12 月

目　录

第1章　创业活动与创业过程

【学习目标】

1. 掌握创业的概念与创业的类型；
2. 熟悉创新与创业的关系；
3. 了解创业的一般性过程；
4. 掌握创业管理的含义与内容。

【开篇案例】

王兴和他的13年创业征程

2018年6月23日，美团点评（以下简称“美团”）CEO王兴踏上了他创业路途上的又一高峰，就在前一天，美团在港交所递交了招股书，开启了上市之路。美团招股书显示，公司2017年平台完成的交易笔数超过58亿，交易额高达3 570亿元。营业收入2015年至2017年分别达到40亿元、130亿元、339亿元，三年收入增长超过七倍。

对于创业，王兴似乎有一种与生俱来的执着，“实际上我不是为了创业而创业，仅仅是有一件事情需要人去做，如果别人还没做的话，那就我来做好了。”

执着的创业老兵

在互联网创业的圈子里，王兴绝对算得上是一位老兵。

早在就读于清华大学期间，王兴就表现出对创业的极大兴趣，当时他加入清华科技创业者协会，并成为活跃分子。在拿到全额奖学金之后，王兴赴美攻读硕士。

在国外求学时，王兴感受到了社交网站的兴起。2002年，全球第一个社交网站Friendster成立；随后一年MySpace成立，并在很长一段时间内成为世界上最火的社交网站之一。2003年冬天，看到机会的王兴毅然决然地放弃了美国的学业踏上回国之路，开始他的第一段创业生涯。

2004年，王兴在清华大学旁边的海丰园开始了他的创业生涯。王兴找到他的大学同学王慧文和中学同学赖斌加入社交网站的创业计划。一年后，著名的中国社交网站校内网上线。

王兴和他的创业伙伴很幸运，刚上线不久的校内网经历多轮推广后，在2006年用户暴增，一时间用户数突破百万。但因为缺乏资金增加服务器和带宽，加上国内同行对社交领域的趋之若鹜，王兴不得不接受千橡互动CEO陈一舟的收购，随后校内网改名为人人网。

凭借校内网挖到"第一桶金"之后，王兴的创业之心并未熄灭，他再次把所有精力投入到饭否网的准备中。饭否网是国内第一家提供微型博客服务的网站，与Twitter类似。

2007年，饭否网一上线就得到年轻用户的追捧。数据显示，2009年上半年，饭否网用户数就从年初的三十万激增至百万。当时谁也没有料到，命运会再次跟王兴开了个玩笑，因为平台上的一些不当言论，饭否网被迫关闭。

2010年1月，王兴萌发了创建类似Groupon业态的念头，这就是后来美团的雏形。那时候王兴没有想到，这个中国最早的独立团购网站最终会在千团大战中厮杀出来，并在兼并大众点评后，将业务扩充到更多领域。

从2003年到2010年这段时间里，先后经历过校内网、饭否网创业的王兴在不断的摸爬滚打中积累了有效的管理经验，以及一个团结的创业团队。

带领美团胜出"千团大战"

Groupon创造的高利润神话深深吸引着中国互联网创业者，王兴则是最早入局团购模式的创业者。

中国互联网的团购故事始于2010年春天。短短几年，这个行业从原有的单一独立团购网站，开始增加至电商网站内的团购频道甚至复合型团购交易平台等多业态共存的态势。有数据显示，从2010年年初美团上线以来到2011年年底，中国团购网站的数量超过了5 000家。

美团是千团大战大浪淘沙后的幸存者之一，凭借强大的地推能力，美团在2014年取得团购市场60%的市场份额。但是很快，糯米和口碑这两家网站也顺势崛起，王兴所面临的竞争态势变得更加复杂。

王兴关于O2O的构思其实早在2011年就已成型。当时他认为，团购只是美团的冰山一角，是美团切入更加庞大的O2O市场的切入点。事实也证明了这一点。2012年是美团的重要分水岭，团购行业开始升级转型，O2O模型延伸至餐饮外卖、电影、酒店在内的许多细分行业。

竞争与开放

如果不适应激烈的竞争，一家企业很难在厮杀猛烈且更迭迅速的互联网时代生存下来。王兴一直以来的战略思想和目标就是要做一个生活服务的超级平台，通过新业务的推广，既能通过不断推出新业务来为超级平台获取更多新流量，同时又为超级平台所聚集的庞大用户和流量寻找更多变现渠道，从而不断提升美团的价值和估值。

王兴也极力主张开放合作，美团与619家餐饮服务商达成合作，还投资了52家与美团生态相关的企业。王兴表示，比起心态开放，他更关注客观规律。到底是自己做，还是拆出去，都是为了更好地发展，而并非以自我为中心。

从非典型工科男到知名企业家

从校内网、饭否网到美团，王兴完成了从技术极客到优秀企业家的成功蜕变。这种角色的成长与其快速学习能力有极大关系。

王兴爱读书，喜欢谈论《道德经》《孙子兵法》《三国演义》等。王兴还喜欢研究国外典型互联网公司的做法，美团早年曾对标Groupon，随着公司的发展又将目标更新为亚马逊。

除了快速的学习能力，王兴汇聚人才的深厚功力也为美团的成功立下汗马功劳。从校内网，到饭否网，再到美团，王兴身边的早期创业伙伴始终不离不弃，他们中的一些人直到现在依然在美团担任重要职务。

王兴曾为自己定下一个宏伟目标。在2015年的一次内部会议中，他提到美团完全有机会成为一家市值超过1 000亿美金的公司。三年后的今天，已经提交IPO招股书的王兴离他的梦想又近了一步。

1.1 创业的基本概念

1.1.1 创业的含义

1. 创业的定义

创业是长期存在的社会现象，只是人们在很长时间里并不知道他们在从事创业活动，在这一过程中也没有形成明确的创业概念。后来，人们注意到这个相对特殊的群体，并逐渐称其为企业家，观察他们的行为，形成对创业活动的基本认识。随着社会的变迁，人们对企业家及其创业活动的认识也在不断深化。

企业家一词最早来源于法语。1755年，法国经济学家理查德·坎特龙出版了《一般商业之性质》一书，首次将企业定义为承担某种风险的活动，因为企业要以确定的价格购买商品，然后以不确定的价格售出商品。坎特龙把每个从事经济行为的人都称为企业家，因为这些人是不能按固定的价格买卖的，他们要面对不确定的市场而承担风险。这应该是经济学领域对创业的最早描述，从此创业就和风险紧密地联系在一起。

18世纪后期，经济学家把从事农业栽培的人称为企业家。到19世纪初，企业家的含义又从农业扩展到工业以及整个经济活动中。现代意义上的企业家的出现，与生产力和商品经济的巨大发展，以及股份公司的形成有密切联系。真正较透彻地认识企业家的职能和作用的是哈佛大学的经济学家约瑟夫·熊彼特，他在1912年出版的《经济发展理论》和1942年出版的《资本主义、社会主义和民主主义》等著作中，不但将企业家提高到“工业社会的英雄”“伟大的创新者”的高度，而且强调，企业家的职能是“创造性破坏”，“企业是实现新的生产要素组合的经营单位，而企业家是实现生产要素组合的人”。这种组合，并不是对原有组合方式的简单重复，而是一种创新。企业家通过这种组合，建立新的企业生产函数，从而导致社会经济的连续变化，推动社会经济的发展。

20世纪80年代，人类社会从工业社会进入信息社会，信息技术的普遍应用、全球化进程的加快等为创业活动提供了更有利的环境，新的商业模式不断涌现，资源和生产要素可更加便捷和快速地进行组合，技术、产品以及管理创新层出不穷。机会和创造成为商业活动的核心内涵，人们对创业的理解也更加确定和具有普遍意义。

1987年，美国管理学会将创业作为一个单独的领域正式纳入管理学科。而且自20世纪80年代起，许多学校开设了创业学课程。到90年代末，创业研究和其他学术领域之间已经建立了很密切的联系，许多不同领域的学者从各自的角度来研究创业问题，并为创业研究领域带来了各自的理论与实证研究方法。但是，创业的概念，学术界至今没有统一，不同学者从不同角度对创业的定义进行描述。

杰夫里·提蒙斯（Jeffry A. Timmons）认为，创业是一种思考、推理和行为方式，它为机会所驱动，需要在方法上全盘考虑并拥有掌控全局的领导能力。

罗伯特·荣斯戴特（Robert C. Ronstadt）认为，创业是一个创造增长的财富的动态过程。

科尔（Cole）认为，创业是以发起、维持和发展利润为导向的企业的有目的性的行为。

霍德华·H. 斯蒂文森（Howard H. Stevenson）认为，创业是一个人——不管是独立的还是在一个组织内部——追踪和捕获机会的过程。创业就是察觉机会、追逐机会的意愿及获得成功的信心和可能性。

宋克勤认为，创业是创业者通过发现和识别商业机会，组织各种资源提供产品和服务，以创造价值的过程。

创业的定义有狭义和广义之分。狭义的创业就是创建新企业，广义的创业则指社会生活各个领域里人们开创新事业的实践活动。

总的来说，创业是指创业者发现商机、承担风险，利用企业这个经济组织，将自己拥有的资源或通过努力能够拥有的资源以一定的方式优化整合，为社会和个人创造价值和财富的活动。

2. 创业的功能

全球经济一体化进程的加快以及以信息技术为代表的知识经济的来临，不断改变着传统的产业格局。创业活动对我国经济发展有着重要的战略意义。创业具有增加就业、促进创新、增强经济活力、创造价值等功能。

3. 创业的本质

创业的本质是创新、变革。创业的本质体现在五个方面。

（1）把握机会

机会的最初状态是市场需求。创业活动的机会导向进一步决定了创业活动的顾客导向，这也是创业与发明、创新不同的重要方面。要识别创业机会，就必须深入理解顾客需求，对顾客的需求做细致入微的研究分析，这不同于简单的市场细分，而是要把握顾客的本质需求。

（2）超前行动

创业活动的机会导向特征决定了创业活动必须突出速度，并做到超前行动。机会都具有时效性，甚至可能稍纵即逝。现实生活中，成功的创业者一旦有了创业的想法，往往会在比较短的时间里快速付诸实施，并在实践中不断摸索、改进，寻求发展。

（3）创造性地整合资源

创业活动强调在资源不足的情况下把握机会。创业者特别是刚毕业的大学生在开始创业时，往往只有很少资源，因此，必须善于创造性地整合资源。资源的种类很多，创业者自身所具备的知识、技术、组织协调才能、社会关系网络、对市场和顾客需求的洞察力等，都是创业成功的重要资源。

（4）创新与变革

创新与变革是创业的基础，创业过程是不断创新与变革的过程。无论是发现新创意、捕捉新机遇、寻找新市场，还是技术创新、制度创新和管理创新等，都是创新。企业在发展道路上，往往会遭遇资金、人才、产品、品牌、管理等方面的发展瓶颈问题，企业要想顺利跨越这些瓶颈，不仅需要技术创新，还需要经营理念、管理方式与商业模式的创新与变革。在现实生活中，大多数的创业行为，往往是在做别人已经做过的事情，海尔公司不是第一家生产冰箱的企业，联想集团销售计算机之前许多中国人已经在使用计算机，巨人集团推出“脑黄金”的时候人们早就知道保健品，但是这些企业把平凡的事情做成了不平凡的业绩，取得成绩的背后是创新与变革。

（5）价值创造

首先，价值创造意味着这些企业向顾客提供有价值的产品和服务，并通过产品和服务使消费者的需求得到实质性的满足。其次，价值创造强调的是对社会和经济发展的贡献，强调对人们物质和精神生活的丰富和满足，只有突出价值创造的创业活动才有生命力，才更有助于生存和发展。

1.1.2 创业的关键要素与类型

1. 创业的关键要素

创业的基本要素包括创业环境、创业机会、创业能力、创业团队、创业资源等，但创业的关键要素有三个，即创业环境、创业机会、创业能力。

（1）创业环境

创业环境是创业得以生存和发展的重要条件，包括政治、经济、社会等环境。

国家政策对创业活动有重大的影响。在我国计划经济时代，受国家政策限制，创办民营企业从事创业活动几乎不可能。1978 年 12 月，我国召开了十一届三中全会作出了实行改革开放的决策，从此，我国的经济开始腾飞。在其后的时间里，我国探索出了一条中国特色社会主义道路，从经济发展向政治、文化、社会全面推进，综合国力全面提升。改革开放促进了民营经济的发展，创业环境逐渐宽松，大量民营企业涌现，并且不断发展壮大。

现在我国的创业环境和改革开放初期相比有很大的变化。一是 2005 年修改《中华人民共和国公司法》（简称《公司法》），大大放松了公司注册方面的限制，包括允许一个人注册有限公司等。二是 2005—2009 年的股市“全流通”改革，加上 2009 年 10 月 30 日，中国创业板正式上市，使得中国股市促进初创企业融资的功能再次放大。三是 2006 年修改的《中华人民共和国合伙企业法》（简称《合伙企业法》），规定合伙企业不是企业所得税纳税人，这为投资人以有限合伙制组建投资基金大开方便之门，也直接促使了最近两年的 PE（Private Equity，即私募股权投资，指投资于非上市股权，或者上市公司非公开交易股权的一种投资方式）大繁荣局面。四是中央做出的关于“实施扩大就业的发展战略，促进以创业带动就业”的总体部署后，创业上升到了国家战略层面，之后，我国出台了减免税费、金融支持、教育与培训等一系列扶持创业的政策。五是 2010 年 5 月 13 日，国务院出台了《国务院关于鼓励和引导民间投资健康发展的若干意见》（“新 36 条”），民间资本有了更大的“活动空间”，被允许进入铁路支线、干线建设及电信运营领域等市场；在房地产领域，民间资本可进入保障性住房建设中；在金融服务业方面，“新 36 条”还鼓励民间资本兴办中小城镇的金融机构，提高民营金融机构的服务比重；在推进医疗、教育等社会事业领域改革上，民间资本将作为社会公共事业的重要补充。此外，最近几年国内电信和互联网的快速发展，淘宝、百度、腾讯和新浪等网络平台的形成，有力地促进了互联网领域的创业活动。

目前，创业环境是较好的。我国初创企业的税务负担比较低，而且，地方政府对新成立企业优先给予扶持，对软件等科技创新企业在税收政策方面也给予了许多优惠政策，这些都有利于初创企业的成长和发展。

（2）创业机会

创业机会主要是指具有较强吸引力的、较为持久的有利于创业的商业机会。创业者据此可以为市场提供有价值的产品或服务，同时获益。

创业机会大都产生于不断变化的市场需求。我国当前正处于工业化和城市化加速发展阶段，产业结构调整升级、消费结构升级、城市化加速、人口结构变化、居民收入水平提高，这些变化增加了新的市场需求，产生了许多创业机会。捕捉到创业机会，也就是找到了创业项目。

好的开端是成功的一半。对于创业者来说，选择一个好项目，是创业成功的关键。创业的项目多种多样，涉及工作、学习和生活各个方面。

从观念上来看，创业项目可分为传统创业、新兴创业以及最新兴起的微创业。从方法上来看，创业项目可分为实业创业和网络创业。从投资上来看，创业项目可分为无本创业和小本创业。从方式上来看，创业项目可分为自主创业和加盟创业。

（3）创业素质和能力

创业者的创业素质和能力直接关系到创业能否成功。创业者应具备的创业素质和能力，在本书第 3 章中具体阐述。

创业者最重要的不是资金，也不是经验，而是创业素质和能力。创业初始，并不要求创业者具备全面的创业素质和能力，但必须具备创业精神和最基本的创业素质和能力。迈克尔·戴尔是了不起的学生创业者，他在德克萨斯大学宿舍里，创办了戴尔计算机公司，如今戴尔公司已经发展成为科技企业巨头，本人也担任了 30 多年的 CEO，2016 年福布斯全球富豪榜，戴尔以 198 亿美元的身价排名第 35 位。虽然戴尔在学生时代因为年轻并不具备所有的创业素质和能力，但他具有成功的欲望、创新的精神、冒险的勇气、团结合作的精神、百折不挠的决心和较强的执行力，这些都是一个创业者必备的素质和能力。

2. 创业的类型

随着创业活动的活跃，创业活动的类型也呈现多样化的趋势。可以根据谁在创业、在哪里创业、创业效果等基本问题，识别出基本的创业活动，分成不同的创业类型，国内创业基本可以分成以下类型。

（1）生存型创业

生存型创业又称生存推动型创业。这种创业模式，创业者大多为下岗工人、农民以及刚刚毕业的大学生，这是中国数量最大的创业人群。清华大学的调查报告显示，这一类创业者占中国创业者总数的90%。

在20世纪70年代末至80年代末起步的创业者，大多属于生存型创业。其典型代表是连续数年位居《福布斯》中国富豪排行榜前列的李晓华，以及创办广东七喜电脑有限公司的易贤忠。李晓华的第一桶金靠在北戴河卖冷饮掘得，当时投入资金是3 500元，收获则达10万元。李晓华创业成功是后来他东渡日本自费留学，并在日本经商，成为赵章光“101毛发再生精”在日本的总代理。这之前李晓华的商业行为皆为即兴的、片段的，而“101毛发再生精”的运作却是有目的、有步骤、系统的，可算作他个人从商的嬗变。

易贤忠原本是广州一家国有制药集团下属企业厂长，因女儿患病，为筹集医药费被迫下海。易贤忠的第一桶金是为停业装修的广州南方大厦制作500只节能电子镇流器，资本金是从广东省中山市小榄镇一个小老板处赊销的价值5 000元的电子原材料。易贤忠以自己50平方米住房为工厂，获利千余元，后易贤忠据此成立白云节能电子电器厂，3个月获利14万元。易贤忠在筹得为女儿治病的钱后，又继续回原厂上班，后因工厂衰败，不得已第二次下海，创立广东七喜电脑有限公司，个人资产过亿。

生存型创业一般局限于小型商业贸易，少量从事实业。基本是小型的加工业，也有成长为大中型企业的，但数量极少。这种类型的创业，大多是复制或模仿别人的商业模式。

（2）赚钱型创业

赚钱型创业者除了赚钱，没有什么明确的目标。他们喜欢创业，喜欢做老板，但不想冒太大风险。他们不分析、不在意自己能做什么、会做什么，可能今天在做这件事，明天又做那件事，且做的事情完全不相干。奇怪的是，这一类创业者中赚钱的并不少，创业失败的概率也并不比其他类型的创业者高，而且，这一类创业者大多过得很快乐。这种类型的创业，一般也是复制或模仿别人的商业模式，不能够或很少给顾客带来新产品或服务。

（3）冒险型创业

冒险型创业又称机会拉动型创业。这种创业模式创新的成分很高。由于是创造新产品或服务的活动，面临的失败风险较高，不确定性很大，但一旦成功，将改变创业者的个人命运，所得的报酬也很惊人。冒险型创业是一种难度很高的创业类型，只有能力很强的创业者才可能获得成功。冒险型创业者，一般拥有自有专利技术，能预先察觉未来市场变迁与顾客需求的趋势。王志东、张朝阳、丁磊等就是冒险型创业者，他们利用自己的知识和头脑，洞察未来市场需求的变化，创办新企业，获得成功。

这种创业模式，创业者可分为盲动型创业者和冷静型创业者两种。盲动型创业者大多极为自信，做事冲动，很容易失败，偶有所成者，也大多历经坎坷，并且在企业发展过程中会有反复。冷静型创业者是创业者中的精英，其特点是谋定而后动，不打无准备之仗，或是拥有技术，或是掌握资源，一旦行动，成功概率很高。

1.1.3 创业资源

1. 创业资源的内涵与种类

（1）创业资源的内涵

创业资源是指新企业在创造价值的过程中需要的特定资源，是新企业创立和运营的必要条件，主要表现形式为社会资本、资金、物资、技术、人才等。

人、财、物是最基本的创业资源。在知识经济时代，知识被列为生产要素，而且知识和高素质的人力资源是重要的创业资源。不同的创业活动具有不同的创业资源需求。

（2）创业资源的种类

创业资源按照对企业战略规划实施过程的参与程度可分为直接资源和间接资源如图1-1所示。

直接资源。直接参与企业战略规划实施过程的资源为直接资源。直接资源包含了财务资源、物资资源、技术资源和人力资源等。

间接资源。政策资源、信息资源等间接参与企业战略规划实施过程，为企业成长提供支持的属于间接资源。

表 1-1　创业资源的内容

资源类型	资源名称	资源内容
直接资源	财务资源	社会资本、资金、资产、股票等
	物资资源	企业经营活动所需的有形资源，如厂房、土地、设备等，有时也包括一些自然资源，如矿山、森林等
	技术资源	关键技术、工艺流程、专用生产设备等
	人力资源	创业者、创业团队与专业人才的知识、经验、智慧、人际关系网络
间接资源	政策资源	财政政策、税收政策、科技政策、产业政策、金融政策、人才政策等
	信息资源	竞争对手、政府、行业、合作活动、客户信息等

2. 获取资源的途径和方法

获取资源的途径包括市场途径和非市场途径。市场途径是指通过支付金额费用在市场购买相关资源；非市场途径则指通过社会关系，用最小的代价甚至是无偿获取资源。创业者获取资源的方法包括利用自有资源、整合外部资源等。

（1）利用自有资源

自有资源是来自内部的机会积累，是创业者自己拥有的可用于创业的资源。如创业者拥有的资金、技术、物资，以及管理才能和独自发现的创业机会。

不同的创业阶段有不同的资源需求，加上资源有限，创业者在利用资源时要分阶段投入，用最经济的方式开展工作。

（2）整合外部资源

外部资源包括亲朋好友、同学、同事、商务伙伴或其他投资者的社会关系及其资源，或者能够借用的人、财、空间、设备或其他原材料等。

外部资源更多来自外部机会发现，而能否发现外部机会在创业初期起着决定性作用。创业者在创业初期所能获取与利用的资源大都相当匮乏，特别是大学生，许多人都是白手起家。一方面，企业的创新和成长必须消耗大量资源；另一方面，企业自身还很弱小，无法实现资源自我增值和积累。因此，创业者需要整合外部的资源。

对创业者来说，创造性整合创业资源是一项很重要的创业技能，且整合资源的能力远胜于拥有所有创业资源。拥有技术和人力资源这两种重要资源，可以帮助创业者获得和运用外部资源。创业者在创业中要学会借势发展，巧用资源，优势互补，实现双赢。

创业者要通过整合外部资源，将别人的资源变成自己的资源，当然，整合资源要用合理合法的方法。许多优秀的创业者在创业过程中体现出卓越的整合创业资源能力，创造性地整合和运用资源，尤其是能够创造竞争优势并带来持续竞争优势的战略资源。蒙牛在成长过程中运用了太极拳中的“借力打力”的招数来创造性整合资源。蒙牛乳业自诞生之日起，就注重借助外部资源发展壮大自己，传统思维是先建工厂，后建市场，蒙牛是逆向思维——“先建市场，后建工厂”。于是，“虚拟联合组织”诞生了：1999年，蒙牛把区内外7个中小型乳品企业变为自己的生产车间，盘活了约7亿元资产，经营了冰激凌、液态奶、粉状奶3个系列40多个品种的产品，使蒙牛产品很快打人全国市场，当年销售收入达到4 365万元。半年时间，蒙牛在中国乳品企业销售收入排行榜中，由千名之末升至第119位。“蒙牛现象”成为经济界备受瞩目的一个亮点。2000年，蒙牛一边扩展“虚拟联合组织”，一边创立自己的“根据地”，高起点建起了具有国际先进水平的17条冰激凌全自动生产流水线和22条液态无菌奶生产流水线。经济界业内人士说，如果不是“先建市场，后建工厂”，蒙牛产品至少要晚一年问世；如果不用经济杠杆撬动社会资金，蒙牛的发展速度至少减慢一半；如果不引入国际资本，蒙牛的国际化至少要晚几年。

大学生最重要的财富就是智慧。现代社会，商机无处不在，但稍纵即逝，智者胜，有时可能就胜于一念之间。大学生创业必须充分发挥自己的智慧优势，紧紧抓住商机，不等不靠，学会“借力打力”“借船出海”“借鸡生蛋”，整合创业资源，最大限度地利用和组合现有资源和机会，构筑新的物质环境，去实现自己的创业目标。

1.1.4 创业精神

1. 创业精神的定义及本质

创业精神是创业者在创业过程中重要行为特征的高度概括，是指创业者具有的开创性思想、观念、个性、意志、作风和品质等，主要表现为勇于创新、敢当风险、团结合作、坚持不懈等。

创业精神的本质是创造、创新和创优。创业精神对任何企业，不管是大企业还是小企业、国有企业还是民营企业，都至关重要。换句话说，创业精神并不局限于新企业，成熟企业也存在或需要。

2. 创业精神的作用

创业精神能帮助创业者在创业路上坚持目标、开拓创新、攻坚克难、团结合作、奋力拼搏，最终实现创业目标，获得创业成功。创业精神和创业是密不可分的辩证统一体，创业精神是创业成功的前提和条件，创业是创业精神的载体和表现形式。

我国正处在加快经济发展方式转变的经济转型时期。21世纪是知识经济时代，以创新创业为特征。要加快经济转型，需要弘扬创新创业精神，只有当创新创业精神和活动成为时代的主题，经济转型步伐才能迈得更快、走得更好。

在新时期，创业精神将发挥更大作用。以知识为主题的创业（即知识创业）是现阶段创业的最大热点。知识创业形成知识产业，这些产业之间相互带动，形成庞大的、具有强大生命力的知识产业群，这是提高国家竞争力和推动经济发展方式转变的强大动力。例如，由知识密集型产业构成的信息产业、航天产业、生物产业等，对人类社会的发展产生了极大影响，具有重大的经济价值和社会价值，而大学生是最具创新创业潜力的群体之一，因此，国家需要大量的大学生从事知识创业。大学生在创业精神鼓舞下成功创业，有利于加快转变经济发展方式，促进我国经济社会又好又快发展。作为新时期的大学生，要自觉接受创业教育，培养善于思考、敏于发现、敢为人先的创新意识，挑战自我、承受挫折、坚持不懈的意志品质，遵纪守法、诚实守信、善于合作的职业操守，以及创造价值、服务国家、服务人民的社会责任感，大力弘扬创业精神，勇于投入知识创业活动中，为我国经济社会发展贡献力量。

3. 创业精神的培育

一个人对于创业的理解和追求可以在后天的生活实践中训练出来，通过正确的途径，创建良好的环境，会对大学生创业精神的培育起很好的促进作用。培育大学生创业精神的基本途径包括以下几方面。

（1）开展创业教育课程

一是开展创业思想教育，树立科学的创业观。通过广泛深入地开展创业教育，使大学生树立科学的创业观，增强创业意识，激发创业欲望，愿意创业、乐于创业。二是学习创业理论，掌握创业本领。通过学习，能用创业理论知识分析、解决创业过程中所遇到的问题，防范创业过程中的风险，提高创业成功率。三是提供创业实践训练指导平台，提高创业能力。只有经受创业实践的锻炼，创业目标才会更加明晰，创业意识才会更加强烈，创业能力才能提高。学校要为学生构建创业实践基地，社会要为大学生提供更多的创业岗位，如勤工俭学岗位、社区服务岗位等，使其经受创业实践的考验；大学生课余主动参与创业实践，熟悉多种职业特点和自己的能力特点，积累创业经验，增长创业才干，减少将来创业的盲目性。

（2）营造有利于创业的环境

充分发挥各类媒体的作用，采取多种形式，大力宣传创业的重要意义、创业的相关政策、创业的经验、成功创业的典型，在全社会弘扬创业精神；形成崇尚创业、以创业为荣的社会风尚和支持创业、鼓励创新、褒扬成功、宽容失败的社会氛围；进一步破除制约创业的体制、机制障碍，完善扶持创业的政策法规；简化办事程序，提高办事效率，降低创业成本，为创业者提供优质高效的全方位服务；加强创业服务体系建设，为创业者创业提供有力支持。

（3）树立创业的榜样

榜样的力量是无穷的。创业榜样是大学生学习的活教材，创业成功者的成功典型会使更多的人效仿。一是编选创业成功的案例，激发创业热情。二是通过“走出去、请进来”的方式，宣扬创业榜样成功事迹，让大学生们耳濡目染受到熏陶。

（4）进行创业心理指导

创业心理指导是形成良好的创业心理品质的特殊教育。首先，应开设心理课程，传授心理知识，将心理知识内化为大学生的心理品质。其次，开展心理咨询活动，帮助大学生分析创业过程中出现的心理问题，进行咨询指导。

1.1.5 知识经济发展与创业

1. 知识经济的含义

知识经济是以知识运营为经济增长方式、知识产业为龙头产业的人类社会经济增长方式与经济发展模式，是以知识为基础的经济，是建立在知识和信息的生产、分配和使用基础上的经济。

知识经济是和农业经济、工业经济相对应的概念。传统的经济理论认为生产要素包括劳动力、土地、材料、能源和资本，而现代经济理论已把知识列为重要的生产要素，因为知识投资具有越来越高的回报率。工业经济和农业经济，虽然也离不开知识，但总的说来，其增长取决于劳动力、土地、原材料、能源和资本等生产要素，是以物质为基础的经济。知识经济是人类知识特别是科学技术方面的知识积累到一定程度、知识在经济发展中的作用增加到一定程度的产物。

21世纪知识经济占世界经济主导地位，随着世界科技的突飞猛进，一个以知识和信息为基础的、竞争与合作并存的全球化市场经济建立并发展起来。知识在经济活动中发挥越来越关键的作用，已成为决定国家、产业和企业竞争力的重要因素。知识经济已显现出强大的生命力。发达国家科技对经济增长的贡献率已经超过其他生产要素的总和，国家的繁荣和人类的未来比任何时候都依赖创新和应用知识的能力。知识经济尤其适合我国人口众多、资源短缺的国情，大力发展知识经济，可以推动我国工业化进程，加快产业结构的调整和优化升级。

2. 知识经济特征

（1）资源利用智力化

知识经济是以人才和知识等智力资源为资源配置第一要素的经济，它能节约并更合理地开发利用自然资源。

（2）资产投入无形化

知识经济是以智力成果为基础、无形资产投入为主的经济，无形资产为发展经济的主要资本，企业资产中无形资产所占的比例超过50%。无形资产的核心是知识产权。

（3）知识利用产业化

知识形成产业化经济，即所谓技术创造了新经济。知识密集型的软产品，即利用知识、信息、智力开发的知识产品所载有的知识财富，将大大超过传统的技术创造的物质财富，成为创造社会物质财富的主要形式。

（4）高科技产业支柱化

高科技产业成为经济的支柱产业，推动产业结构调整和优化升级。但这并不意味着传统产业彻底消失。

（5）经济发展可持续化

知识经济重视经济发展的环境效益和生态效益，是可持续化的、有利于人类长远发展的战略。

（6）经济全球化

高新技术的发展，缩小了空间、时间的距离，为经济全球化创造物质条件。全球经济不仅指有形商品、资本的流通，更重要的是知识、信息的流通。以知识产权转让、许可为主要形式的无形商品贸易大大发展，各国综合国力的竞争在很大程度上转化为人才、知识、信息的竞争，集中表现为知识产权的竞争。经济全球化与知识产权保护密切相关。

（7）企业发展虚拟化

知识经济时代，企业发展主要是靠关键技术、品牌和销售渠道，充分利用已有的厂房、设备、职工，通过许可、转让等方式，把生产委托给关联企业或合作企业。

3. 中国经济转型与创业

目前，我国进行了加快转变经济发展方式的战略部署，这是我国经济领域的一场深刻变革，是一项伟大的战略性任务，关系我国建设中国特色社会主义事业大局，是贯彻落实科学发展观、实现国民经济又好又快发展的根本要求。

转变经济发展方式，就是要促进经济增长由主要依靠投资、出口拉动向依靠消费、投资、出口协调拉动转变，由主要依靠第二产业带动向依靠第一、第二、第三产业协同带动转变，由主要依靠增加物质资源消耗向主要依靠科技进步、劳动者素质提高、管理创新转变；要从重经济发展速度向重国内生产总值（GDP）质量和社会发展转变，要从要素驱动向创新驱动转变，要从传统经济向知识经济转型。加快经济发展方式转变，必须加快推进经济结构调整，加快推进产业结构调整，加快推进自主创新，加快推进生态文明建设，加快推进经济社会协调发展。

加快转变经济发展方式，仅仅依靠政府的力量是不够的，要从过去主要由政府配置资源向由市场配置资源转变，要发挥社会作用。在知识经济时代，要依靠知识创业形成庞大的知识产业，加快推动经济发展。

创业本已具有增加就业、促进创新、增强经济活力、创造价值等功能，同时也是解决社会问题的有效途径。在经济转型中，创业特别是知识创业对加快经济转型、促进科学发展有着巨大推动作用。因此，要鼓励创业、支持创业，充分发挥创业在经济转型中的作用。我国在经济转型期，由于国家政策的导向产生了大量的市场需求，为创业提供了更多的机会，加上国家鼓励自主创业，因而近年来我国掀起了“全民创业”热潮。经济转型是创业热潮兴起的深层次原因，创业是经济转型的强大助推器，这是两者的内在联系。

4. 知识经济时代与创业

经济社会发展在不同阶段，创业活动的特征不同。在农业经济时代，创业以物质投入主导为特征，生产要素主要是劳动力、土地等；在工业经济时代，创业也是以物质投入主导为特征，生产要素是劳动力、土地、材料、能源和资本等；在知识经济时代，创业是以知识主导为特征，知识和高素质的人力资源是重要的生产要素。知识创业，其经济价值和社会价值是巨大的，是传统创业不可比拟的。

各国发展科技与经济的无数事实证明，知识创业形成的知识产业已成为经济增长和社会发展的关键因素。以信息产业为代表的知识型产业的崛起与发展，已经为社会带来了巨大的财富，其增加值在 GDP 中的比重不断提高，成为经济发展的支柱产业，并为经济发展带来了新的增长点。随着科技、各国信息基础设施建设和全球信息化建设的发展，知识产业作为高科技产业群的主导产业，仍将保持高速增长。知识创业已成为经济增长和社会发展、增强国家竞争力和提高综合国力的重要力量，为人类经济社会发展做出了巨大贡献。在知识经济时代，知识创业的价值，对于加速转变经济发展方式、建设创新型国家具有重要意义。

1.1.6 职业生涯发展规划与创业

每个大学生都希望自己的人生过得有价值、有意义，大学生要尽早做好职业生涯发展规划。

职业生涯发展规划，又叫职业生涯发展设计，对大学生而言，就是在自我认知的基础上，根据自己的性格、兴趣、爱好、责任感和专业特长、知识结构，结合社会环境与市场环境，设立将来要从事的职业以及要达到的职业目标，并为实现这一目标做出行之有效的安排。

大学是职业生涯发展规划的黄金阶段，一份好的职业生涯发展规划，对大学生的未来职业走向和职业生涯发展具有十分深远的影响。通过对自己职业生涯的规划，大学生可以解决好职业生涯中的“四定”——定向、定点、定位、定心，尽早确定职业目标，选择职业发展的地域范围，把握职业定位，保持平稳和正常的心态，按照自己的目标和理想努力。

职业生涯发展规划可以帮助大学生真正了解自己，发掘自我潜能，较准确地选择将来要从事的职业；可以增强职业生涯发展的目的性与计划性，明确职业生涯发展方向，并从宏观上予以调整和掌控，在职业生涯发展中少走弯路，节省时间和精力，提升成功的机会；可以避免学习的盲目性和被动性，有利于提高大学生的综合素质和竞争力；可以起到激励作用，不断为实现各阶段目标和终极目标锐意进取。

创业虽然是一条艰难、曲折和充满风险的道路，但更有利于年轻人理想的实现。创业一旦成功，将大大提升人生发展水平，为社会和个人创造更多的价值和财富，实现自己的理想和人生价值。高校在大学生进行职业生涯发展规划时，应给予帮助和指导。职业生涯发展规划有助于大学生在大学阶段挖掘潜能，选择自主创业；有助于大学生为实现创业目标做出具体安排；有助于大学生提高创业能力，提高创业成功概率；有助于大学生理性对待创业。

1.2 创新与创业

1.2.1 创新的概念

创新作为一种理论，形成于 20 世纪初，由美国哈佛大学教授、经济学家熊彼特创立。他在 1912 年第一次把创新概念引入经济领域，从企业角度提出企业存在五个方面的创新：一是产品创新，二是工艺创新，三是市场开拓创新，四是生产要素创新，五是管理制度创新。经过 100 多年的发展，“创新” 概念扩展到了社会的各行各业、各个方面，如企业创新、政府创新、观念创新、技术创新、制度创新、管理创新等，任何一项社会活动都可以创新。

创新的概念分为狭义和广义两种。

狭义的创新就是从新思想的产生到新产品设计、试制、生产、营销和市场化的一系列活动，目的是提升企业的盈利能力，获取更多企业或个人的价值和财富。狭义的创新概念是从企业角度来定义的。

广义的创新是指人们为了发展的需要，运用已知的信息，不断突破常规，发现或产生某种新颖、独特的有社会价值或个人价值的新事物、新思想的活动。创新的本质是突破，即突破旧的思维定式、旧的常规戒律。广义的创新概念是社会学概念。

1.2.2 创新与创业的关系

创新与创业是密切相关的实践活动。一方面，成功的创业离不开创新。创业者要么通过创新进入一个新的领域，获得发展先机；要么进入一个既有行业，面对大大小小的进入门槛和形形色色的竞争对手，通过创新，实现突破，获得竞争优势。另一方面，创新需要创业作为载体。创新的成果也需要通过创业的发展来展现，从而激励企业和个人不断创新。

创新与创业相互促进又相互制约，是密不可分的辩证统一体。创新是创业的基础，是创业持续发展的源泉和动力，也是创业人才必备的素质；创业是创新的载体和表现形式。创新为创业成功提供了可能性和必要的准备；同时，如果创新脱离创业实践，也就成了无源之水、无本之木。创新精神和创新成果，只有通过创业实践活动来检验和体现。

1.2.3 创新型人才的素质要求

1. 强烈的创新意识和创新精神

强烈的创新意识是发现问题和提出问题的前提。创新型人才的重要品质在于时刻关注周围的技术、制度、管理等方面的新发展，并且不断探索是否可以将它们引入自己的工作领域，或者把它们用到其他领域。创新型人才经常注意各方面的创新思维和产品，启发自己的创新思维。

创新精神是科学精神的一个方面，是一种勇于抛弃旧思想、旧事物去创立新思想、新事物的精神。同时，创新精神又要以遵循客观规律为前提，只有当创新精神符合客观需要和客观规律时，才能顺利地转化为创新成果。创新精神具体表现为不满足已有知识，不断追求新知识；不满足现有的生活生产方式、方法、工具、材料、物品，根据实际需要或新情况，不断进行改革和革新；不墨守成规，敢于打破原有框架，探索新规律、新方法；不迷信书本、权威，敢于根据事实和自己的思考，向书本和权威提出质疑；不盲目效仿他人想法、说法、做法，坚持独立思考，说自己的话，走自己的路；不喜欢一般化，追求新颖、独特，与众不同；不僵化呆板，灵活地运用知识和能力解决问题。

2. 深厚的理论基础和广博的知识面

创新的想法必须建立在科学的基础上。创新可分为两种类型：原始创新和移植创新。原始创新是根据基本理论从源头上创新，这需要深厚的基本理论知识，难度大，很不容易。移植创新是将其他领域中的新技术、新工艺、新思想，经过改造运用到自己的工作中，这就需要广博的知识和丰富的联想能力，以及灵活运用的经验和技能。这两者都要求我们要勤奋学习和善于思考。在创新的道路上，不存在专业对口的要求。

3. 良好的分析能力

世界上的事物都不是孤立存在的，是受到多种因素影响的，而各个因素的时间、空间函数，在一定条件下会发展变化，这就给创造发明造成了困难。一个优秀的创新型人才要想少走弯路，就必须从宏观上分析研究项目，从众多因素中找出最关键的因素，分析它的运动过程和作用，然后加以利用。

4. 良好的心理素质和健全的体魄

创新工作是一种尝试和探索，不可能一蹴而就，所以创新者要有坚定、乐观的心态，要有坚韧不拔的意志、承受失败的能力。创新是做前人没过的工作，具有高压力和高强度，充满困难和风险。特别是重大科技项目，选题、技术路线、切入点是否正确，技术目标是否现实，都需要反复思考。创新者具有良好的心理素质，有利于战胜困难并坚持进行研究工作，最终取得胜利。创新者也要能够承受成功和荣誉，在名利面前保持冷静的头脑，这样才能做到与时俱进。

创新者要身体健康、体力充沛、精力旺盛，才能承受繁忙的工作，没有健康的身体是难以胜任创新工作的。

1.3 创业过程分析

创业过程是围绕创业机会进行识别、开发的过程，是创业者从产生创业想法、创建新企业到新企业生存和成长并获取回报的过程。创业过程大致可划分为识别创业机会、资源整合、创办新企业、新企业生存和成长四个主要阶段，具体包括识别创业机会、整合外部资源、组建团队、撰写商业计划书、创业融资、创建新企业、新企业生存和成长、企业传承等。

1.3.1 识别创业机会

识别创业机会是创业的开端，也是创业的前提。作为创业者，要善于发现其他人看不到的创业机会，并迅速采取行动。在很长一段时间里，人们认为一般人不可能看到创业机会，发现机会并成为创业者的个体具有别人所没有的特殊禀赋，识别创业机会难以模仿。但是，专业的学术研究逐渐总结出一些识别创业机会的规律和技巧。我们不指望创业教育把每个大学生都培养成为像比尔·盖茨、张瑞敏、马云等成功的创业者，但教授学生识别创业机会的相关知识，也能给其职业行为提供思路和指导。

1.3.2 整合外部资源

在整个创业过程中，创业者都要根据企业需要整合创业资源。尤其在新创办的企业和企业早期成长阶段，整合外部资源更是重要，因为创业大都是在创业资源不足的情况下起步的，不整合外部资源，创业就难以进行下去。

1.3.3 组建团队

团队对于创业的成败影响极大。团队是创业最重要的资源，包括团队成员的知识、眼界、智慧、专业技术、经验和人际关系等。团队发挥的作用是1+1 >2。核心创业者要想创业成功，首先要找到志同道合、优势互补的合伙人，组成创业团队。

1.3.4 撰写商业计划书

商业计划书对创业者来说，也就是创业计划，是一份全方位描述初创企业发展的书面材料，体现了创业者的创业思路，既是管理工具也是融资工具。初创企业融资时，通过商业计划书向投资者或其他有关人员全面展示项目的优势和企业目前状况、未来发展潜力。

1.3.5 创业融资

资金是创业不可或缺的基本生产要素。如何融资，取得哪种性质的创业启动资金，是每一位白手起家的创业者都需要面对的难题；而且在初创企业发展的每一个阶段，需要面对不同的融资问题。

1.3.6 创建新企业

企业是创业的重要载体之一，是对创业机会进行开发的重要平台。创建新企业要经过选择企业组织形式、设计企业名称、选择企业地址、配置企业人财物、登记注册等多个步骤。

1.3.7 新企业生存和成长

全球创业观察（GEM）报告中指的新企业，是成立时间在42个月以内的企业。而新企业的成长期可分为三个阶段，即初创期、调整期和快速发展期。其中，快速发展期决定了企业在将来发展的潜力，也决定了企业是否能成长为创业者心中理想的企业。

1.3.8 企业传承

企业的传承面临三个方面的问题。一是我国企业本身发展历史不长，而且目前缺少职业经理人，外部市场、法律尚不健全，在客观上给初创企业传承造成了障碍。二是第一代创业者没有做好传承规划，如果在不得以之时仓促交接，继任者难当大任，会给初创企业长远发展带来致命打击。三是在第一代创业者中少数人社会责任感不强，企业有了发展就不思进取。我们可以看到，少数创业者不管企业的发展状况，在企业上市后就抛空股票。如何更好地传承企业，打造我国的百年初创企业，尚需我国政府、学者和创业者认真研究和探索。

1.4 创业管理

1.4.1 创业管理含义

在20世纪80年代之前，企业管理以大公司为核心，是大公司主导的模式。20世纪80年代之后，创业活动及创业管理受到关注，企业管理方式开始发生变化，传统的企业管理遇到前所未有的挑战。工业社会中企业管理的重点是稳定性、连续性和秩序性，强调计划和金字塔式的组织结构，但是，用传统管理方法管理初创企业并不能奏效，还可能导致极其糟糕的结果。而且在经济和信息化时代，伴随从工业社会向信息社会的转型和全球化竞争的日益加剧，速度、创新、知识、创造力显得日益重要，初创企业既要创造满足需求的新方法，又要创造新的需求。这些情况迫切要求对初创企业的管理进行转型，从而产生了创业管理。

创业管理（Entrepreneurial Management）是指以环境的动态性与不确定性为背景，以发现和识别创业机会为起点，以创新、超前行动、勇于承担风险和团队合作等为主要特征，以实现创业机会价值和创业目标为目的，把初创企业在获取更快发展的过程中的所有组织行为。创业管理从创业视角进行企业管理，是创业目标、行为以及结果的综合体。创业管理是一个过程，而不是一个静止的结果，随着创业的发展而逐步提升和变化。创业管理有其规律可以遵循，研究创业管理就是总结、发现、提升、应用创业管理规律的过程。

创业管理属于企业管理活动的范畴，但又不同于传统的企业管理，是一种综合的、不确定的、动态的管理，是更加复杂的企业管理。传统管理通常针对企业运营的具体问题，是单一的、确定的、静态的管理，而创业管理则需要创造性地运用管理理论，同时能够综合运用多学科知识，总结创业活动规律，以把握市场机会，整合各项资源并创造新的价值。

初创企业往往面对匮乏的资源和不确定的市场风险，尤其需要通过创业管理超越自身拥有资源的限制，运用市场机会、社会资本、领导才能和大胆创意，创新商业模式，实现资源在更大范围内的整合和价值创造。

1.4.2 创业管理与传统企业管理的比较

创业管理与传统企业管理的不同主要表现为四方面。

1. 时代背景不同

传统企业管理产生并成熟于工业时代，而当今世界正在经历从工业社会向消费社会和信息社会的转变，知识经济成为主流。传统的管理范式聚焦于商品，是技术导向型的，研发、设计、工程、批量制造、市场、大规模操作、自动化和专业化都是重要因素。在知识经济时代，产品市场的生命周期缩短，重点是如何快速进入市场，迅速推出升级产品，竞争的关键转向产品生命周期的前端，发管理、创新管理、知识产权管理等成为管理关注的重点。

2. 研究的客体不同

传统企业管理理论是以已有的大企业为研究对象，而创业管理理论则是以新的创业活动为研究对象。传统企业管理理论侧重于向人们提供在现存大企业中开展管理工作所需要的知识和技能，目的是培养优秀职业经理人。创业管理侧重于研究初创企业从孕育到发展壮大过程中创业活动的管理，创业管理培养的是优秀企业家。

3. 研究出发点不同

传统企业管理的出发点是提高现有企业的效率和效益，创业管理的出发点是找寻机会并取得迅速成长与成功。

4. 内容体系不同

传统企业管理是在成熟的组织体制下，通过计划、组织、领导和控制来实现生产经营。传统企业管理的内容主要是企业的营运管理，包括企业组织管理、技术和质量管理、营销管理、生产管理、财务管理等。而创业管理则是在不成熟的组织体制下，更多地依靠团队的力量，靠创新和理性冒险来实现新企业的起步与发展。创业管理的内容体系是围绕创业者如何识别机会、开发机会而展开的，涉及创业机会识别、商业计划书的撰写、创业团队组建、创业融资、创建新企业、新企业的营运管理、企业传承等内容，而其中新企业的营运管理也与传统企业的营运管理有本质差别，这种本质差别在于：新企业的营运管理是零起步和对有限资源的管理。

1.4.3 创业管理的特点

创业管理的重点是对初创企业的管理。新企业在成立初期，具有五个特征。

1. 以企业生存为目标

初创企业在创业初期，生存是第一位的，一切生产经营活动都围绕生存来运作，一切危及生存的做法都应避免。初创企业的首要任务是把自己的产品或服务销售出去，从而在市场上找到立足点，使自己生存下去。在创业初期，亏损，盈利，又亏损，又盈利，可能要多次反复，直到最终持续稳定，才算是度过创业的生存阶段。把盈利作为首要目标，还因为只有开始持续地盈利，才能证明新企业探索到了可靠的商业模式，才有追加投资的价值。从投资回报的角度来看，新企业的新是指什么？不是技术，不是产品，不是刚成立，而是商业模式，也就是新在满足顾客需求、创造价值和盈利的方式上。新企业要生存下去、超越已有的竞争对手，一定要探索新的成功的商业模式，这是创业管理的本质。创业初期，在没有找到可靠的商业模式之前就不切实际地进行扩张，大量投资，盲目铺摊子、上规模，只能使企业陷入困境。

2. 依靠自有资金维持经营现金流

现金对企业来说就像是人体的血液，企业可以承受暂时的亏损，但不能承受现金流的中断。经营现金流的大小直接反映企业的盈利能力，它不仅是创业初期也是今后成长阶段管理的重点。这也是为什么强调初创企业要盈利的原因。经营现金流指不包括融资、资本支出、纳税和利息支出的经营活动净现金流。经营现金流一旦出现赤字，企业将发生生产经营中断，发生偿债危机，甚至可能破产。对初创企业来说，由于融资困难，只能主要依靠自有资金运作来创造经营现金流，管理难度更大，核心创业者须千方百计增收节支、降低成本、加速周转、控制发展节奏。

3. 充分发挥创业团队的作用

初创企业为了节约资源，团队成员一般很少。尽管建立了企业组织结构，但很少按正式组织方式运作。典型的情况是，团队成员虽然有名义上的分工，但运作起来是哪里需要人手，就都往哪里去，看似混乱实际上高度有序。每个人都清楚企业目标和自己应当如何为企业目标贡献力量。这种运作方式培养出的团队精神、奉献精神和忠诚度，在企业发展壮大、组织规范化的过程中，会逐渐内化为企业文化。在创业初期，核心创业者必须尽力打造一个优秀的团队，在创业时期锻炼出来的团队领导能力，是核心创业者将来领导大企业高层的基础。

4. 创业者亲力亲为的运作方式

在创业过程中，创业者直接向顾客推销产品，与供应商谈判，下车间追踪订单，跑银行，催账，策划新产品方案，制定工资计划；被经销商骗过，让顾客训斥过。正是深入一线，才能对生产经营全过程了如指掌，经验越来越丰富。沃尔玛公司老板萨姆·沃尔顿立下规矩，每次总部高层季度例会，都要分析研究一个问题部门，找到解决办法。

5. 奉行顾客至上、诚信为本

创业的第一步，就是把企业的产品或服务卖给顾客，所以创业者会把顾客放在第一位。在创业初期，靠的是诚信，也只有靠诚信，初创企业才能生存下来并逐步发展壮大。顾客至上、诚信为本，是成功的创业者在创业过程中应形成的核心价值观。

【本章要点】

本章从创业背景入手，介绍了创业基础知识，包括创业的定义与功能、创业的关键要素和类型、创业资源、创业精神，还介绍了创新的含义、创新和创业的关系、创新型人才的素质要求，阐述了创业管理含义、创业管理与传统管理的区别、创业管理的特点，还提出了企业传承问题。学完本章，应对创业和创业管理有比较全面的了解，并清楚企业传承问题。

【扩展阅读】

如需进一步了解和掌握创业活动与创业过程的有关知识，请阅读《创业从0到1》(何维克著，民主与建设出版社，2016)、《新企业的起源与演进》(阿玛尔·毕海德著，中国人民大学出版社，2004)、《创新与企业家精神》(彼得·德鲁克著，机械工业出版社，2009)、《创业学》(杰弗里·帝蒙斯等著，人民邮电出版社，2005)。

【关键术语】

企业家　创新　创业　创业要素　创业过程　创业管理

【思考题】

1. 简述创业的定义与功能。
2. 创业的本质是什么?
3. 如何创造性地整合外部资源?
4. 简述创业过程的主要阶段和所涉及的活动。
5. 我国初创企业传承面临什么问题?
6. 简述创业与创新的关系。
7. 创新型人才的素质要求有哪些?
8. 知识经济时代创业的特征是什么?
9. 创业管理与传统管理有哪些不同?
10. 创业管理的特点是什么?

【参考文献】

[1] 彼得·德鲁克．创新与企业家精神［M］．北京：机械工业出版社，2009.
[2] 邓汉慧．创业基础［M］．北京：北京大学出版社，2016.

第2章　创业机会与创业风险识别

【学习目标】

1. 掌握创业机会的含义；
2. 掌握创业机会识别和判断的基本方法；
3. 了解创业机会评价的目的和方法；
4. 了解创业机会的创造和意义；
5. 了解创业风险的类型；
6. 掌握创业风险防范技巧。

【开篇案例】

2012年4月，黄承松刚从华中科技大学毕业，就创立了“九块邮”，成为国内9.9元包邮这一商业模式的首创者。在黄承松看来，人们选品牌货会想到“淘宝”，选电器会想到“京东”，消费能力好一点的会选“唯品会”，但是18~35岁群体中，收入差别很大，消费能力各异，不是每个人都会选品牌货，选择低价实惠产品的人并不在少数。如果针对这一市场，必将大有可为。

2012年8月，黄承松创立的折扣精选特卖网站“卷皮网”正式上线，主要瞄准“草根”消费人群，定位为“低价版唯品会”。卷皮网专注于低端市场，从高性价比入手，与唯品会覆盖中高端市场形成差异化竞争。

说起来容易做起来难，要想做到所有的产品是网络上的最低价，并非易事。为了控制成本，一方面要与厂家建立了很好的合作关系；另一方面，要千方百计地精打细算，努力打造全国首家买手制电商。

机会总垂青有准备的人，黄承松的“卷皮网”很快就在电商界崭露头角。2012年，销售收入有1亿多元，2013年销售达收入7亿元；2014年销售收入达25亿元。拥有超过3 000万买家会员、移动端App总用户达1 500万，成了国内折扣特卖电商第一品牌和国内成长最快的互联网电商企业。

“做产品，核心就在于了解用户，无论他们多么小众、多么不一样，只有真正了解用户想要什么，你才会知道用户究竟是谁，喜欢什么。”黄承松说。他坚信“昂贵不一定好，精准才是好的”。同样价格的商品对于不同的人来说，价值是不一样的，人们在判断自己“有多想要一件物品”时，除了受价格的影响，还受个人喜好、场合等因素的影响。

“对创业团队而言，最怕的是丢了最初的创业梦想。”黄承松说，如今，“上卷皮，购便宜”成为老百姓很熟悉的广告语，但卷皮团队一直不忘创业之初的梦想：让购物变得更省时、省心、省钱。公司已经完成两轮融资，随着规模的不断壮大，商业大潮中的黄承松也将继续迎接挑战，其中的风雨只会比以前更艰难。但他表示，“卷皮网”将一如既往为用户“解渴”，关注低收入人群、关注购物体验。

2.1 创业机会的内涵

机会是创业的核心要素，创业离不开机会。但并不是所有的想法和创意都能成为创业机会，不同的创业机会价值也不同。机会往往处于一种隐性的状态，同样的机会被不同的创业者开发，产生的效果差别巨大。创业过程是围绕着创业机会进行识别、开发的过程，创业机会的识别是创业成功的前提条件和必要条件，是创业者应当具备的最重要能力之一，也是创业的关键问题之一。

任何重要的行动都来自某种想法，创业活动更不例外。虽然机会与创意等概念常被混在一起使用，但创业机会是一个具有独特内涵的概念体系，在创业过程中具有重要的地位和作用。如何从复杂多变的市场环境中，识别出有潜在商业价值的机会，并对它进行评价，形成自己的创业项目，进而创办新企业，并最终创造价值、满足消费者需求并获益，这是每一个创业者都想了解的。学会识别创业机会，把握创业机会，迈出创业的第一步，对成功创业具有十分重要的意义。

2.1.1 创业机会的定义

创业机会，主要是指具有较强吸引力的、较为持久的、有利于创业的商业机会。创业者可以据此为市场提供有价值的产品或服务，并同时获益。

商业机会是指能实现某种商业盈利目的的机遇。商业机会不一定是创业机会。商业机会分为两类，一类是昙花一现的商业机会，这是一般性商业机会；一类是会持续一段时间且不需要较多起始投入的商业机会，后面一类才是适合创业的商业机会。

2.2.2 创业机会的特征

有的创业者认为自己有很好的创意，对创业充满信心，但许多创业者仅凭创意去创业而失败。有创意固然重要，但是并不是每个大胆的创意都能转化为创业机会。创业机会与创意不同，创业机会是具有商业价值的创意，表现为特定的组合关系。而创意是具有一定创造性的想法或概念，其是否具有商业价值存在不确定性。创业机会有五个特征。

1. 价值性

创业机会具有价值性。它必须能吸引顾客，也就是说创业者开发该创业机会，提供产品或服务时，必须能够满足顾客的某种潜在需求，给顾客带来价值。马云在开创阿里巴巴时，就深刻地认识到将来互联网在电子商务中所具有的重要价值，认识到B2B网站在贸易中广泛的市场基础，才毅然进入这个行业并最终取得成功。

2. 营利性

营利性是创业机会存在的根本。能盈利，创业者的创业才会有意义，创业者才会利用资源去开发创业机会。是否具有营利性是对创业机会进行可行性分析的重要指标之一。

3. 适应性

商业环境是初创企业赖以生存和发展的重要条件，包括政策法规环境、经济环境、社会环境、生产环境等。创业机会必须适应商业环境，能够使创业者在该环境中获得收益，创业活动才有可能延续下去。

4. 时效性

时效性是指创业机会必须在其存续的时间内被发现并利用，这个存续时间是商业想法推广到市场上所花费的时间。也就是说，越早发现创业机会并付诸实施，成功的可能性越大。

5. 资源可获得性

创业者必须具有足够的资源，或能够整合到足够的资源，才能创业。

2.2 创业机会的来源

创业机会来源于市场的需求和变化，市场需求可以分为现有市场的需求、潜在市场的需求和衍生市场的需求。创业是一个从无到有、从小到大的过程。初创企业一般是小企业，因此，创业者要在这些市场中寻找适合小企业的创业机会。

2.2.1 现有市场的需求

现有的市场存在尚未满足的需求。在现有市场中创业，能减少机会的搜寻成本，降低创业风险，有利于成功创业。现有的创业机会存在于不完全竞争下的市场空隙、规模经济下的市场空间、企业集群下的市场空缺。

1. 不完全竞争下的市场空隙

不完全竞争理论或不完全市场理论认为，企业之间或者产业内部的不完全竞争状态，导致市场存在各种现实需求，大企业不可能完全满足市场需求，必然使中小企业具有市场生存空间。中小企业与大企业互补，满足市场上的不同需求。市场对产品差异化的需求是大中小企业并存的理由，细分市场以及系列化生产使小企业的存在更有价值。

2. 规模经济下的市场空间

规模经济理论认为，无论任何行业都存在企业的最佳规模或者最适度规模，超过这个规模，必然使企业效率低下和管理成本增加。行业不同，企业的最佳规模也不同。大小企业生产经营都要遵循这一规律。有最佳规模经济存在，市场就存在需求空间。

3. 企业集群下的市场空缺

企业集群是一种动态的企业联盟。企业集群是指在某种产业领域内由于具有共性和互补性而联系在一起的、在地理位置上相对集中的企业和机构的集合体。企业集群内中小企业存在高效的竞争与合作关系，形成高度灵活的、专业化的生产经营协作网络，从而使企业获得专业化生产的低成本和差异化优势，克服规模与产品研发方面的劣势，实现外部规模经济优势，提高企业的竞争优势。随着社会分工和专业化的发展，生产技术变得越来越细密，因此，在企业集群下必定会产生新的市场空缺。

2.2.2 潜在市场的需求

潜在市场的需求来自新科技和需求的多样化，成功的创业者能敏锐地感知这种需求，并从中捕捉到创业机会。

通信技术和互联网的发展，改变了人们工作、学习、生活、交友的方式，网上办公、网络教育、网上购物快速发展。经济社会的不断发展推动了市场需求的多样化。一方面，消费潮流的不断变化带来了新的创业机会；另一方面，企业从消费者的角度出发，通过产品和服务的创新，引导需求并满足需求。

2.2.3 衍生市场的需求

衍生市场的需求来自经济活动的多样化和产业结构的调整等方面。

1. 经济活动的多样化

经济活动的多样化和个性化为创业拓展了新途径。经济社会的快速发展，带来了经济活动的多样化，也促进了社会需求的多样化和个性化。现代社会人们对信息情报、咨询、文化教育、金融、服务、修理、运输、娱乐等行业提出了更多、更高的需求，从而促进了服务业的发展，由于服务业一般不需要大规模的设备投资，它的发展为中小企业提供了非常多的成长点，也为其的经营和发展提供了广阔的空间。

2. 产业结构的调整

国企改革、民营经济的发展，为创业提供了新契机。产业结构合理的主要标志是各产业协调发展，能合理利用资源，能提供社会需要的产品和服务，能提供劳动者充分就业的机会，能推广应用先进的产业技术，能获得最佳经济效益等。在产业结构调整过程中，由于国家政策的调整会产生出很多创业机会。随着国企改革的推进和民营经济的发展，中小企业除了涉足制造业、商贸餐饮服务业、房地产等传统业务领域外，有了介入中介服务、生物医药等领域的创业机会。

2.3 创业机会的识别

2.3.1 创业机会的识别思路

关于创业机会的识别，目前学术研究中主要存在三种思路：存在思路、结构思路和构造思路，这三种思路都阐述了创业机会的发现和利用问题。在不同思路下，创业机会观点各有差异。

1. 存在思路

以柯兹纳（Kirzner）为代表的现代奥地利学派认为，市场上存在客观的创业机会，创业机会是由追逐利润的企业家在市场非均衡状态下凭借其敏锐素质而发现的，企业家对机会的发现使市场过程由非均衡趋向于均衡。首先，现实市场经常处于非均衡状态，为创业机会的存在提供了客观基础；其次，市场参与者在判断和决策上的个体差异为创业机会的存在提供了主观基础。

柯兹纳认为发现创业机会介于两种状态之间：一是通过纯粹的偶然机会意外获得；二是通过不断搜索发现市场中的对象所隐含的内在信息。不确定的非均衡市场环境中存在机会，具有胆识、想象力和异质性知识的企业家拥有独特的敏锐眼光，易于发现这些机会，之后，他们或是通过扩大生产供应，或是通过套利活动等，让资源得到更好的配置。企业家和普通人一样，都是在自由的、不确定的世界中进行活动，不同的是，企业家总是自发地关注他人忽略的环境特征。

存在思路认为，由于整个市场很难达到理想的均衡状态，所以一定存在创业机会，但只有那些具有对信息和机会敏感的创业者才可能识别这些创业机会。总之，存在思路强调个体与客观创业机会间的匹配，如果匹配，个体就能发现和利用这些创业机会，成为创业者。

2. 结构思路

结构思路以网络研究中的结构空洞理论为基础，认为创业机会由个体或组织间的特定关系结构而产生。特定关系网络中的特定个体或组织，相对于其他个体或组织而言，在关系结构中具有信息和控制优势，可能拥有创业机会。

结构思路主张创业个体或组织嵌入在社会网络结构中，如果社会网络结构存在结构空洞，就会产生创业机会。根据美国学者罗纳德·博特（R. Burt）、大卫·克拉克哈特（David Krackhardt）的观点，假设有一个个体 A，与另外两个人或者组织 B 和 C 存在工作关系，B 和 C 不连接比 B 和 C 连接对 A 更有利。B 和 C 不连接意味着在 B 和 C 之间存在着结构空洞，这个结构空洞能增强 A 的职位权力或谈判力。这种结构优势有这样几个基础：第一，对介于其间的 A 而言，有更多的信息可利用，而信息蕴含着价值和权力，继而形成了 A 的优势；第二，对介于其间的 A 而言，存在控制机会，在存在结构空洞的情况下，中间人 A 通过谈判可以使 B 和 C 处在竞争地位，从而加强自己的强势地位；第三，对于介于其间的 A 而言，存在将信息优势和控制优势结合起来的潜在优势，由于 A 是中间人，信息充分，A 可以以中间人的身份为 B 与 C 提供需要的资源，并从中获取利润。在结构空洞下，A 与 B、C 的关系越强，就拥有愈多的创业机会。

结构思路强调创业机会的产生源于个人或组织间的关系结构，结构空洞造就创业机会，而中间人的意愿、谈判能力、运作能力、信息获取能力是寻求创业机会的重要条件。

3. 构造思路

构造思路以构造理论为基础，认为创业机会不是独立存在的，而是人们在与环境的互动中创造或者构建的，并将创业机会界定为一种人们创新创造的状态，即一种通过新目的、新手段形成的能够引入新商品、新服务、新市场和新组织方式的状态。可见，构造思路强调创业机会是人们创造的一种状态，这种状态可以体现为一种环境条件。因此，有的学者认为创业机会是一系列的环境条件，这种环境条件导致创业者或创业团队通过现存条件，将一种或更多种新产品或服务引入市场。

根据构造理论，人类与社会结构是互动的。人们既促成结构，也受所促成结构限制，结构是人们先前行为的结果，也被人们的行为继续推动。创业者既创造创业机会，也被创业机会所塑造。

2.3.2 创业机会的识别方法

创业机会的识别方法大致可归纳为五种。

1. 着眼于问题识别创业机会

寻找创业机会的一个重要途径是善于发现和体会自己和他人在需求方面的问题或生活中的难处。需求方面的问题就是创业机会，许多成功的企业都是从问题起步的，顾客需求在没有满足之前就是问题，而设法满足这一需求，就抓住了市场机会。美国“牛仔大王”李维斯的故事多年来为人们津津乐道，19 世纪 50 年代，李维斯像许多年轻人一样，带着发财梦前往美国西部淘金，途中一条大河拦住了去路，李维斯设法租船，做起了摆渡生意，结果赚了不少钱。在矿场，李维斯发现由于采矿出汗多，饮用水紧张，于是，别人采矿他卖水，又赚了不少。李维斯还发现，由于跪地采矿，许多淘金者裤子的膝盖部分容易磨破，而矿区有很多被人丢掉的帆布帐篷，帆布帐篷非常结实，不易磨破，他就把这些旧帐篷收集起来洗干净，做成裤子销售，“牛仔裤”就这样诞生了。李维斯将问题当作机会，最终实现了他的梦想。因为有各种各样的问题，才有各种创业机会。问题永远存在，旧的问题解决了，新的问题又会出现，因此，创业永远存在机会。

2. 利用变化识别创业机会

变化的市场环境常常蕴藏着无限创业机会。创业机会大都产生于不断变化的环境，市场环境变化了，市场需求、市场结构必然发生变化。市场环境变化主要来自国家宏观政策调整，国家宏观政策调整会导致产业结构、消费结构、城市化进程、人口结构、居民收入水平和经济全球化趋势等方面。比如，居民收入水平提高，私人轿车的拥有量将不断增加，这就会派生出汽车销售、修理、配件、清洁、装潢、二手车交易、陪驾等创业机会。又比如随着健康知识的普及，人们树立了健康生活的理念，围绕“水健康”带来了创业机会。彼得·德鲁克将创业者定义为“能寻找变化，并积极反应，把它当作机会充分利用起来的人”。创业者要善于凭借自己敏锐的眼光去识别并利用创业机会。

3. 通过技术创新识别创业机会

技术创新提供了新产品、新服务，能更好地满足顾客需求，同时也带来了创业机会。比如，随着电脑的诞生，电脑维修、软件开发、电脑培训、图文制作、信息服务、电子游戏、网上开店等创业机会随之而来。任何产品或服务都有生命周期，会不断趋于饱和、达到成熟，直至走向衰退，最终被新产品或新服务所替代，创业者如果能通过技术创新跟踪产品或服务替代的步伐，就能够不断识别新的发展机会。

4. 在市场竞争中识别创业机会

竞争对手的缺陷和不足，也将成为创业机会。如果你能比竞争对手更快、更可靠地提供产品或服务，就找到了创业机会。因此，创业者要跟踪、分析和评价竞争对手的产品和服务，找出现有产品或服务的缺陷和不足，有针对性地提出改进生产方法，形成新的创意。

5. 通过传媒、社会关系网等途径识别创业机会

当今，电视、广播、报纸、杂志和网络渠道都有各类创业项目的广告宣传，特别是招商加盟的广告宣传。要强调的是，一个成功的项目，它的原型必须是成功的，对这些广告宣传的项目，要认真对原型进行考察，切实从中找到好的创业机会，千万不可被虚假广告宣传忽悠。个人社会关系网的深度和广度影响着创业机会识别，在通常情况下，拥有很多社会关系的人比拥有少量社会关系的人容易得到创业机会，很多成功的创业者，都是在社会关系网的作用下识别和确定创业项目的。

2.3.3 创业机会的识别过程

1. 创业机会识别的基本条件

面对具有相同期望值的创业机会，并非所有的创业者都能识别和把握。成功的创业机会识别是创业愿望、创业素质和能力等因素综合作用的结果。

首先，创业愿望是创业机会识别的前提。许多很好的创业机会并不是突然出现的，需要有创业愿望的人去寻找、发现。创业愿望是创业的原动力，推动创业者去识别创业机会。没有创业意愿，再好的创业机会也会视而不见，或失之交臂。

其次，创业素质和能力是创业机会识别的基础。识别创业机会在很大程度上取决于创业者的创业素质和能力，这一点在《当代中国社会流动报告》中得到了部分佐证。报告通过对 1993 年以后私营企业主阶层变迁的分析发现，私营企业主的社会来源越来越以各领域精英为主，经济精英的转化尤为明显，而普通百姓转化为私营企业主的比例较少。

2. 创业机会的识别过程

创业机会的识别过程分为创业机会的来源、识别发现创业机会、创业机会评估、决定开发创业机会四个步骤。

（1）创业机会的来源

创业机会往往来源于满足顾客需求、变化的市场环境、创造发明以及更加激烈的市场竞争等方面。第一，创业的根本目的是满足顾客需求，寻找创业机会的一个重要途径是善于发现和体会自己和他人在需求方面的问题或生活中的难处。第二，创业机会也会产生于不断变化的市场环境中，环境变化了，市场需求、市场结构必然发生变化。这种变化主要来自产业结构变动、消费结构升级、城市化加速、人口思想观念变化、政府政策变化、人口结构变化、居民收入水平提高、全球化趋势等方面。第三，创造发明提供了新产品、新服务，更好地满足顾客需求，同时也带来了创业机会。第四，如果能弥补竞争对手的缺陷和不足，也将成为创业机会。

（2）识别发现创业机会

影响创业机会的识别有两个关键因素。

①创业者素质与能力。与创业机会识别相关的创业素质主要是知识和从业经验。创业者所拥有的知识很大程度上影响他对创业机会的识别。俗话说“外行看热闹，内行看门道”，只有具有广博知识和丰富从业经验的创业者才能准确地识别出创业机会，所以拥有相关行业的专业知识和从业经验是很多投资者考察创业者的重要指标。创业者除了具备相关知识和经验以外，还要具备与创业机会识别相关的能力，主要有信息获取能力、洞察能

力、技术发展趋势预测能力、模仿与创新能力等。机会识别的能力首先要受洞察能力的限制，敏锐的洞察能力使企业家看到别人看不到的机会。

②社会关系网。社会关系网是对创业机会的识别产生重要影响的一个因素，因为它为创业者提供了获得信息、资源和其他支持的渠道。创业者拥有的信息资源对创业机会识别有重要作用，社会关系网中的个体，比如朋友、熟人、同事、顾客、家庭等都是创业机会的重要来源。社会关系网会增强创业者对创业机会的警觉性，有时可通过社会关系网中的人找到创业机会。

（3）创业机会评估

创业机会经评估，可能产生三种结果：第一种，由于各种条件的限制而忽略这个机会；第二种，创业者不拘泥于该创业机会，采用别的方式满足该市场需求；第三种，决定对该创业机会进行开发。创业机会评估也受到一些因素的影响，这些因素决定了创业机会能否最终被开发利用。影响创业机会评估的有三个关键因素。

①创业者的价值观。需求越符合创业者的个人价值观，就越能被创业者认可。社会责任感是创业者创业的深层次动机。创业者通常是通过预告开发创业机会所产生的社会价值来评估创业价值的。

②创业资源。创业者可获得的资源在他们做出是否创业的决定中起着重要作用。创业者拥有的资源规模、资源的来源会影响他们对创业机会的评估。

③创业环境。创业环境是机会识别的关键。创业环境是创业过程中多种因素的组合，包括政策法规、经济、社会、自然等环境。一般来说，如果社会有浓厚的创业氛围，国家对个人财富创造比较推崇，有各种渠道的金融支持和完善的创业服务体系，有公平、公正的市场竞争环境，就会有更多的人创业。

（4）决定开发创业机会

虽然创业机会识别对创业起着举足轻重的作用，但这是不够的。在发现创业机会后，潜在的创业者会去开发机会。开发方式可以选择创建新企业，也可以将机会出售给别的企业，通常情况下，多数创业活动是通过创建新企业而发生的。如果创业者不对创业机会进行开发，就无法认定创业者识别出了创业机会。

2.4 创业机会的评价

所有的成功创业都来自好的创业机会，创业者均对创业前景寄予厚望，并对创业机会在未来所能带来的丰厚利润满怀信心。

但是，创业本身是一种高风险行为，大多数创业梦想可能会落空。事实上，创业获得成功的概率大约为1%。创业失败不但损失了金钱，而且打击创业者自信心，有的创业者甚至可能使他放弃创业梦想。如果创业者能在创业前对创业机会进行客观的分析和评价，创业成功的概率可以大幅提升。

在开发创业机会前，创业者应对初步选定的创业项目进行可行性研究，从技术、经济、财务、社会和环境等方面论证项目的可行性和合理性，编制项目可行性报告和项目评估报告决定是否开发创业机会。

这里要强调的是，创业者要对创业机会做出开发决定时要判断创业机会的价值，这就要求创业者掌握一套评估标准，对创业机会面临的市场机会和经济效益进行客观准确的评判。风险投资者和精明老练的企业家往往积累了丰富的经验，利用一系列关键指标对创业机会进行评估。

2.4.1 市场评估

1. 市场定位

创业者应通过创业机会的市场定位，了解创业机会的目标市场和竞争优势，判断创业机会可能创造的市场价值。市场定位带给顾客的价值越高，创业成功的机会越大。如果创业机会在目标市场无竞争优势，就应放弃。

对创业机会进行市场定位，需要了解市场定位。

（1）市场定位的含义

市场定位是指确定产品在目标市场上所处的位置。创业者根据竞争者现有产品在市场上所处的位置，针对顾客对该类产品某些特征或属性的重视程度，设法在自己的产品上找出比竞争者更具有竞争优势的特性，为本企业产品塑造与众不同、定位鲜明的形象，并在顾客心目中占据特殊位置，从而使该产品在目标市场上确定独特地位。

（2）市场定位的步骤

第一步，进行市场细分，选择目标市场。通常以消费者的需求、购买行为和购买习惯等差异因素作为标准进行市场细分，每一个细分市场都对应着具有类似需求倾向的消费者群体。通过市场细分，可以了解各个细分市场的购买特点、规模、发展潜力、竞争对手的市场定位，评估市场机会，选择目标市场。有效的目标市场一般要有足够的市场空间，市场竞争程度不高，且初创企业有足够的实力进入。

第二步，分析目标市场的现状，确认竞争优势。确定竞争优势就是选择定位因素。这一步骤的中心任务是要弄清楚三个问题，一是目标市场上顾客欲望满足程度以及需求；二是竞争对手的市场定位；三是针对竞争者的市场定位和潜在顾客的真正利益，企业应该及能够做什么。创业者应针对这三个问题，通过市场调研，系统地设计、调查、分析并写出调研报告，从而确定自己的竞争优势。

第三步，准确选择竞争优势，在目标市场中定位。竞争优势表明初创企业能够胜过竞争对手的能力。这种能力既可以是现有的，也可以是潜在的。因为确认竞争优势实际上就是一个企业与竞争者各方面实力相比较的过程，所以应建立一个完整的指标体系。通常的方法是分析比较企业与竞争者在产品、经营管理、技术开发、采购、生产、市场营销和财务等七个方面，由此确定本企业的优势，以确立企业在目标市场上所处的位置。

2. 市场结构

市场结构是指创业机会所在行业内部买方和卖方的数量及规模分布、产品差别的程度和新企业进入该行业的难易程度的综合状态。市场结构由市场主体、市场集中度、市场竞争格局组成。

创业者通过创业机会的市场结构分析，可以了解市场集中度、市场竞争格局、进入该行业的难易程度、初创企业未来在市场中的地位及可能遭遇竞争对手反击的程度。对于行业集中度高、进入壁垒高的创业机会应放弃。

确定一个行业的市场结构，主要依据为市场集中度、产品差异化、对产品价格的影响程度、市场进入壁垒四个因素。

（1）市场集中度

市场集中度是某行业市场排位前几名的企业市场份额占整个市场的比例，也称集中率。它集中反映了市场的竞争和垄断程度。一般而言，集中度越高，前几名企业在市场上的支配程度越高，对市场垄断程度越高。市场集中度由产品本质属性、业内厂家的综合实力、消费需求多样化程度、新兴行业所处的发展阶段等因素决定。

（2）产品差异化

产品差异化指不同企业生产同类产品在质量、款式、性能、服务等方面存在的差异。

（3）对产品价格的影响程度

市场集中度越高，市场排位前几名的企业对产品价格的影响程度越高。

（4）市场进入壁垒

市场进入壁垒也称市场进入障碍，指与产业内原有企业相比，潜在的新进入企业在竞争条件上所具有的不利性，或者说是产业内原有企业在竞争条件上所具有的优越性。市场进入壁垒由经济因素造成，也称经济性市场进入壁垒。经济性市场进入壁垒分为绝对成本优势、规模经济优势、产品差异化优势和对特有的经济资源的占有优势等。

市场一般分为完全竞争、垄断竞争、寡头垄断和完全垄断四种市场结构。四种市场结构中，完全竞争市场竞争最为充分，完全垄断市场不存在竞争，垄断竞争市场和寡头垄断市场具有竞争但竞争又不充分。如表2-1所示。

表2-1　四种市场结构

市场结构	基本特征	典型市场
完全竞争	企业数目众多，企业所提供的产量相对于市场规模而言只占很小的份额。市场上交易的产品或服务完全一样，没有任何差别。每个企业面临既定的市场价格。市场不存在进入壁垒	农产品市场
垄断竞争	市场中的企业可以使它的产品具有独特属性，每个企业通过打造自己的商品差异来产生垄断，这是垄断竞争市场区别于完全竞争市场的地方	轻工产品市场
寡头垄断	市场上只有少数几个厂商。这种市场的厂商向消费者出售的产品或是标准化的，或是有差异的。企业对价格有较大的控制能力。有较大的市场进入壁垒	钢铁、石油行业市场
完全垄断	市场中只有一家企业，产品独一无二，企业自行决定如何生产和生产多少、价格多高。有很大的市场进入壁垒或完全受阻。这种市场不存在竞争，厂商在产品供给数量和技术使用方面缺乏效率	公用事业市场

3. 市场规模

市场规模又称市场容量。市场规模主要研究目标产品或行业的整体规模，具体包括目标产品或行业在指定时间的产量、产值等。通过市场规模分析，可以准确地描述市场的产、销、存及进出口等情况。

市场规模与竞争性直接决定了创业机会的可开发性，一般而言，市场规模大，进入障碍相对较高，市场竞争激烈程度也会略为下降。

市场规模大小要结合市场生命周期来考虑。如果要进入的是一个十分成熟或正在衰退的市场，那么纵然市场规模很大，由于已经不再成长甚至开始衰退，利润空间必然很小，因此这个创业机会应放弃。反之，一个潜在的或正在兴起、成长的市场，通常充满商机，只要进入时机正确，必然会有较大的获利空间。

4. 市场占有率

市场占有率又称市场份额，是指一个企业的销售量（或销售额）在市场同类产品中所占的比重。它直接反映企业所提供的商品和劳务对消费者和用户的满足程度，表明企业的商品在市场上所处的地位，也就是企业对市场的控制能力。市场份额越高，企业经营、竞争能力越强。在创业初期就应确立市场占有率目标，从而确定未来的发展方向。

一般而言，要成为某一市场的引领者，需要拥有20%以上的市场占有率。如果低于5%的市场占有率，则市场竞争力不高，小型初创企业的市场占有率往往就低于5%，市场占有率就是生存率，创业要想同大型创业组织竞争，提高生存率，只有以不同于大型创业组织的经营方式，从强者手中抢食。

5. 市场渗透力

新产品逐渐占领市场的速度，称为市场渗透力，也可以直接理解为用户渗透率，它是多年形成的结果。市场渗透力意味着新产品被消费者接受的速度和程度。因此，对于有形的商品，考察市场渗透力，不仅要在被调查的对象中，看一个品牌（或者品类）的产品使用者的比例，还要看这个比例扩大的速度。要注意市场渗透力与市场占有率的区别。

对于一个具有巨大潜力的创业机会，市场渗透力是一项非常重要的影响因素。聪明的创业家知道选择在市场需求正在或将要大幅成长之际进入市场，在这时，如果产品足够吸引顾客，市场渗透力一定会比较强。

6. 产品生命周期和成本结构

（1）产品的生命周期

产品生命周期是指产品的市场寿命。产品生命周期分为进入期、成长期、成熟期和衰退期四个阶段。

对于创业者来说，选择了一个项目，当然希望能够有比较长时间的经营，获得收益，为此，创业者还需要知道所选项目处在哪一生命周期阶段，最好处在进入期和成长期，这样，产品生命期长，市场竞争性不强，有利于初创企业的发展。

（2）成本结构

成本结构亦称成本构成，是指成本中各项费用占总成本的比重。成本结构可以反映产品的生产特点，有的大量耗用材料，有的大量耗费人工，有的大量耗费劳动力，有的大量占用设备引起折旧费用上升，有的变动成本高，有的固定成本高。成本结构在很大程度上还受技术发展、生产类型和生产规模的影响。

分析成本结构有三方面作用。一是通过总成本占销售收入的比例，帮助创业者弄清实现100元钱（或者1元钱）的销售收入需要投入的成本费用，以此判断创业机会的获利空间。二是通过分析成本中各项费用占总成本的比重，帮助创业者弄清楚，在创业项目中，哪部分钱花得多，哪部分钱花得少，成本是否还有降低的可能。三是通过前两项分析，帮助创业者弄清楚，自己的创业项目的成本与竞争对手相比，是否具有成本优势。

惠普原CEO马克·赫德说“我们正在努力使成本结构更优。”这是他成为惠普CEO第一年所做的主要工作。两年后他又说：“公司仍然必须削减成本，从而更能赢利和增长。”

惠普2006年的成本结构及销售收入情况为：总成本为850.98亿美元，销售收入为916.58亿美元，总成本占销售收入的比例为92.84%。总成本构成部分和比例是：产品成本（552.48亿美元，64.92%）、服务成本（139.30亿美元，16.37%）、融资利息（2.49亿美元，0.29%）、研究与开发（35.91亿美元，4.22%）、销售行政及管理费（112.66亿美元，13.24%）、分期偿还所收购的无形资产（6.04亿美元，0.71%）、重组费用（1.58亿美元，0.19%）、补偿给被收购企业的研究开发费（0.52亿美元，0.06%）。这是按照成本的经济用途划分的。

从以上数字分析可看出，一是惠普每实现100美元的销售收入，就得投入约93美元。二是产品成本超过了总成本的六成；销售行政及管理费位居第三位，是研究开发费用的二倍。通过分析可知，为什么马克·赫德要努力优化成本结构和削减成本。

如果创业者拥有专利技术，就拥有绝对成本优势，因为专利技术垄断了工艺技术或产业标准，专利保护的经济性壁垒限制了其他竞争者取得最新技术的机会，与其他竞争者相比，拥有专利的创业者在市场上就有竞争优势。但创业者要考虑专利保护的有效性，一般专利保护的经济性壁垒是通过新技术被仿制的成本来衡量的，专利技术的绝对优势可用仿制所需要的时间来表示。美国经济学家曼斯费尔德（Mansfield）在1981年考察了由48种产品构成的创新的样本，发现仿制成本大约是原来创新成本的2/3，有60%的专利产品需要4年左右才被仿制出来。

2.4.2 经济效益评估

1. 税后净利润率

税后净利润率又称销售净利率，是净利润与销售收入（或营业收入）的百分比，用公式表示为：税后净利润率=（净利润/销售收入）×100%。这是创业者最为关心的一项指标。税后净利润率越大，创业机会的获利空间就越大，反之，获利空间就越小。税后净利润率，直接关系到可供分配的利润，直接关系到创业投资收益水平。

一般而言，具有吸引力的创业机会，至少需要能够创造15%以上的税后净利润率。如果创业预期的税后净利润率在5%以下，那么就不是一个好的投资机会。

2. 达到盈亏平衡点所需的时间

盈亏平衡点（BEP）又称损益平衡点、保本点，通俗地讲，盈亏平衡点就是指利润等于零时对应的产（销）量数值。产（销）量如超过盈亏平衡点即盈利，产（销）量如低于损益平衡点即亏损。

盈亏平衡分析就是利用创业投资项目生产中的产（销）量、成本、利润之间的关系，通过测算项目达到正常生产能力后的盈亏平衡点，来考察分析项目承担风险能力的一种不确定分析方法。目的是找出盈亏平衡点，来判断这一点对应的各种不确定因素（如投资、成本、销售量、产品价格、项目生命期等）对投资方案的经济效果的影响，判断投资方案对风险的承受能力，为创业者投资决策提供依据。盈亏平衡分析直接影响投资方案的取舍。

计算达到盈亏平衡点所需的时间，首先要计算出盈亏平衡点的产销量，然后判断创业项目达到该平衡点所需时间。盈亏平衡点的产（销）量大，达到盈亏平衡点所需的时间长，反之则短。一般来说，达到盈亏平衡点合理的时间应该在两年以内，如果三年还达不到，就不是一个值得投入的创业机会。不过有的创业机会确实需要经过比较长的耕耘，通过这些前期投入，创造进入障碍，保证后期的持续获利，在这种情况下，可以将前期投入视为投资。

（1）盈亏平衡点的计算

一般说来，销售收入=成本+利润，如果利润为零，则有销售收入=成本=固定成本+变动成本，而销售收入=销售量×价格，变动成本=单位变动成本×销售量，这样由销售量×价格=固定成本+单位变动成本×销售量，可以推导出亏平衡点的计算公式为：

盈亏平衡点产（销）量=固定成本/（单位产品价格-单位变动成本）

=固定成本/边际贡献

或盈亏平衡点销售额=固定成本/（1-变动成本/销售收入）=固定成本/（1-变动成本率）。

在此公式中，固定成本是指成本总额在一定时期和一定业务量范围内，不受业务量增减变动影响而保持不变的成本。固定成本包括厂房和机器设备的折旧、财产税、房屋租金、水电费、维护费、保险费、办公费、税费、利息、管理人员的工资、开办费等约束性固定成本和新产品开发费、广告费、职工培训费等非约束性固定成本。变动成本是指成本总额在一定时期随着业务量的变动而呈线性变化的成本。变动成本包括直接人工、直接材料。

许多初创企业的经营成本是固定的，盈亏平衡点可以通过假定所有的经营成本为固定成本，通过使用每单位的毛利润来计算。计算公式如下：

盈亏平衡点销售量=各种经营成本/单位毛利润

盈亏平衡点销售额=盈亏平衡点销售量×单位价格=各种经营成本/毛利润率

（2）盈亏平衡点的计算举例

【例2-1】 小李打算开一家面馆，每个月的开支有房租、水电煤费用、维护费用、员工工资以及设备折旧费用，共计9 600元。假定采购的量正好满足销售的需要，而剩余材料的数量为零，1碗面成本2元，售价5元，每卖出1碗面就会有3元的毛利。每天卖多少碗面以上才能赚钱？

解：

小王面店每碗面的毛利为3元，每碗售价5元，各种经营成本为9 600元。按1个月30天计算，小王的面店要达到盈亏平衡点，每月和每天平均应卖出面的碗数计算如下：

每月盈亏平衡点销售量（碗数）= 各种经营费用/每碗面的毛利 = 9 600/3 = 320。（碗）

每月盈亏平衡点营业额 = 每月盈亏平衡点销售量×每碗价格 = 3 200×5 = 16 000（元）

每天盈亏平衡点碗数 = 3 200/30 = 107（碗）

每天盈亏平衡点营业额 = 107×5 = 535（元）

计算结果表明，小李的面店每天卖出的面要多于107碗，每天营业额要大于535元，每月营业额要大于16 000元才能盈利。

【例2-2】 假设某创业项目第一年投产，销售收入为31 389万元，销售税金与附加为392万元，固定成本10 542万元，可变成本9 450万元，销售收入与成本费用采用不含税价格表示，该项目设计生产能力为100吨，求盈亏平衡点。

解：

盈亏平衡点产量 = 10 542/（31 389/100−9 450/100−392/100）= 48.93（吨）

计算结果表明，在产量达到设计能力的48.9%时即可盈亏平衡，说明项目对市场的适应能力较强。

3. 投资回报率

投资回报率是指投产期正常年利润或年均利润占投资总额的百分比，它是指创业者通过投资而应返回的价值，是从一项投资性商业活动中得到的回报。用公式表示为：投资回报率 =（年利润或年均利润/投资总额）×100%。

考虑到创业可能面临的各项风险，合理的投资回报率应该在25%以上。一般而言，若创业机会只有15%以下的投资回报率，是不值得考虑的。

4. 资本需求

创业机会开发初期资金需求不是很大，对运营资金也要求不多。初创企业对资金的需求量是逐步增加的，事实上，许多个案显示，资本额过高实并不利于创业成功，有时还会带来稀释投资回报率的负面效果。通常，知识密集的创业机会，对资金的需求量越低，投资回报反而会越高。因此在创业初期，不要募集太多资金，最好能通过盈余积累的方式创造资金。而比较低的资本额，有利于提高每股盈余，并且可以进一步提高未来上市的价格。

5. 毛利率

毛利率又称销售毛利率，是毛利与销售收入（或营业收入）的百分比，毛利是收入和与收入相对应的成本之间的差额，用公式表示为：

毛利率 =（毛利/销售收入）×100% = [（销售收入−销售成本）/销售收入] ×100%。

毛利率反映了生产环节的效益，被广泛用来计算企业的获利能力。较高的毛利率预示着创业机会获得较多利润，反之，最终获得的利润就小，甚至无利可得。

对于工商企业，毛利率的大小，取决于两个因素，一是数量因素，即销售数量，另一个是质量因素，即单位毛利，用公式表示为：

毛利总额 = 销售量×单位毛利 = 销售量×（单位售价−单位成本价）。

毛利率高的创业机会，相对风险较低，也比较容易取得盈亏平衡。反之，毛利率低的创业机会，风险则较高，遇到决策失误或市场产生较大变化时，企业很容易遭受损失。一般而言，理想的毛利率是40%。当毛利率低于20%的时候，这个创业机会就不值得考虑。软件业的毛利率通常较高，所以只要能找到足够的业务量，从事软件创业在财务上遭受严重损失的风险相对会比较低。

6. 现金流量

现金流量是指企业在一定会计期间内按照现金收付实现制，通过一定经济活动（包括经营活动、投资活动、筹资活动和非经常性项目）而产生的现金流入、现金流出及其差量情况的总称。

现金流量中的现金，不是我们通常所理解的手持现金，而是指企业的库存现金和银行存款，也包括现金等价物，即企业持有的期限短、流动性强、替换为已知金额现金、价值变动风险很小的投资等。

现金流量之于企业，如同血液之于人体。在现代企业的发展过程中，决定企业兴衰存亡的是现金流量。现金流量按其来源主要分为三类：经营活动产生的现金流量、投资活动产生的现金流量和筹资活动产生的现金流量。企业在销售商品、提供劳务或向银行借款的过程中都能形成现金流入，而企业为了生存、发展，必定会发生购买原材料、支付工资、购建固定资产、偿还到期债务等日常经营活动，而导致企业现金的流出。如果企业没有足够的现金流量来面对这些业务的支出，就难免会引发财务危机甚至破产。因此，拥有正常的现金流量是企业持续经营的前提。一般来说，良好的现金流量，应占到销售额的20%甚至30%。

2.5 创业项目的选择

创业项目指创业者为了达到商业目的具体实施和操作的工作。创业项目分类很广，按照行业可以分为餐饮、服务、零售等门类，按照性质可以分为互联网创业项目和实体创业项目。从更大的范围来说，加盟一个品牌，开一间小店，实际上也算是创业。创业者寻找创业机会，并且进行识别和评价的过程也就是选择创业项目的过程。创业者要想创业成功，创业项目是关键，选对创业项目就成功了一半。创业项目选得好，不仅便于资金、人才、技术等方面资源的支持，也有利于事业的可持续发展。

2.5.1 目前适合创业的领域

创业项目涉及的领域和范围很广，特别是随着国家制定鼓励创业的政策，进一步拓宽民间投资的领域和范围，创业领域越来越广。

1. 现代农业领域

国家对农业扶持力度不断加大，为了发展农业产业化经营，推进农业调整，推动农业科技跨越式发展，促进农业增产、农民增收、农村繁荣，国家出台了一系列强农、惠农、富农政策。农业许多项目利润较高，创业者可充分利用国家相关政策，在养殖项目和农产品的初加工、深加工、综合利用以及商贸等方面大有作为。特别是特种养殖，投资少、时间短、市场大、效益高，是众多投资者的首选项目，野兔、山羊、野猪等农村畜牧养殖项目都被创业者所看好。很多例子告诉我们，农村也很多创业项目，目前仍有很多项目空白，只要善于调研，就能发现一个新的创业机会。

2. 专业配套领域

从我国的经济发展态势看，一方面，国有资本将集中投向基础性领域、支柱性产业和尖端科技；另一方面，在经济全球化的趋势下，外国大型企业在中国的投资也会增加，国外进入中国的大企业，也离不开当地中小企业的配套。就总体而言，大企业和中小企业将相辅相成，像家电、机械、食品等行业的发展，都会带动一大批中小企业。如果能成为一家有实力、有效益、有前景的大企业的产品或服务的配套企业，收益也会很好。

3. 服务领域

诸如西点咖啡、中西快餐、服饰鞋帽、居家装饰、视听娱乐产品租售、美容护肤、花卉租售等，都是人们生活离不开的。上述行业，一般都以开店经营为主，可分为独立开店与加盟两种。另外，幼儿教育、居家护理、家政服务、搬家公司等，也成了热门行业。在网络及计算机技术发达的情况下，拥有相关专长的创业机会相当多，如软件设计、网页设计、网站规划、网络营销、科技文件翻译、科技公关等服务，另外、网上开店、快递公司也有市场。我国劳动密集型的传统服务业占绝对优势，知识与技术密集型的现代服务业发展滞后，创业者可根据现状，结合自身实际，选择创业项目。

4. 日用小商品产销领域

许多日用小商品市场都远近闻名，生意兴隆，如浙江义乌小商品市场、上海襄阳路小商品市场等，日用小商品和人们的生活息息相关，可以说是永不没落的朝阳产业，而且这一领域多为劳动密集型产业，具有投资小、经营灵活的特点，特别适合个人创业。

5. 高新科技领域

高新科技产品代表未来，也非常适合中小企业。特别是在技术成熟之前以及技术刚成熟时，不可能大规模地生产；即使是在研制、开发阶段，中小企业也大有可为。此外，互联网、电子商务、软件开发等信息产业，起步投资少，对场地要求不高，设备相对简单，一两个素质比较高的科技人员带几个帮手就可以创业。在这个领域里，有特殊知识或技能的人可以低成本创业，不需要大的资金投资，只需要智力投资，如管理才能、营销才能、技术才能、专利等。实际上，个人的智能和专长就是一种资源。近年来，我国为科技创业者营造了良好的氛围，各地都在创建科技园区，出台扶持科技中小企业的政策。

6. 环保领域

环保领域包括垃圾的回收、加工利用以及修旧利废。目前环保投资与市场需求的差距很大，国家鼓励并给予优惠政策，而且几乎没有竞争。其中仅回收废旧物一项产值预计超过万亿。

7. 健康产业领域

随着社会发展和人们的物质生活水平的提高，现代人越来越关注健康、关注生态。回归自然、崇尚健康是现代人的生活理念，畅享清新的空气，沐浴温暖的阳光，吃天然绿色食品等，不断成为人们追求的一种生活方式。生活理念的转变，带来的是健康产品的总需求急剧增加。以生物技术和生命科学为先导，涵盖医疗卫生、营养保健、健身休闲等健康服务功能的健康产业成为21世纪的重要产业，前景广阔。在发达国家，健康产业已经成为带动整个国民经济增长的强大动力，健康行业增加值占国内生产总值比重超过15%，而在我国，健康产业仅占中国国民生产总值的4%~5%，低于许多发展中国家。近十年来，我国健康产业发展十分迅速，市场容量不断扩大，在国民经济中的比重不断上升。比尔·盖茨曾经说过："21世纪能够超过我的世界首富一定来自健康产业，21世纪能与IT业相比的是健康产业。"

8. 进出口领域

随着经济全球化进程的推进和我国对外开放程度的不断加大，我国经济与世界经济的发展越来越密不可分，外贸依存度也随之大幅增加。我国是全球出口第一大国和进口第二大国，有超过50%的外贸依存度，表明我国深度参与国际竞争和国际分工。中小企业在外贸中扮演重要角色。一方面，中小企业可代理国外买家采购业务。集中采购可以帮助跨国公司以最低的成本达到最高采购效率和效益，因此，越来越多的跨国公司开始在中国建立自己的采购基地，或者把采购部门外包给中国的一个或分包给几个企业。这样，中小企业可成为跨国公司集中采购的分包企业。另一方面，可建立国外营销网络，更好地服务老客户，开发新客户。但要注意，国内中小外贸企业一般不直接涉足海外零售，因为海外零售要有很强的实力支持，需要一个较长的发展过程。

2.5.2 创业项目选择的原则

1. 市场原则

以满足市场需求为前提，重点寻找市场空间大、发展前景广阔的创业项目。

2. 效益原则

要进行投入产出的详细分析，选择投资小、效益大、回报高、风险低的项目。

3. 政策原则

符合国家政策法规，重点选择国家政策鼓励和扶持的项目，回避国家明确限制的项目。

4. 因地制宜原则

充分利用当地资源优势和自身优势选择项目，使自己的项目具有特色，如有较强的垄断性、具有独特的行销手段、只需投入较少的创业资金，切不可盲求社会经济热点，以避免决策失误。

5. 风险防范原则

选择项目过程中要有风险防范意识，不宜选择风险太大的项目。要有退出概念，应选择退出成本较低的项目，一旦创业失败，创业者有能力规避风险。

2.5.3 创业项目选择的基本程序

1. 项目初选

选择项目是创业开始的第一步，项目初选是指在众多项目中进行筛选，初步选定若干项目。

2. 项目准备

对初步选定的项目进行可行性研究，编制项目可行性研究报告。可行性研究主要是通过对项目的主要内容和配套条件，如市场需求、资源供应、建设规模、工艺路线、设备选型、生产组织、环境影响、资金筹措、财务、经济效益等，从技术、经济、财务、社会和环境等方面论证可行性，以确定一个在技术上合理、经济上合算的最优方案，并提出该项目是否值得投资和如何进行建设的意见。可行性研究是为项目投资决策提供依据的一种综合析方法，具有预见性、公正性、可靠性、科学性。

各类可行性研究内容侧重点差异较大，但一般应包括7个主要内容。

（1）投资必要性

根据市场调查及预测的结果，以及有关的产业政策等因素，论证项目投资建设的必要性。

（2）技术的可行性

从项目实施的技术角度，合理设计技术方案，对选择的各专业工艺技术方案从技术和经济上进行比较和评价，提出最后的方案。

（3）财务可行性

从项目及投资者的角度，设计合理财务方案，从企业理财的角度进行资本预算，评价项目的盈利能力，进行投资决策，并从企业的角度评价股东投资收益、现金流量计划及债务清偿能力。

（4）组织可行性

从项目建设及建成后需要的人力角度，制定合理的项目实施进度计划，设计合理企业组织机构、劳动定员和人员培训计划等，判断在组织上是否可行。

（5）经济可行性

对不同的方案进行财务、经济效益分析评价，判断项目在经济上是否可行。

（6）社会可行性

分析项目对国家（或地区）政治和社会的影响，如增加就业机会、减少待业人口带来社会稳定的效益，还有如改善地区经济结构、提高地区经济发展水平等；项目与当地科技、文化发展水平的相互适应性；项目与当地基础设施发展水平的相互适应性；项目与当地居民的宗教信仰、民族习惯的相互适应性；项目对合理利用自然资源的影响；项目对保护环境和生态平衡的影响。

（7）风险因素及对策

对项目的市场风险、技术风险、财务风险、组织风险、法律风险、经济及社会风险等因素进行评价，制定规避风险的对策，为项目全过程的风险管理提供依据。

3. 项目评估

对可行性研究报告进行全面、详细的审核和估价，为项目的投资决策提供最终的依据并写出评估报告。项目评估报告实际上是可行性研究的结论和决策性建议，一般包括可行性研究的关键问题和结论。

4. 选定项目

通过可行性研究，再分析今后发展设想、可利用资源、项目风险和项目之间的依赖性等，选定最符合要求的项目。

2.5.4 选择创业项目的注意事项

1. 选择适合自己的项目

俗话说“隔行如隔山”“熟能生巧”，创业者应尽量选择与自己的专业、经验、兴趣、特长相吻合的项目，这样才具有内在和持久的动力，成功的可能性才大。

2. 从实际出发，不贪大求全

选择了某个项目后，最好适量介入，以较少的投资来了解认识市场，“船小好掉头”，即使出现失误，也有挽回的机会；等到有把握时，再大量投入，放手一搏。

3. 不盲目跟风

当今，各种信息充斥每个角落，许多人根据信息来选择项目，盲目跟风，追求当前最流行、最赚钱的行业。但是，进入热门生意不见得人人赚钱，而且这些行业往往市场已经饱和或趋于饱和，利润不如早期，盲目闯入容易造成投资损失。

4. 深入调研，科学取舍

对初选的项目，要认真进行市场调研、市场分析与预测、最佳方案技术论证、经济分析与比较、投资风险分析，慎重确定最终的创业项目。

2.6 创业风险识别

创业风险是由于创业环境的不确定性、创业机会的复杂性，以及创业团队与创业投资者的能力与实力的有限性等因素造成的创业活动失败的可能性。有价值的创业机会虽然存在开发价值，但同时也存在创业风险。创业风险分为系统风险和非系统风险。系统风险主要是创业环境中的风险，如商品市场风险、资本市场风险等；非系统风险是指创业者自身的风险，如技术风险、财务风险、管理风险等。创业风险中，一些是可以预测的，一些是不可预测的。创业者必须认真分析评估创业风险，并采取针对性应对措施，努力防范和降低风险。

2.6.1 创业风险类型

常见的创业风险有技术风险、财务风险、管理风险、市场风险、环境风险等。

1. 技术风险

技术风险是指初创企业因技术因素导致创业失败的可能性。从研究开发到实现产品商业化的过程中，任何一个环节的技术障碍，都会使产品创新前功尽弃而失败。技术因素包括技术研究开发的不确定性，技术前景、技术寿命的不确定性，技术效果的不确定性。技术研究开发的不确定性是指技术方案是否成功是不确定的。有的企业，投入很大，耗时多年，屡试屡败，其中的原因是多方面的，当创业资金将要耗尽却还没有研发出合格的产品时，企业面临的风险极大。技术前景、技术寿命的不确定性是指如果赖以创业的技术创新不能在技术寿命周期内迅速实现产品商业化，并收回初始投资、取得利润，会造成创业的夭折，或者即使实现商业化，但企业技术创新跟不上技术更新换代速度，也会造成创业的夭折。技术效果的不确定性是指一项高技术产品即使能成功地开发和生产，但若达不到创业前所预期的效果，结果也会造成大的损失甚至创业夭折。

2. 财务风险

财务风险是指企业在各项财务活动过程中，由于各种难以预料或控制因素的影响，财务状况具有不确定性，导致企业蒙受损失的可能性。财务活动是企业生产经营活动的前提条件，是资金筹集、投资、占用、耗费、收回、分配等活动环节的有机统一，各种活动环节中都有可能发生风险。对企业影响较大的财务风险主要有六种。

（1）筹资风险

筹资风险是指因借不到资金而创业失败或借入资金过多使企业丧失偿债能力的可能性。如果筹不到足够的资金，初创企业非常容易夭折；对于以技术创新为主的创业活动，由于资金不能及时供应，科技成果迟迟不能产业化，其技术价值随着时间的推移不断贬值，甚至被后来的竞争对手超越，而使初始投入付诸东流。

民营企业因融资困难无法涉足一些先期投入大的项目，错失发展机会；企业加速扩张时，往往又遭遇资金瓶颈，影响整个企业协作；而当企业拥有融资渠道时，往往热衷于做项目，铺张无度，资金像一条绷紧的橡皮筋，一旦一个地方断裂，不易补救，而且往往殃及整个企业，这样的案例比比皆是。2001 年，号称中国第一家专业鞋业连锁店的温州百信鞋业在未得到银行支持的情况下，5 年间在全国发展了 100 多家连锁百信鞋城，拥有 30 多亿元资产。但扩张太快导致资金被连锁店消耗殆尽，资金链断裂，卖掉鞋城仍然难偿其巨额债务，创始人因拖欠货款、涉嫌偷税漏税而被逮捕，百信鞋城随之倒闭。

（2）投资风险

投资风险通常指企业投资预期收益率的不确定性，主要由投资决策失误和投资环境恶化引起。企业必须加强市场调查和可行性研究，确保决策正确，并加强投资管理。

（3）经营风险

经营风险又称营业风险，是指企业在生产经营过程中，受供、产、销各个环节不确定性因素的影响，企业资金运动迟滞，产生企业价值的变动。经营风险主要包括采购风险、生产风险、存货变现风险、应收账款变现风险等。采购风险是指由于原材料市场供应商的变动而产生的供应不足的可能，以及由于信用条件与付款方式的变动而导致实际付款期限与平均付款期限的偏离；生产风险是指由于信息、能源、技术及人员的变动而导致生产工艺流程的变化以及由于库存不足所导致的停工待料或销售迟滞的可能；存货变现风险是指由于产品市场变动而导致产品销售受阻的可能；应收账款变现风险是指由于赊销业务过多导致应收账款管理成本增大的可能，以及由于赊销政策的改变导致实际回收与预期回收的偏离等。

（4）存货管理风险

企业保持一定量的存货对于其进行正常生产来说至关重要，但确定最优库存量是一个比较棘手的问题，存货太多会导致产品积压，占用企业资金，风险较高；存货太少又可能导致原料供应不及时，影响企业的正常生产，严重时可能违约，影响企业的信誉。

（5）流动性风险

流动性风险即现金流风险，是指因现金流不畅，导致企业资产不能确定性地转移，或企业债务和付现责任不能正常履行的可能性。从这个意义上来说，可以把企业的流动性风险从企业的变现力和偿付能力进行分析与评价。由于企业支付能力和偿债能力发生的问题，称为现金不足及现金不能清偿风险。由于企业资产不能确定性地转移为现金而发生的问题则称为变现力风险。

（6）外汇风险

外汇风险是指受汇率变动对企业盈利能力、净现金流和市场价值的潜在影响，有可能遭受的损失。外汇风险一般是由外币、时间和汇率变动三个因素共同构成的。根据影响的内容，国际企业在经营中所面临的外汇风险主要有交易风险、折算风险和经济风险三种类型。

3. 管理风险

管理风险是指管理者在创业过程中，对企业发展实施的管理导致创业失败的可能性。管理风险来自管理者的经营管理才能、组织结构、企业文化等要素。管理风险表现为决策失误、团队管理不善、组织结构不合理、运行机制不顾制度不健全、用人不当、企业文化缺失等。决策失误是创业最大的风险。创业者在创业活动中要面临各种决策，包括项目决策、技术决策、财务决策、市场营销策、管理决策等。核心创业者决策水平的高低直接影响初创企业的成败。对创业者而言，绝不可以根据自己的喜怒哀乐或不切合实际的个人偏好而盲目决策，不进行科学决策、仅凭个人经验或运气的决策方式都可能导致创业失败。

4. 市场风险

市场风险是指创业主体从事经济活动，因市场因素导致创业失败的可能性。市场因素有四个：一是市场需求量，产品的市场容量较小或者短期内不能为市场所接受，产品的市场价值就无法实现，投资就无法收回，从而造成创业夭折；二是市场接受时间，一个全新的产品，打开市场需要一定的过程与时间，因而不可避免地出现产品销售不畅、前期投入难以回收等情况，从而给初创企业资金周转带来极大困难；三是市场价格，产品价格超出了市场的承受力，就很难为市场所接受，技术产品的商业化、产业化就无法实现，投资就无法收回，而当某种新产品逐渐被市场所接受和吸纳时，其高额的利润会吸引来众多的竞争者，可能造成供大于求的局面，导致价格下跌，影响投资回报；四是市场战略，一项好的高新技术产品，如果没有好的市场战略规划，在价格定位、用户选择、上市时机、市场区域划分等方面出现失误，就会给产品的市场开拓造成困难，甚至功亏一篑。

5. 环境风险

环境风险是指创业者由于外部环境的变化，导致初创企业遭受损失或创业失败的可能性。环境风险包括自然环境、经济环境、政治环境、法律环境、社会文化环境等风险。环境的变化会影响创业资源的获取成本，比如，国家相关法律法规、产业政策、财税政策、金融和资本市场的发展、通货膨胀等因素，均会影响到初创企业发展，因此需要密切关注。

2.6.2 风险识别方法

风险识别方法最主要的是风险分析方法，常见的有以下六种。

1. 财务报表分析法

财务报表分析法以会计记录和财务报表为基础，通过对每个会计科目进行深入的研究，来发现潜在损失，并且就每一会计科目提出研究结果的报告。此外，创业者还必须用调查材料、法律文件等信息来源补充这些财务记录，以保证风险识别的全面、准确。

利用资产负债表、损益表、现金流量表三张财务报表进行风险识别，对三张报表进行逐项分析，可得出现金损失、利润减少、现金流变化的原因，反映出初创企业在一定会计期间内的问题。

2. 组织结构图分析法

利用组织结构图可描述经济单位的活动性质和规模，反映初创企业的各部门所承担的责任和风险，以及各部门之间的内在联系和依赖程度，揭示部分关键人物对本单位经营管理的影响，反映存在的可能使风险状况恶化的薄弱环节，即描述风险发生的领域。通过组织结构图，可以初步确定风险管理的重点。这对于组织结构复杂、分支机构众多的企业识别内在风险、估计风险程度有重要意义。

3. 流程图分析法

流程图分析法是将创业者的生产经营过程或管理过程按其内在的逻辑联系绘成作业流程图，针对流程中的每一阶段、每一环节进行调查分析，识别风险。此方法便于发现容易引发事故和损失的环节和部门。在某个环节的数值发生变化时，企业应及时发现，防范风险。

流程图的类型有很多：简单流程图和复杂流程图，内部流程图和外部流程图，实物形态流程图和价值形态流程图，生产流程图和资金流程图等。

应用流程图法应注意：此方法只建立在过程分析的基础上，应当与识别风险的其他方法同时使用。此方法是一般意义的风险识别，不考虑系统的具体细节，不可能指出生产经营过程中每一步骤的弱点，也不能对事件发生的可能性进行量化，因此，必须对流程图提出问题，弄清潜在损失的发生频率和程度。

4. 危险因素分析法

危险因素分析法是通过考察有可能导致事故的因素来识别风险。先将许多复杂的问题分解为可以处理的部分，然后对每一部分分别仔细进行研究，从中发现与之相关的风险。利用危险因素分析法，可以较直观、全面、深入地分析风险的成因，是一种很好的分析工具。

5. 事件树分析法

事件树分析法是分析事故原因的有效技术。该方法是选择某一风险因素作为开始事件，用逻辑推理的方法推论其可能产生的结果以及产生这些结果的途径，从而了解事故发生的原因和条件。

事件树分析法的理论基础是：任何事故的发生都是一系列事件按时间顺序相继出现的结果，前一事件是随后事件发生的条件，在事件的发展过程中，每一事件有两种可能的状态，即成功和失败。

从各种事件不同状态的组合可得到不同的结果，事件树分析法对事物发展的各个环节进行判断，从而得出系统发生的各种可能结果。

事件树分析法是宏观地分析事故发生过程的方法，对掌握事故的发生规律、预防事故发生是很有益的。若每一事件发生的概率是已知的，则可以计算出各种后果发生的概率，能进行定性分析和定量分析。但事件树分析法需要大量资料和时间，故一般只在风险很大或隐患很深的系统中才会采用。

6. 损失统计分析法

特大型企业可以通过对以往损失事件的统计记录的分析来识别风险，这些记录可以通过风险管理信息系统（RMIS）收集到。以往的统计记录使创业者能够分析已发生的损失事件的趋势，并把它与其他类似事件相比较。由于 RMIS 越来越先进，而且便于使用，预计越来越多的企业在风险识别时使用损失统计分析法。

创业者必须根据实际条件和具体情况，选择效果最优的方法或方法组合，通常同时运用几种方法才能收到良好的效果。

2.6.3 创业风险防范和控制

创业没有零风险。如果创业者试图消除所有风险，那么产品或服务就永远也无法推向市场。很多时候，开始创业时就带着不同程度的风险，比如，创业素质和能力不完全具备，本身创业资源不足等等，如果说创业有风险的话，那么创业者才是最大的风险起源点。在创业前和创业中，都必须对风险做出分析和判断，根据创业项目的特点制定风险防范措施，把风险考虑得越周全，防范措施准备得越扎实，创业途中的风险就越低，创业成功率就越高。防范和控制风险是每个创业者都必须面对的一个难题。一个优秀的创业者不会被动地承担风险，而是积极地防范和控制风险。优秀的创业者都能以正确的方法，运用合理的资源迅速并系统性地防范和控制风险。防范和控制创业风险的方法主要有以下五种。

1. 分散法

分散法即通过企业之间联营、多种经营以及对外投资等方式分散风险。比如，对于风险较大的投资项目，企业可以与其他企业共同投资、以实现收益共享，风险共担，从而分散投资风险，避免因企业独家投资而产生的风险。

2. 转移法

转移法即通过某种手段将部分或全部风险转移给他人的方法，包括保险转移和非保险转移。采用转移法可以大大降低企业的风险。

3. 降低法

降低法即面对客观存在的风险，努力采取措施降低风险。一是在估计创业者风险承担能力的基础上，通过支付一定的成本减少风险出现的可能性，降低损失程度。二是针对可能的各种风险，建立各项管理制度。三是采取应对措施，增强风险主体抵御风险的能力。在创业初期加强管理，建立健全企业规章制度，依靠制度防范和控制各种风险。

4. 自我保险法

自我保险法即企业自身承担风险。比如企业预先提留风险补偿资金，实施分期摊销，以此降低风险对企业正常生产经营的影响。

5. 回避法

回避法即通过放弃或停止业务活动来回避风险源。采用回避法时，虽然潜在的或不确定的损失能就此避免，但获得利益的机会也会因此丧失。

【本章要点】

本章介绍了创业机会的定义、特征，创业机会识别的思路、过程、模型，还介绍了创业机会的评估标准，创业项目选择的原则、基本程序和注意事项，以及创业风险识别，帮助有志于创业的人识别创业机会和选择创业项目，学会防范和控制风险。

【扩展阅读】

如需进一步了解和掌握创业机会与创业风险识别的有关知识，请阅读《精益创业：初创企业的成长思维》（埃里克·莱斯著，中信出版社，2012）、《创业管理》（张玉利等著，机械工业出版社，2016）、《创业管理：基于过程的观点》（罗伯特 A·巴隆等著，机械工业出版社，2005）、《公司创新与创业》（原书籍3版）（唐纳德F·库拉特科等著，机械工业出版社，2013）。

【关键术语】

创业机会　市场评估　市场定位　产品生命周期　盈亏平衡点　创业项目　创业风险

【思考题】

1. 创业机会的含义是什么？
2. 如何识别创业机会？
3. 创业机会评价的目的和方法是什么？
4. 创业风险分成哪几种类型？
5. 创业风险的防范技巧有哪些？

【参考文献】

［1］陈中正．创客：商业革命中的创业与创新［M］．北京：电子工业出版社，2016.
［2］奚国泉．创业基础［M］．北京：清华大学出版社，2013.

第 3 章　创业团队组建

【学习目标】

1. 掌握创业团队的含义；
2. 了解创业团队的构成要素和类型；
3. 了解创业团队演变规律；
4. 掌握创业团队的组建和管理。

【开篇案例】

俞敏洪，1962 年 10 月出生于江苏江阴，1980 年考入北京大学西语系，毕业后留校担任北京大学外语系教师。1991 年 9 月，俞敏洪从北京大学辞职，开始自己的创业生涯。

1993 年，俞敏洪创办了新东方培训学校，创业伊始，俞敏洪单枪匹马拎着糨糊桶到大街上张贴广告，招揽学员。

聚集人才

就当时的大环境而言，随着出国热，以及人们在工作、学习、晋升等方面对英语的多样化要求，国内掀起了学习英语的热潮，越来越多的优秀教师加入英语培训这个行业。在新东方创办之前，北京已经有三四所同类的英语培训学校，如何先人一步，取得自己的竞争优势，把新东方做大做强，俞敏洪认识到英语培训行业必须要具备一流的师资。培训学校普遍做不大是有原因的，由于对个别讲师过分倚重，每个讲师都可以开一个公司，但是每个公司都做得不大。所以，俞敏洪需要找到更多的合作伙伴，帮他把握英语培训各个环节的质量。而这样的人，不仅要有过硬的专业知识和能力，更要和俞敏洪有共同的办学理念。他首先想到的是远在美国的王强、加拿大的徐小平等人，实际上这也是俞敏洪思考了很久所做的决定——这些人不仅符合业务扩展的要求，更重要的是这些人作为自己在北大的同学、好友，在思维上有一定的共性，能比其他人更好地理解并认同自己的办学理念，合作也会更坚固和长久。

这时他遇到了一个和他有着共同梦想而惺惺相惜的朋友——杜子华，杜子华像一个漂泊的游侠，研究生毕业后游历了美国、法国和加拿大，凭着对外语的透彻领悟和灵活运用，在国外结交了许多朋友，也得到了不少让人羡慕的机会。但是他在国外待的时间越久，接触的人越多，就越是感觉到民族素质提高的重要和迫切。要提高一个人、一个民族的素质，唯有投资教育。

1994年在北京做培训的杜子华接到了俞敏洪的电话，几天后，两个同样钟爱教育并有着共同梦想的“教育家”会面了。谈话中，俞敏洪讲述了新东方的创业和发展、未来的构想、自己的理想、对人才的渴望……这次会面后杜子华决定在新东方实现自己的追求和梦想。1995年，俞敏洪来到加拿大温哥华，找到曾在北大共事的朋友徐小平。这时的徐小平已经来温哥华10年，生活稳定而富足。俞敏洪不经意地讲述自己创办新东方的经历，文雅而富有激情的徐小平突然激动起来：“敏洪，你真是创造了一个奇迹啊！就冲你那1 000人的大课堂，我也要回国做点事!”

随后，俞敏洪又来到美国，找到当时已经进入贝尔实验室工作的同学王强。1990年，王强凭借自己的教育背景，3年就拿下了计算机硕士学位，并成功进入著名的贝尔实验室，可以说是留学生中的成功典型。白天王强陪着俞敏洪参观普林斯顿大学，让他震惊的是，只要碰上一个黑头发的中国留学生，都会叫一声“俞老师”。王强后来谈到这件事时说，自己当时很震惊，受到了很大的刺激。俞敏洪说：“你回来吧，回国做点自己想做的事情。”

就这样，徐小平和王强都站在了新东方的讲台上。1997年，俞敏洪的另一个同学包凡一也从加拿大回来加入了新东方。新东方就像一个磁场，凝聚起一个个年轻的梦想，这群在不同土地上为了求学，洗过盘子、贴过广告、做过推销、当过保姆的年轻人，终于找到一个突破口，年轻人身上积蓄的能量在新东方充分得到了释放。

就这样，从1994年到2000年，杜子华、徐小平、王强、胡敏、包凡一、何庆权、钱永强、江博、周成刚等人陆续被俞敏洪网罗到了新东方的门下。

构建团队

作为教育行业，师资构成了新东方的核心竞争力，但是如何让这支高精尖的队伍，最大限度地发挥作用。俞敏洪从学员需求出发，秉持着一种“比别人多做一点，比别人做得好一点”的朴素思维，合理架构自己的团队，寻找和抓住英语培训市场上别人不能提供或者忽略的服务，使新东方的业务体系得以不断完善。

比如，当时新东方开辟了由一个加拿大人主持的出国咨询业务，学员可以就近咨询，获得包括基本申请步骤、各个国家对待留学生的区别、各个大学颁发奖学金的流程和决策、读研究生和读博士生的区别等必要知识。

1995年，俞敏洪逐渐意识到，学生们对于英语培训的需求已经不只限于出国考试。1995年加入新东方的胡敏应这种需求，开发了雅思英语考试培训，大受欢迎，胡敏本人也因此被称为“胡雅思”。

徐小平、王强、包凡一、钱永强等人分别在出国咨询、基础英语、出版、网络等领域各尽所能，为新东方搭起了一条顺畅的产品链。徐小平开设的“美国签证哲学”课，把出国留学过程中一个大家关心的重要程序问题，上升到人生哲学的高度，让学员在会心大笑中思路大开；王强开创的“美语思维”训练法，突破了一对一的口语训练模式；杜子华的

“电影视听培训法”已经成为国内外语教学培训极有影响力的教学方法。新东方的老师很多都根据自己教学中的经验和心得著书立说，并形成了自身独有的特色，让新东方成为一个有思想、有创造力的地方。

俞敏洪的成功之处是为新东方组建了一支年轻而又充满激情和智慧的团队，俞敏洪温厚，王强爽直，徐小平激情，杜子华洒脱，包凡一稳重，五个人的鲜明个性让新东方总是处在一种不甘平庸的氛围当中。

谈到团队的组建，《西游记》中由唐僧率领的取经团队被公认为“黄金组合”。四个人的性格各不相同，却又同时有着不可替代的优势。比如说，唐僧慈悲为怀，使命感很强，有组织设计能力，注重行为规范和工作标准，所以他担任团队的主管，是团队的核心；孙悟空武功高强，是取经路上的先行者，能迅速理解、完成任务，是团队业务骨干和铁腕人物；猪八戒看似实力不强，又好吃懒做，但是他善于活跃工作气氛，使取经之旅不至于太沉闷；沙僧勤恳、踏实，平时默默无闻，关键时刻他能稳如泰山、稳定局面。

但是，创业路上，并没有那么巧的机缘和条件，能幸运地集聚到这样四个不同性格的人。如果只能从这四个人中挑选两个人作为创业成员，你会挑选哪两位呢？

在一次活动中，牛根生客串主持人，向马云和俞敏洪提出了这样一个问题。

俞敏洪选沙僧和孙悟空，马云选择了沙僧和猪八戒。两人都选择了耿直忠厚的沙僧，但是关于另一个人选，两人的选择却很有意思。

马云这样解释他选择猪八戒的原因：“最适合做领袖的当然是唐僧，但创业是孤独寂寞的，要不断温暖自己，用左手温暖右手，还要一路幽默，给自己和团队打气，因此我很希望在创业过程中有猪八戒这样的伴侣。当然，猪八戒做领导是很欠缺的，但大部分的创业团队都需要猪八戒这样的人。”

俞敏洪不赞同马云的选择，他认为猪八戒不适合当一个创业伙伴，猪八戒是很能搞活气氛，让周围的人轻松起来，但是缺点也很突出，就是不坚定，需要领袖带着才能往前走。而且猪八戒既然没信念，哪有好吃的就往哪去，很容易在创业过程中发生偏移，而孙悟空就不会这样，他是一个很理想的创业成员。

俞敏洪列举了选择孙悟空的理由：“他（孙悟空）的优点很明显：第一，有信念，知道取经就是使命，不管受多少委屈都要坚持下去；第二，有忠诚，不管唐僧怎么折磨他，都会帮助唐僧一路走下去；第三，有头脑，在许多艰难中会不断想办法解决；第四，有眼光，能看到别人看不到的机会和磨难。当然，孙悟空也有很多小毛病，会闹情绪，撂担子，所以需要唐僧必要时念念紧箍咒。但是，在取经路上，孙悟空所起到的作用是至关重要的。如果将西天取经比喻成一次创业过程，孙悟空就是其中不可或缺的创业成员。”

新东方的创业团队就有些类似于唐僧的取经团队。徐小平曾是俞敏洪在北大时的老师，王强、包凡一是俞敏洪北京大学时的同班同学，王强是班长，包凡一是大学时代睡在俞敏洪上铺的兄弟。这些人个个都是能人。所以，新东方最初的创业成员，个个都是“孙悟空”，每个人都很有才华，而个性却都很独立，俞敏洪曾评价：论学问，王强出自书香门第，家里藏书超过5万册；论思想，包凡一擅长冷笑话；论特长，徐小平梦想用他沙哑的嗓音做校园民谣，他们都比我厉害。

俞敏洪敢于选择这帮能人作为创业伙伴，并成就了新东方的传奇，从这一点来说，他是一个成功的创业团队领导者。他知道新东方人多是性情中人，从来不掩饰自己的情绪，也不愿迎合他人的想法，打交道都是直来直去，有话直说。因此，新东方形成了一种批判和宽容相结合的文化氛围，批判使新东方人敢于互相指责、纠正错误；宽容使新东方人在批判之后能够互相谅解、互相合作。这就是新东方人的特点：大家互相之间不记仇、不记恨，只计较到底谁对谁错。

这种源自北大精神的自由文化，是俞敏洪敢用“孙悟空”，而且是多个“孙悟空”的前提条件，这是新东方成功的关键因素之一。而另一个关键因素就是俞敏洪本人所具备的包容性，帮助他带领着一帮比他厉害的“能人”，不仅将新东方从小做大，还完成了让局外人都为之捏了一把汗的股权改制。最令人意料不到的是，俞敏洪居然还将新东方带到了美国的资本市场，成为中国第一个在海外成功上市的民营教育机构。这一份成绩虽然还不能定义为最终的胜利，但是仍然有着非同寻常的意义。

3.1 创业者

3.1.1 创业者的概念

说起创业者，人们会如数家珍般地列出一份长长的名单，联想的柳传志、海尔的张瑞敏、巨人的史玉柱、新东方的俞敏洪、阿里巴巴的马云等。他们大都具有一些独特的品质，比如强烈的成功欲望、敢于承担风险、超强的意志力。

目前，对于创业者是否可以后天培养，仍然存在争议。通过教育，我们还能培养出更多的马云吗？乔布斯、盖茨、戴尔、扎克伯格都没有完成学业，如果他们继续学习，还能有苹果、微软、戴尔、脸书这些公司吗？这些例子引发了人们对传统教育的思考。针对这种争论，一些研究者指出，抛弃将人们分成创业者和非创业者这种简单分法，把创业看成一个概率分布。在这个概率分布中，一些人只要不存在严格的限制条件就会成为创业者，一些人即使是在有利条件下也不会踏上创业的征程；而对于大部分人而言，在某种条件下，他们可能成为创业者，如果条件不允许，他们也可能不会成为创业者。我们更应该思考的问题是创造什么样的条件，帮助大部分的人克服障碍，成为创业者。

对于创业者的描述，可以从狭义和广义两个角度展开。狭义的创业者是指参与创业活动的核心人员，也称核心创业者。这种创业者的定义避免采用领导者或组织者的概念，因为在当今的创业活动中，技术的含量越来越大，离开了核心的技术专家，很多创业活动都无法进行，核心的技术专家理应成为创业者。事实上，很多创业活动最早都是由拥有某项特定成果的技术专家发起的。广义的创业者是指参与创业活动的全部人员。在创业过程中，狭义的创业者比广义的创业者承担更多的风险，但会获得更多的收益。

3.1.2 创业者的素质与能力要求

创业是极具挑战性的社会活动，是对创业者自身素质和能力的全方位考验。创业者要想获得成功，必须具备基本素质和能力。特别是核心创业者，面对经济全球化和知识经济时代的严峻考验，要带领整个团队实现企业发展目标，必须具备更高的素质和能力。

根据众多创业成功的案例分析，大多数创业者具备一些基本的创业素质和能力，具体有五个方面。

1. 强烈的创新精神

既然创新是创业精神的本质所在，创业者趋向于那些具有创新精神的人也就不足为奇了。换句话说，创业者更加具有用创造新的方法来迎接不同挑战的意愿。

2. 较强的独立意识

创业者都具有独立自主的意识。他们大多数都高度地自我依赖，并且其中许多人都偏向于独立完成目标。

3. 良好的心理素质

创业之路充满艰险与曲折，要想创业成功，在很大程度上取决于创业者的心理素质。面对变幻莫测的经济环境和激烈的市场竞争，以及随时出现的需要迅速解决的问题和矛盾，创业者需要有比常人更强的心理承受能力和心理调控能力，面对困难，能够保持积极而沉稳的心态、强烈的社会责任感、坚韧不拔的意志、执着追求目标的精神。

4. 较好的身体素质

创业者要身体健康、体力充沛、精力旺盛。创业是艰苦、复杂和冒险的事业，创业者工作繁忙、工作时间长、工作压力大，如果身体不好，奋斗过程力不从心，就难以承受重任。

5. 较强的创业能力

创业能力直接关系到创业的效率和成功。创业能力是一种综合能力，主要包括对信息和市场的洞察能力、资源整合能力、创新能力、经营管理能力和公关能力等。

创业者可以通过创业教育提高创业素质和能力。当然，创业者不必具备以上所有的素质和能力才去创业，但创业者要想在激烈的市场竞争中站稳，获得创业成功，就必须在创业过程中不断提高学习能力，提高自身的创业素质和能力。

3.1.3 创业者的创业动机

1. 创业动机的含义

人们为什么要创办企业以及他们与非创业者有什么不同，这些问题与创业者的动机密不可分。创业动机是鼓励和引导创业者从事创业活动，并为实现创业目标而行动的内在力量。创业行为的发生是创业动机形成和不断强化的结果。

人们选择创业的动机多种多样，最基本的创业动机有三个。

一是自己当老板。许多创业者要么拥有创办自己企业的梦想，要么是对现有工作存在不满想要自己当老板。

二是追求创意的实现。有些人产生新产品或新服务的创意时，总是渴望这些创意得以实现。在现有的条件下，如果他们觉得新的创意无法实现，就会付出大量时间和精力去将创意转变为一家企业。

三是获取更多的经济回报。虽然创业的经济诱惑一直被认为是重要因素，但实际上，这种动机与前两种动机相比，明显是次要的。平均来看，与传统职业中承担同样责任的人相比，创业者并没有因此而获取更多的经济回报。

2. 创业动机的影响因素

创业的决定是各种因素共同作用的结果，一方面是创业者的个性特点、个人环境、相关商业环境、个人目标和可行的商业计划，另一方面是创业者对创业结果所寄予的不同期望。

创业动机的产生受诸多直接和间接因素影响。直接因素是创业者的需求层次。创业者的需求层次产生不同的创业动机。当人的某一层需求得到满足后，较高层次的需求才会成为主导需求，以此成为推动创业动机的主动力。冒险型创业者的需求层次高于生存型创业者需求层次，前者大多没有生活压力，具备一定素质和能力，并相信能通过创业实现个人价值。间接因素包括三项：一是社会保障，社会保障的高低可以提高或降低人们的需求层次；二是收入水平，长期收入水平的高低可以提高或降低人们的需求层次；三是教育水平、经验和经历，创业者的教育水平、经验和经历不同形成了创业者需求层次的多样化。

3.1.4 改革开放造就大批优秀创业者

我国改革开放以来，涌现出一大批优秀的创业者。他们都具有渴望成功的欲望、创新的精神、敢冒风险的勇气、良好的心理素质和卓越的创业能力。

1979 年，大学毕业的史玉柱来到深圳，用带来的 4 000 元开始创业。创业仅仅几年后他就辉煌起来，随后又迅速失败，变成了欠债两亿多的“中国首负”“中国最著名的失败者”，两年后又迅速崛起，今天成了有数百亿资产的商业“巨人”。脑白金、黄金搭档、征途网游，这一个个响亮的名字，缔造者就是史玉柱。

1979 年，鲁冠球带领 6 个村民，筹集 4 000 元，办起了一个铁匠铺，为了躲避“割资本主义尾巴”，挂出了宁围公社农机厂的招牌。30 多年后昔日的铁匠铺发展成拥有 60 亿元资产，实现了跨国经营的大型企业集团——万向集团。

吉利的家业由浙江“草根”李书芳、李胥兵、李书福、李书通兄弟四人一起开创。1979 年，李氏四兄弟一起在浙江台州路桥做起了小五金生意。1983 年前后，获得原始资本积累的李氏兄弟办厂生产冰箱蒸发器。1987 年，李氏兄弟开始生产冰箱。1995 年，吉利集团成立，哈尔滨工业大学毕业的李书福出任董事长。1997 年，吉利集团仅以 10 亿元人民币进入汽车产业，创建了国内第一家民营汽车制造企业，中国汽车工业靠政府保护和国有资本垄断的坚冰被李书福这条“鲶鱼”打破了。1998 年 8 月 8 日，浙江临海，第一辆吉利“豪情”汽车下线。2001 年吉利“豪情”和“美日”系列的 4 款车登上国家经贸委发布的中国汽车生产企业产品公告，吉利成为中国首家获得轿车生产资格的民营企业。李书福造出百姓轿车，形成了强烈的“吉利冲击波”。从台州一家小企业起步，成为中国排名前十的民营汽车厂商。

1989 年，郭广昌从复旦大学毕业后留校任教。1992 年，他和四个同学用借来的3.8 万元创业，成立广信科技，靠一种乙肝诊断试剂获得第一桶金。1994 年成立复星集团，复星集团是一家专业的中国多产业控股公司，目前拥有医药、房地产开发、钢铁及零售业务投资四个具有竞争优势和增长潜力的主导产业板块。此外，复星集团还战略性投资了其他行业，包括金矿开采及金融服务。复星集团目前已经是中国最大的民营企业集团之一。

马云，1988 年毕业于杭州师范学院。1995 年 4 月创办了“中国黄页”网站，是第一家网上中文商业信息站点。1997年年底，马云和他的团队在北京开发了外经贸部官方站点、网上中国商品交易市场等一系列国家级站点。1999年年初，马云回到杭州以50万元创业，开发阿里巴巴网站。2003年，进军C2C领域，推出个人网上交易平台——淘宝网，并在两年内成长为国内最大的个人拍卖网站。2005年8月11日，阿里巴巴全面收购雅虎中国，包括雅虎中国门户网站、3721、一拍网等全部资产，价值7亿多美元。2007年11月6日，阿里巴巴网络有限公司在香港联交所挂牌上市，股票开盘价30港元，较发行价13.5港元涨122%，融资15亿美元，创下中国互联网公司融资规模之最。

丁磊毕业于成都电子科技大学，1997年，26岁的丁磊创办了网易公司。知识创造财富，丁磊利用专业优势，带领网易先后推出免费邮箱系统、免费主页、免费域名、免费信箱、虚拟社区等服务，丁磊将网易从一个十几个人的小微企业发展成为中国的三大门户网站之一，并在美国成功上市，丁磊2003年曾获中国首富桂冠。

马化腾毕业于深圳大学计算机专业，毕业后在一些中小公司打工，专注于寻呼软件开发，1998年，马化腾找了几个朋友创办了腾讯计算机系统有限公司。除了手机、电话、Email之外，马化腾打造了一个庞大的虚拟家园QQ帝国，QQ改变了中国人沟通的方式。经过一段时间的发展，腾讯走上了多元化道路。

3.1.5 企业家精神的传承

1. 企业家精神

“企业家”这一概念由法国经济学家理查德·坎蒂隆（Richard Cantillon）在18世纪30年代首次提出。他认为，“企业家精神”是企业家特殊技能（包括精神和技巧）的集合，是一种重要而特殊的无形生产要素。

世界著名的管理咨询公司埃森哲，曾在26个国家和地区与几十万名企业家交谈。其中79%的企业领导认为，企业家精神对于企业的成功非常重要。埃森哲的研究报告也指出，在全球高级主管心目中，企业家精神是企业健康长寿的基因和要穴。有人认为，正是企业家精神引发了20余年美国新经济的兴起，造就了第二次世界大战后日本经济的奇迹。

关于什么是企业家精神，万科董事长王石的答案是：“偏执+执着+赢利”。王石认为，企业家与其他人的不同点是偏执、执着，别人认为不可以，他却认为可以，并付诸行动，而且要赢利。

到底什么是真正的企业家精神呢？具体有七个方面的表现。

（1）创新是企业家精神的灵魂

一个企业最大的隐患，就是创新精神的消亡。创新是企业家活动的典型特征，企业家的创新精神体现为能够发现一般人无法发现的机会，能够运用一般人不能运用的资源，能够找到一般人无法想到的办法。创新包括产品创新、技术创新、市场营销创新、管理创新等。

（2）冒险是企业家精神的天性

没有敢冒风险和承担风险的魄力，就不可能成为企业家。对一个企业和企业家来说，不敢冒险才是最大的风险。企业家的冒险精神主要表现在企业战略的制定与实施，企业生产能力的扩张和缩小，新产品、新技术的开发与运用，新市场的开辟和收缩，生产品种的增加和淘汰，产品价格的提高或降低等方面。

（3）责任是企业家精神的动力

责任包括对企业的责任、对员工的责任和对社会的责任。责任感的主要特征往往并不是对财富积累的渴望，而是创造社会价值。这种责任感也体现在敬业精神上，企业家为了他的事业生存，而不是为了他的生存才经营事业。货币只是成功的标志之一，对事业的责任，才是企业家的不竭动力。

（4）合作是企业家精神的精华

企业家在重大决策中实行集体行为而非个人行为，而且这种合作精神需要扩展到企业的每个员工。企业家既不可能也没有必要成为一个超人，但企业家应努力成为“蜘蛛人”，有非常强的“结网”能力和意识。

（5）学习是企业家精神的关键

学习与智商相辅相成。从系统思考的角度来看，从企业家到整个企业必须持续学习、全员学习、团队学习和终生学习。日本企业的学习精神尤为可贵，他们向爱德华兹·戴明学习质量和品牌管理，向约琴夫·M·朱兰学习组织生产，向彼得·德鲁克学习市场营销及管理。同样，美国企业也在虚心学习，企业流程再造和扁平化组织正是学习日本的团队精神结出的硕果。

（6）执着是企业家精神的本色

英特尔总裁葛洛夫有句名言：“只有偏执狂才能生存。”在发生经济危机时，资本家可以用脚投票，变卖股票退出企业，劳动者亦可以退出企业，然而企业家却是唯一不能退出的人。

（7）诚信是企业家精神的基石

诚信是企业家的立身之本，诚信是绝对不能妥协的原则。市场经济是法制经济，更是信用经济、诚信经济。诺贝尔经济学奖得主弗里曼更是明确指出：“企业家只有一个责任，就是在符合游戏规则下，运用生产资源从事有利润的活动。亦即须从事公开和自由的竞争，不能有欺瞒和诈欺。”

总之，企业家精神是企业家集创新、冒险、合作、敬业、学习、执着、诚信、宽容、爱心、社会责任感于一体的人格价值的综合体现。一个成功的企业家不是财大气粗地喊叫，不应千方百计地作秀，不应过于务实和功利，而应具有大勇气、大想法、大气魄，能给企业未来带来信心。唯有领导者具有企业家精神，企业才能从小做大；唯有领导者具有企业家精神，企业才能在逆境中坚持、成长；唯有领导者具有企业家精神，企业才能保持对员工、对消费者的大爱。这种企业家精神是不能用钱买到的，是企业家自己选择的结果。

2. 创业者对企业家精神的传承

企业家精神的传承是企业传承的关键问题。

我国民营经济经过30多年的发展，从现有所有制结构来说，我国民营经济已经占半壁江山，民营经济总量也已占到GDP的50%以上。民营经济即中国民营企业的兴衰，不仅关系到中国经济的整体发展，也关系到社会的稳定发展。因此，企业能否有效传承，不仅关系到企业自身能否持续成长，而且与整个国民经济的发展都有重大关联。可见，创业者不仅要通过艰苦奋斗实现创业成功，还背负着企业传承的重大责任。

民营企业正步入交接班高峰期。从我国初创企业来看，20 世纪 80 年代的创业者，就面临企业传承问题。相关研究结果表明，未来的 5～15 年内，交接班问题将成为我国民营企业的第一大热点和难点，全国范围内的民营企业家“大换班”即将到来。

表面上看，企业传承是传位子、传股份。但是，要想使位子与股份传承顺利，还得考虑与传位子、传股份紧密关联的其他要素，如企业家权威的传承，企业家在企业内部与外部的人脉资本的传承，企业家经营管理经验、知识、技巧的传承，企业文化和企业历史的传承等。

最难传承的是企业家精神。财产、技术、管理、知识基础等，都是显性的资源和能力，很容易传承。但是一些隐性的能力——开拓创新、敢想敢干、责任感、合作、勇气、对机会的把握、果断决策等企业家精神，是最难言传身教的，接班人必须亲身经历才能得到。而企业家精神，才是企业长青的决定性因素。

目前我国民营企业选择接班人，主要有两种方式：一是世袭，二是选择职业经理人。因为中国目前尚未形成职业经理人阶层，所以大多采取了第一种方式。但是，“富二代”是含着金钥匙出生的，成长环境优越，如不注重培养，是很难传承企业家精神的。

方太集团原董事长茅理翔说过，第一代创业者不少已经步入 55～65 岁，受身心状况、思想观念、知识结构、市场把握能力等因素限制，不得不直面企业最现实的交接与传承问题。这不但紧迫，而且“性命攸关”。

2003 年，海鑫钢铁集团董事长李海仓突然遇害，且未留下遗嘱，一时间谣言满天，最后企业的继承由地方政府协助其家族完成。在李海仓之父李春元的主持下，李海仓 22 岁的儿子李兆会出任董事长。相似的情况，也出现在许多企业家的家族争产风波中。

在确定接班人问题上，“临危受命”是最不可取的，这会给企业带来极大的不确定性和危机。“未雨绸缪”才是正确之道。一则，创业者可能遇到一些突发状况，需要接班人训练有素；二则，未来接班人地位的确立和稳定需要很长时间的准备；三则，有充分的时间可以在选择接班人时提高准确性，没有谁愿意看到自己辛苦打拼来的企业在儿孙手中败落。因此，培养合格的接班人，已成为企业迫切需要解决的问题。

在培养儿子成为合格接班人的问题上，“华人第一企业家”李嘉诚有着严厉的“家规”：在李泽钜、李泽楷两兄弟去美国斯坦福读书期间，李嘉诚只给他们最基本的生活费。有谁能想到，现在人称“小超人”的李泽楷当年还在麦当劳卖过汉堡、在高尔夫球场做过球童？兄弟二人完成学业后，李嘉诚并没有让他们直接回家族的企业工作，而是让他们去了加拿大，一个搞地产开发，一个去投资银行，小有业绩后才回来接班。

正泰集团董事长南存辉也为解决企业接班人问题而忧虑，于是他想出了一个“败家子基金计划”。正泰有 100 多个股东，其中 9 个是高级管理人员。南存辉鼓励这些高级管理人员的子女念完书后不进正泰，而到外面去打拼，并在打拼过程中对他们进行观察和考验。若成器者，由董事会聘请到正泰集团工作；若认定是“败家子”，原始股东会成立一个基金，请专家管理，由基金来供养。

而在日本，更加流行“养子制度”。从 17 世纪开始，日本企业界就有了养子当家的传统。为了避免儿孙不肖而导致家业衰败，很多家族招收德才兼备的养子来继承家业。

在我国，一些民企“二代”也承受企业传承的巨大压力。1980年出生的许建光虽然从父亲手中取得了总经理的职位，但让他担心的是，接班后企业效益如果提升，别人认为是父辈功劳；企业如果平稳运行，别人认为他不思进取，躺在父辈开创的基业摇篮里享清福；如果企业走下坡路，自己就会被认为是败家者。“二代”民营企业家的压力不仅来自家庭内部、外人的眼光，也来自整个社会。社会普遍认为他们的生活就是花天酒地，这些片面刻板的观念给民企“二代”造成了很大的压力。

面对“交接班”的重重挑战，初创企业应该如何突出重围、在完成“交接班”过程中实现转型升级，这不但是摆在初创企业面前的紧迫问题，也是一个巨大而现实的社会问题。

未来5~15年，中国的民营企业将迎来一个交接班的高峰。如何交接班，将是中国民企继续发展的第一热点，也是第一难点，需要企业家认真思索，寻找最佳的解决方案。

3.2 创业团队的内涵

3.2.1 创业团队的定义

创业团队是由两个以上人员组成的具有一定利益关系、才能互补、责任共担、愿为共同的创业目标而奋斗的工作团队。

每个成员在创业团队中发挥的作用是不同的。团队任务决定了一个团队需要在任务及团队角色之间找到一种令人满意的平衡点。团队中的每个人都既能够满足特定需要而又不与其他的角色重复。一个创业团队只有处在角色平衡、人数适当的状态时，才能充分发挥高效运转的协作优势。

3.2.2 团队对创业的重要性

美国的一项研究表明，83.3%的高成长企业是由团队创办的，团队创业型企业的成长性明显优于个人独自创业型企业。对于创业者而言，要推动初创企业快速发展并取得创业成功，迫切需要以团队创业观念替代传统的个人独自创业观念。

创业团队对创业的重要性在于，创业团队是由一群“目标一致、优势互补、利益共享、责任和风险共担”的人组成，这样的团队整体力量大于团队成员力量之和，团队成员合作取得的整体业绩超过团队成员个人业绩的总和。这种团队的力量，来自团队成员合作的优势、来自为达到共同的目标所激发出来的合作精神和奉献精神。与个体创业相比，团队创业具有多方面优势，对创业成功有举足轻重的作用。组建团队可以调动团队成员的所有资源和才智，为工作注入强大能量。

小溪只能泛起小浪花，纳海百川才能激发惊涛骇浪，个人与团队关系就如小溪与大海。团队的核心是协同合作；团队管理注重发挥团队成员个人优势和团队整体优势，形成团队合力。

当今社会，随着知识经济的发展，各种知识、技术不断推陈出新，竞争日趋激烈，社会需求越来越多样化，人们在创业过程中所面临的情况和环境日益复杂。在很多情况下，个人创业很难处理创业过程中遇到的各种错综复杂的问题，开创大的事业需要组成团队，依靠团队的力量共同解决错综复杂的问题，实现创新，高效运作并最终成功。

3.2.3 创业团队的构成要素

团队有五个重要构成要素，管理学家把它们概括为五个“P”。

1. 创业目标（Purpose）

创业团队有一个明确的共同目标，目标引导团队成员的思想和行为。没有目标，创业团队就没有存在的价值。

2. 创业人员（People）

人是构成创业团队最核心的力量。两个及以上的人就可以构成团队。

3. 创业团队的定位（Place）

创业团队的定位包含两层意思：一是创业团队的定位，确定团队在企业中处于什么位置，由谁决定，团队最终应对谁负责等；二是个体的定位，对团队成员进行分工，明确角色定位。

4. 创业团队的权力（Power）

权力是指为了保证职责的有效履行，团队成员必须具备的对某事项进行决策的范围和程度，简单来说就是团队成员的职权范围。创业团队应需要处理好两种权力。一是团队成员的权力。要对团队成员授权，明确各自应履行的职责。团队核心领导人的权力大小与创业团队的发展阶段相关，一般来说，在创业团队发展的初期，权力相对集中，团队成熟后，核心领导人所拥有的权力相对小一些。二是团队权限。要确定整个团队在组织中拥有哪些决定权，如财务决定权、人事决定权等。

5. 创业计划（Plan）

计划是对达到目标所做出的安排，是未来行动的方案，可以把计划理解成目标实施的具体工作程序。计划只有一步一步地推进落实，才会逐步贴近并最终实现目标。

3.2.4 创业团队的类型和特点

一般说来，创业团队大体上可以分为三种：星状创业团队（Star Team）、网状创业团队（Net Team）、虚拟星状创业团队（Virtual Star Team）。

1. 星状创业团队

一般在星状创业团队中有一个主导人（Core Leader）充当领军。这种团队在形成之前，主导人已有创业的想法，然后根据自己的设想进行创业团队的组建。因此，在团队形成之前，主导人已经就团队组成进行过仔细思考，根据自己的想法选择合伙人，这些合伙人也许是主导人以前熟悉的人，也有可能是不熟悉的人，其他的团队成员在企业中更多时候是支持者。

这种类型的创业团队具有四个特点。

①组织结构严密，向心力强，主导人在组织中的行为对其他个体影响较大。

②决策程序相对简单，组织效率较高。

③容易形成权力过分集中的局面，从而使决策失误的风险加大。

④当主导人和其他团队成员发生冲突时，因为主导人的特殊权威，其他团队成员往往

处于被动地位，在冲突较严重时，一般会选择离开团队，对团队产生较大影响。

这种类型的团队很多，比如，太阳微系统公司（Sun Microsystem）创业初期就是由维诺德·科尔斯勒（Vinod KhMla）确立了多用途开放工作站的概念，接着他找了乔（Joy）和本其托斯民（Bechtolsheim）两位软件和硬件方面的专家，和一位具有实际制造经验和人际技巧的麦克尼里（Mc Neary），组成了创业团队。

2. 网状创业团队

网状创业团队的成员一般在创业之前都有密切的关系，比如是同学、亲友、同事、朋友等。一般是在交往过程中，共同认可某一创业想法，并就创业达成共识，开始共同创业。在创业团队组成时，没有明确的核心人物，大家根据各自的特点进行自发的组织角色定位。因此，在企业初创时期，各成员基本上扮演伙伴角色。

这种创业团队具有四个特点。

①团队没有明显的核心，整体结构较为松散。

②组织决策时，一般采取集体决策的方式，通过大量的沟通和讨论达成一致意见，效率相对较低。

③由于团队成员在团队中的地位相似，容易形成多头领导的局面。

④当团队成员之间发生冲突时，一般采取平等协商、积极解决的态度消除冲突。团队成员不会轻易离开，但是一旦团队成员间的冲突升级，某些团队成员撤出团队，就容易导致整个团队涣散。

这种类型的创业团队也有很多。比如微软的比尔·盖茨和童年玩伴保罗·艾伦，惠普公司的戴维，帕卡德和他在斯坦福大学的同学比尔·休利特等。

3. 虚拟星状创业团队

这种创业团队是从网状创业团队演化过来的，基本上是前两种的中间形态。在团队中，有一个核心成员，但是该核心成员是团队成员协商的结果，因此核心人物从某种意义上说，是整个团队的代言人，而不是主导型人物。其在团队中的行为必须充分考虑其他团队成员的意见，不像星状创业团队中的核心主导人物那样有权威。

这种类型的创业团队具有以下特点。

①核心成员地位的确立是团队成员协商的结果，因此，该核心成员具有一定的威信，能够作为团队领导。

②团队的领导是在创业过程中形成的，既不像星状创业团队那么集权，又不像网状创业团队那么分散。

③核心人物的行为必须充分考虑其他团队成员的意见，不像星状创业团队中的核心主导人物那样有权威。

3.2.5 创业团队成员的角色定位

每个团队成员角色定位是不同的。创业团队由才能互补的合伙人组成，有的人擅长当决策者，有的擅长专业技术，有的擅长理财，有的擅长对外协调沟通。各合伙人要根据才能特长和性格特征进行分工，即进行角色定位。一般来说，团队需要的角色有五种类型。

1. 主导者

主导者眼界开阔，洞察力和决断能力强，一旦做了决定就不轻易改变；大局意识、责任意识强，组织协调能力强，处事冷静稳重；胸怀宽广，办事公正客观，听得进不同意见，不带个人偏见；除权威之外，更有个性感召力，能够激发团队成员的才能优势，共同为实现目标努力奋斗。

2. 策划者

策划者是“点子型的人才”。知识面广、观念新、思路开阔、思维活跃，具有高度的创造力，喜欢打破传统，推动变革。

3. 外交者

外交者的强项是与人交往，在对外交往的过程中获取信息。他们对外界环境十分敏感，一般最早感受到变化。

4. 实施者

实施者能将计划变为实际行动，遇到困难时，总能找到解决办法，执行力强。实施者非常现实、传统甚至保守，他们崇尚实际，计划性强。实施者有很好的自控力和纪律性。对团队忠诚度高，为团队整体利益着想而较少考虑个人利益。

5. 监督者

监督者对工作方案的实施情况等进行监督。他们喜欢反复推敲一件事情，决策时能考虑各方面因素，挑剔但不易情绪化，思维逻辑性很强。

在实际工作中，一个团队有时是一人兼多个角色，要根据实际情况来确定。

3.2.6 创业团队发展的五个阶段

创业团队发展分五个阶段：组建期、激荡期、规范期、高产期和调整期。

1. 组建期

在组建期，创业团队应完成以下三方面的工作。一是初步形成团队的内部结构框架，主要包括制定目标、任务和计划，设置职能部门和配备人员，建立制度和运行机制等，对核心团队管理成员进行分工等。二是建立团队与外界的初步联系，主要包括争取有关方面的支持，如专家指导、培训、物资、经费和精神方面的支持；建立与企业协作者的联系；建立与社会有关方面的联系等。三是尽快让团队运转起来。团队由不同动机、需求与个性的人组成，在此阶段彼此都在了解环境、熟悉工作，了解与信任不足，缺乏共同语言，彼此之间充满谨慎和礼貌，处在模糊和不确定的状态。在此阶段，核心创业者必须确保团队组建有效进行，尽快掌控团队，多与团队成员交流，清楚直接地告知成员自己的想法和目的，取得大多数成员的认同。要尽快让团队成员进入角色，降低不稳定的风险。此阶段的领导风格要采取控制型，不能放任自流，要建立必要的行为准则和制度规范，尽快让团队进入正常轨道。

2. 激荡期

团队经过组建期后，隐藏的问题逐渐暴露，成员之间产生冲突，团队进入激荡期。虽然说团队成员接受了团队的存在，但仍然会感到约束。成员们对于团队的发展方向争论不休，外面的压力也渗透到团队内部，团队内部出现紧张气氛。在这一阶段，热情往往让位于挫折、愤怒、抗拒，大家的注意力偏离了工作目标。这个阶段之所以重要，是因为如果团队安全通过这一阶段，团队工作、人际关系就会比较稳定。这一阶段出现的激荡现象，主要包括成员与成员之间、成员与环境之间、新旧观念与行为之间的激荡。

（1）成员与成员之间的激荡

团队进入激荡期后，各成员由于立场、观念、方法、行为等方面的差异必然会产生各种冲突，暂时忘记目标任务、工作原则。此时，人际关系陷入紧张局面，甚至出现敌视等情绪。其结果是一些人暂时回避甚至退出团队。作为核心创业者，一方面要认识到激荡期是团队成长必须经历的阶段，产生冲突并不一定是坏事，相反，它暴露了潜在问题，为团队尽早进入规范期创造了条件；另一方面，要与其他成员积极解决冲突，绝不能采取压制的手段，而应引导大家理智地化解。这时有关促进沟通、改善人际关系、解决冲突的方法和技巧都可运用。

（2）成员与环境之间的激荡

首先，这种激荡体现在成员与企业技术系统之间。如团队成员在新的环境中可能对团队采用的信息技术系统或新的制作技术不熟悉，经常出错。这时最紧迫的是进行技能培训，使成员迅速掌握团队采用的技术。其次，还有成员与企业制度系统之间的激荡，如不适应企业的人事制度、考评制度、奖惩制度等。这时，一方面要根据实际不断完善制度，以适应团队发展的需要。另一方面，表示推行新制度的决心，消除团队成员狐疑，使之全身心地投入团队建设之中。再次，团队成员和整个团队、其他部门要发生各种各样的关系，也会产生各种各样的矛盾冲突，需要不断磨合，进行协调。最后，团队与社会环境的关系也需要协调。

（3）新旧观念与行为之间的激荡

在激荡期，团队建设可能会碰到很多阻力，如成员可能会因为害怕责任、害怕改变等而拒绝改革创新。这时需要运用一系列手段，如用舆论宣传、培训教育等手段，促进团队成员思想观念和行为方式的改变，促进团队的成长。

3. 规范期

经过一段时间的激荡，团队逐渐走向规范，组织成员开始以一种合作方式组合在一起，并且各派竞争力量开始平衡。团队成员逐渐了解核心创业者，建立共同的愿景和价值观，熟悉工作环境，了解团队运行规则和方式，违规的事情减少，相互之间产生默契，日常工作能够顺利进行。在这个阶段，团队内部成员之间开始形成亲密的关系，团队表现出一定的凝聚力，产生强烈的团队身份感和友谊关系，彼此之间保持积极的态度，表现出相互之间的理解、支持，并再次把注意力转移到工作目标上，关心团队的发展和彼此的合作。总之，团队逐步克服团队建设中碰到的一系列阻力，新观念也为团队成员普遍接受，新的行为规范得到确立并为大家所认可。

在这一阶段，团队成员对核心创业者依赖性很强，还不能形成自治团队。团队面临的主要危险是成员因为害怕遇到更多的冲突而不愿提出自己的建议。这时的工作重点就是通过提高团队成员的责任心，帮助他们放弃沉默。最重要的是形成团队文化，形成共同价值观，强化责任意识，倡导敬业和奉献精神，营造成员间互相合作、互相帮助、关心集体的氛围，增强团队的凝聚力。同时，还应进行更广泛的授权与更清晰的权责划分，调动团队成员的工作积极性，增强工作推进力，但授权不能一下子给予太多，要逐步进行，且始终掌握企业的控制权，否则回收时会使团队成员难以接受。当团队稳定下来，团队成员对行为规范基本达成共识并自觉执行，这个阶段就结束了。

4. 高产期

在高产期，团队成员开始充分地发挥作用，团队协调高效运行。整个团队建立了科学民主的决策机制，有较强的理解力和执行力，团队成员能充满自信地完成各自的任务，效率和效益不断提高；能有效地应对各种挑战、经受各种风险，工作更加富有成效。团队成员彼此之间加深了了解，增进了友谊，相互信任，彼此尊重，学会以建设性的方式提出意见，工作时相互配合和相互支持，并能较好地处理内部冲突。团队成员能接受新思路、新观念和新方法，工作上勇于创新，出色完成各项工作任务。高产期是一个出成果的阶段，在此阶段，自治团队已形成，团队爆发出前所未有的潜能，不断创造出非凡的成果。

5. 调整期

在调整期，团队目标已实现，团队中出现懈怠现象，团队业绩持续不理想。此时，核心创业者更需要全面、系统和深入地思考，重新进行团队定位和局部调整，进行新一轮的团队建设，以确保企业可持续发展。

以上五个阶段反映的是团队建设的一般性过程，在实际操作中，团队建设过程有时不会完全按照这种顺序，而出现跨越现象，或出现各个阶段融合的现象。比如团队发展的各阶段都可能因出现某种重大变化而产生激荡。不同的创业团队可以结合自身的现实状况，稳妥解决不同时期的重点问题，不断促进团队稳定发展。

3.3 创业团队的组建

团队组建是把具有不同需要、背景和专业的个人聚集成一个整体，形成高效的工作团队的过程。团队组建的策略：一是人数与创业任务相适应；二是坚持选人原则，做到优势互补和发展整体优势；三是制定利益分配机制，打下团队稳定基础；四是制定公司章程，规范团队行为。团队组建具体分为四个步骤。

3.3.1 选择创业团队成员

创业团队通常由若干合伙人组成，创业初期一般合伙人人数不多，2 个人都行。选择团队成员时主要遵循三个原则。

1. 诚实守信，能做事

要寻找可信而又可用的人。以用人的眼光去看，大致可将人分为三类：一是可以信任而不可大用者，这是针对那些忠厚老实但本事不大的人；二是可用而不可信者，这是指那些有些本事但私心过重、为了个人利益而钻营弄巧的人；三是可信而又可用的人。创业者都想找到第三种人。

2. 目标明确，志同道合

在团队目标明确后，作为团队的负责人，应该以团队目标为出发点，来召集团队成员。团队是不能以人数来衡量的，如果你有一群人，但没有共同的理想和目标，那就不是一个团队，是打不了胜仗的。团队成员应具有相同的价值追求和人生观，有共同的理想和目标，志同道合。

3. 扬长避短，优势互补

人有所长，必有所短。创业伙伴最好能互补，选择的时候要看清其长，共事时也要学会包容其短。取长补短、优势互补是团队的真正价值。创业团队成员不能是清一色的技术人员，也不能全部是进行终端销售的，应各有所长，相得益彰。若性格内向，不善于交际，只适合从事技术工作、最好找富有公关能力、会沟通、能处理复杂问题的搭档；若是急性子、脾气比较暴躁且又自认为很难改正，最好找慢性子、脾气温和的搭档。要根据创业的规模和优势互补的原则，确定团队的人数、男女比例、年龄结构和才能结构。

3.3.2 确定团队领袖

创业团队中无论有几个合作者，都必须确立一个领袖。创业团队领袖是创业团队的灵魂，是团队力量的协调者和整合者。团队成员的思想和行动方向如果没有一个领袖主导，那么新思想很容易会不断地否定原来的思想，新的行动方向又会不断地取代原定的方向，很快就会导致巨大的内耗和矛盾。在现实中，团队领导往往是由挑头创业且股份比例最大的创业者担任，尽管这样，团队领导者也必须以书面形式确定下来。

3.3.3 分配股权

实现利益共享，是维护创业团队长期稳定的重要举措。通过分配股份，把成员的利益同团队的利益联系起来，以此激发各个成员的能动性，促使团队成员为团队的长期利益考虑，从而使每个成员的利益长期最大化，同时也避免和减少不必要的矛盾。国内不管是兄弟型创业团队，还是伙伴型创业团队，能够做大做强的企业不多，就是因为缺乏创业契约文化，由于事先没有约定好所有权分配，企业发展起来了，团队却因利益分配问题而解散。好的团队一定是“东方兄弟情义”加“西方契约精神”。合伙要想愉快和成功，必须在合伙之前必须设计好股权结构，合理分配股权，明确各自享有的利益和承担的风险，明确各自的权利和义务，并将这些以公司章程形式写入法律文件。公司章程是团队必须认真思考、讨论、制定、执行的第一份契约，有了它才能保持团队的安稳。

初创企业的股权结构不能太复杂。后续的投资人特别是风险投资人，会关注公司的股权结构，如果股权结构太复杂，下次股权融资就很困难，风险投资人不会愿意投资给股权结构太复杂的团队。

如何给团队成员分配股份，是一个非常重要并且应认真考虑的问题。如果某成员的股份太低，其能动性就无法完全发挥；如果某成员的股份太高，一旦犯错代价太高。实际上，一切关于所有权和表决权分配的问题，对于团队来说，都足以影响全局。

企业股份要依照什么样的标准来划分，没有确切答案。要解决这个问题，除了须掌握一定的共性知识外，关键在于企业的实际情况。总的来说，股权分配一是要看团队领袖对企业控制权的态度，希望保持自己对企业的控制权，就出资多一点，股份占比大一些。二是任何股份量一定要与该股东对公司具有的价值量对等，即股东可以以投入的资金、拥有的知识产权、拥有的行业经验、拥有的社会资源、在公司的角色分配与承担的责任义务等方面来衡量对于公司的价值，这个价值就是他应该得到的公司股份。三是股份划分不必一次到位，可留出一部分用于今后引进人才、激励团队成员等。如，今后如果团队成员贡献大，但股份少，可采取股票期权的办法增加股份，以激励团队成员。股票期权是指企业授予激励对象的一种权利，激励对象可以在规定的时期内以事先约定的价格购买一定数量的本企业流通股票。

3.3.4 撰写企业章程

撰写企业章程是组建团队初始必须做的一件事。企业章程是企业组织与活动的基本准则。作为企业组织与行为的基本准则，企业章程对初创企业成立及运营具有十分重要的意义，既是初创企业成立的基础，也是初创企业赖以生存的灵魂。

在创业之始，团队成员必须有共同的约定，并把这种约定确定下来，变成大家必须共同遵守和维护的行为准则，只有这样，才能使团队行为规范，稳定发展。企业章程就是发挥这种作用的。企业章程是由发起人或企业最初的全体股东依法制定的，规定企业的组织结构、注册资本结构、生产经营方向、管理制度以及企业设立宗旨等重大问题，以及调整股东之间、股东与企业之间、企业对外经营活动中的各种关系的文书。

3.4 创业团队的管理

3.4.1 做一个明智的团队领袖

创业团队领袖是团队的灵魂，在实施团队管理、打造优秀团队、促进事业发展方面至关重要。

1. 打造团队文化

团队领袖的一个重要任务就是要创建团队文化。团队文化对企业发展有着目标导向、凝聚、激励和控制作用。团队文化是指团队成员在相互合作的过程中，为完成团队共同目标，实现各自的人生价值，形成的一种主要由团队的愿景、价值观、精神、理念等要素构成的意识形态体系。在这个体系中，团队愿景是团队文化的根本追求和动力之源；团队价值观是最抽象、最深刻的核心要素，是团队的基本信念和基本行为准则，左右团队成员的共同追求和行为规范，规定团队的发展方向和运动轨迹，决定团队命运；团队精神是团队文化的灵魂和结晶，是团队的精神支柱，简单来说就是大局意识、协作精神和奉献精神的集中体现，其基础是尊重个人的兴趣和成就，核心是协同合作，反映的是个体利益和整体利益的统一，进而保证团队高效运转；团队理念是团队一系列价值观的信奉和追求，是团队的思维框架和最高管理智慧。

通过打造团队文化，团队领袖引导团队建立共同的愿景、共同的价值观，增强责任感和使命感，增强团队凝聚力和战斗力，共同为实现创业目标团结奋斗。

2. 办事要公道正派

古人说得好："公生明，廉生威；为公威仪重，无私功自高。"要管理好团队，核心创业者首先要以身作则，办事公道正派。只有心术正，行为正，办事公，处事明，以自身的模范行动来感染人、影响人，才能取得真正的威信，才能赢得团队成员的信任和敬佩。

3. 要有宽广的胸怀

海纳百川，所以成其大。领导要有宽广的胸怀，项羽个人能力强于刘邦，但嫉贤妒能；而刘邦知人善任，胸怀宽广，能团结一批将领，最终打败项羽，建立汉朝。核心创业者要能够招到并留下人才，能够与大多数的人团结共事，同时能够分享收获。只有这样，在企业低谷时大家才愿意共渡难关。

3.4.2 明确团队发展目标

团队发展目标是团队精神文化的根本追求和动力之源，在团队管理中具有特殊的价值。首先，目标是一种有效的激励因素。孙子曰："上下同欲者，胜。"团队目标描绘了团队的发展远景，体现了团队价值。如果这个发展远景和个人价值观基本吻合，随着团队目标的实现，自己可以从中分享利益，实现个人价值，那么团队成员就会把这个目标当成是自己的目标，并为实现这个目标而奋斗。从这个意义上讲，共同目标是创业团队克服困难、取得胜利的动力。其次，目标是一种有效的协调因素。团队目标可营造积极向上的工作氛围，当遇到困难时，将鼓励大家攻坚克难、齐心协力。总之，对共同目标的认同感将造就团队成员持久的精神动力，激发团队成员的创造性，增强团队成员的抗压性。

3.4.3 建立责、权、利统一的团队管理机制

1. 明确创业团队内部的权力关系

为了保证团队成员有效地执行创业计划、开展各项工作，必须预先在团队内部进行职权划分。创业团队的职权划分就是依据创业计划和团队成员优势，对团队成员进行分工，明确每个团队成员所要担负的责任以及享有的权限，做到各司其职、各负其责。团队成员间职权划分既要避免重叠和交叉，也要避免有所疏漏而无人负责。此外，初创企业面临的创业环境是动态复杂的，不断有新的问题涌现，团队成员可能会更换，此时创业团队成员的职权应根据需要进行调整。

2. 建立健全各项管理制度

制度具有全局性、长期性、稳定性的特点，要不断加强团队制度建设，建立健全各项管理制度，依靠制度管人管事管权，依靠制度规范和约束成员行为。各项管理工作的制度建设，主要包括议事规则、组织制度、财务管理制度、生产经营管理制度、绩效考评制度、奖惩制度和工作纪律等。要通过完善的制度来减少和避免不利于团队发展的行为发生，保证团队工作规范、有序和稳定。需要注意的是，创业团队的制度体系应以规范化的书面形式确定下来。

3. 不断完善创业团队内部的股权分配结构

在团队组建时已对股权进行了分配，但股权结构不是一成不变的，此后还会增资扩股，还会进行股权激励。合理的股权结构是长期维护团队稳定和企业稳定发展的基础。要依据出资额、贡献和核心创业者对企业的控制权等因素，认真研究和设计股权结构体系，并不断完善。

3.4.4 有效处置团队成员冲突

团队成员冲突可分为两种：一是工作冲突，二是关系冲突。工作冲突是指能改进和推

动工作或有利于团队建设的冲突，因此又称建设性冲突。工作冲突一般是良性冲突，是双方有共同的奋斗目标，但对工作任务的分配、完成任务采取的方式方法等看法不一致引起的冲突。这些冲突会刺激团队，团队成员以争论的问题为中心，互相交换信息，最终达成一致，从而使工作完成得更好，产生好的工作绩效。这种冲突应当加以鼓励和适当引导。通用电气公司前任 CEO 杰克·韦尔奇在团队建设的过程中，就十分重视发挥建设性冲突的积极作用。他认为开放、坦诚、不分彼此以及建设性冲突是团队合作成功的必需要素。团队成员必须反对盲目的服从，每一位员工都应有表达反对意见的自由和自信，将事实摆在桌上进行讨论，尊重不同的意见。

关系冲突集中在团队成员之间的人际关系上。关系冲突几乎都是阻碍工作、不利于团队内部团结的冲突，因此又称破坏性冲突。这种破坏性冲突一般不分场合、途径，是团队内耗的主要原因，严重时还可能会导致团队的分裂甚至解体，因此，应该尽量避免这种冲突。

团队冲突处置策略主要包括以下六项内容。

（1）核心创业者要善于管理冲突

冲突是不可避免的，一个团队完全没有冲突，表明这个团队没有什么绩效，因为没有人敢讲话。冲突并不可怕，关键是核心创业者必须具备处置冲突的才干，要用开放的理念管理团队，要有有效处理冲突的策略，让冲突处在可控的范围内，使团队内部始终保持和谐稳定。一旦发生不可调和的矛盾，也许有人不适合继续共同创业了，要经过痛苦的“洗牌”，这时候一定要下定决心，通过替换新成员来解决冲突。

（2）选择正确的人进团队

团队组建时就应选择有团队精神的人。

（3）建立议事规则

必须按照科学、民主的原则进行决策，避免因决策不正确引发冲突。

（4）建立科学的激励机制

个人报酬除了要与个人业绩挂钩，还要与团队完成任务的情况挂钩，以此鼓励和引导建设性冲突，遏制破坏性冲突，提升团队战斗力。

（5）塑造团队整体概念

核心创业者平时管理团队，要突出创业团队是一个整体，用团队目标、团队精神和团队理念来凝聚团队成员，采取各种方式，让大家从思想上充分认识到，没有完美的个人，只有完美的团队，团队目标的实现及谋求更大的发展，依靠的是团队的整体力量，仅凭一个人的力量，是难以创业成功的。

（6）及时沟通协调

出现冲突时，核心创业者必须冷静，倾听双方和其他人意见，疏导双方情绪，协调双方矛盾，并积极引导，促进冲突双方沟通交流，要让双方在沟通中互相理解，在交流中达成共识，求同存异。

3.4.5 增强团队的社会责任感

团队的社会责任，即企业的社会责任。企业社会责任是指企业在创造利润、对股东承担法律责任的同时，还要承担对员工、消费者、债权人、供应商、社区、环境和慈善公益等的责任。企业的社会责任要求企业必须摒弃把利润作为唯一目标的传统理念，强调在生产经营过程中对人的价值的关注，强调对社会的贡献。企业的社会责任分为经济责任、伦理责任、法律责任和公益责任。企业承担社会责任，并不是指企业必须成功之后再承担社会责任，也不是不图利润而一味地奉献。

优秀企业家一定具有强烈的社会责任感，企业在创造利润的同时，也在为社会创造财富，促进国家的发展。例如，万科集团每年要建造超过600万平方米的楼房，其所销售的楼盘在业主二次装修的过程中，至少要产生600万吨到800万吨的建筑垃圾，对环境造成污染。因此，万科决定自2009年以后就不再建造毛坯房，同时要在建造和使用过程中都顾及节能环保的设计，建立标准化系统，建设绿色社区。而更难能可贵的是，所有节能环保的施工技术与建材等，万科全部都申请了专利，同时完全免费开放给同业使用，让所有的同业都可以一起负起社会责任。

一般来说，企业对经济责任的认同程度最高，对公益责任的认同程度相对较低，这说明了大多数的企业认为保持良好的经营业绩，保持企业持续的竞争力，依法纳税、保障股东权益，是企业优先承担的责任。而参与社会公益活动，为社会提供就业机会，救助社会弱势群体，以及捐助慈善事业等企业公益责任，则是一般企业家较后考虑的。

企业得以可持续经营，仅仅考虑自己的相关权益是不够的，要承担社会责任。在管理团队时，要使团队成员充分认识到，履行社会责任对企业的可持续发展非常重要。团队成员勇于承担社会责任，在为经济社会贡献力量的同时，能树立企业的良好形象，获得外界的美誉和信任，得到顾客认同和利益相关者的认同，创造出的更大的企业价值，更好地实现企业长远目标。另外，一般社会责任感较强的人，都有正确的世界观和价值观，能自觉规范约束自己的行为，这有利于对团队成员的管理。

【本章要点】

本章详细介绍了创业者、创业者的素质能力要求、创业团队的基础知识、创业团队的重要性、创业团队的组建和管理、团队的社会责任等。通过本章的学习，使立志于创业的大学生，努力提高创业素质和能力；了解团队对创业的重要性，掌握组建和管理创业团队的基本方法，依靠团队的强大力量发展创业事业，认真思考并传承企业家精神。

【扩展阅读】

如需进一步了解和掌握创业团队的有关知识，请阅读《创业维艰：如何完成比难更难的事》（本·霍洛维茨著，中信出版社，2015）、《创业管理》（张玉利等著，机械工业出版社，2016）、《卓有成效的创业》（斯图尔特·瑞德等著，北京师范大学出版社，2015）、《如何教创业：基于实践的百森教学法》（海迪·M·内克等著，机械工业出版社，2015）。

【关键术语】

创业者　创业动机　企业家精神　创业团队　创业团队管理

【思考题】

1. 创业者的素质和能力要求是什么？
2. 什么是企业家精神？
3. 如何传承企业家精神？
4. 简述创业团队的重要性。
5. 选择团队成员的原则是什么？
6. 如何组建和管理创业团队？
7. 创业团队的股权分配原则是什么？
8. 如何处置创业团队冲突？
9. 创业团队有哪些社会责任？

【参考文献】

[1] 梅强. 创业基础 [M]. 北京：清华大学出版社，2012.

第 4 章　商业模式设计

【学习目标】

1. 熟悉商业模式的内涵及构成要素；
2. 掌握商业模式设计框架；
3. 掌握商业模式设计的一般过程；
4. 把握商业模式创新方法。

【开篇案例】

360 安全卫士在绞杀流氓软件、木马大战中的优异表现树立了 360 在用户中的口碑和忠诚度，经过三年的时间，360 的使用成为网民的一个习惯。360 目前通过 360 安全卫士梳理的品牌和忠诚度，用免费的服务推广可以赚钱的服务，最典型的就是 360 浏览器和游戏，360 浏览器运作的思路是将其视为推广的工具，浏览器的搜索收入是最基础的，在此基础上推广游戏、360 口袋等服务，比如弹弹堂，用户量估计接近 30 万，大部分通过 360 浏览器首先接触。

增值服务既是获得收入的途径，也是增加用户黏度的重要方式，如推出安全存储，免费用户也给予部分安全存储服务，各个服务交叉，极大地高用户黏度。

360 通过免费的安全卫士和杀毒，推广其可以赚钱的服务，这就是 360 的发展思路。

4.1　商业模式内涵

4.1.1　商业模式的含义

迈克尔·内文斯说过：“虽然硅谷在技术创新方面闻名于世，但商业模式的创新同样是硅谷取得惊人经济成就的重要原因。”当今企业之间的竞争不单单是产品之间的竞争，而是商业模式之间的竞争，国外的研究表明，超过 60%的成功创新都是商业模式的创新，而不单单是技术的创新。一项高新技术如果离开了商业模式，是没有意义的。

在现实中，大量创业者识别到了绝佳的市场机会，形成新颖的创业思路并组建了才干超群的创业团队，但很难获得投资人的认可，成长乏力或快速失败，很重要的原因是没有建立起正确的商业模式。因此，创业者的一个主要任务就是探索并建立与机会适配的商业模式。什么是商业模式呢？有关商业模式的讨论很多，却没有一个被学界认可的定义，对商业模式的理解也存在着一定偏差。近年来，一些学者对这一概念做出定义或解释，如表 4-1 所示。

表 4-1　商业模式的定义

学者（机构）	观点
泰莫斯	商业模式指一个完整的产品、服务和信息流体系，包括每一个参与者及在其中起到的作用，以及每一个参与者的潜在利益和相应的收益来源及方式。在分析商业模式过程中，主要关注一类企业在市场中与用户、供应商、其他合作者的关系，尤其是彼此间的物流、信息流和资金流。
米切尔和科尔斯	商业模式是一个组织在何时（When）、何地（Where）、为何（Why）、如何（How）和多大程度（How Much）地为谁（Who）提供什么样（What）的产品和服务，即 7 "W"，并开发资源以持续这种组合
奥斯特瓦德、皮尼尔和图斯	商业模式是一种包含了一系列要素及其关系的概念性工具，用以阐明某个特定实体的商业逻辑。它描述了公司所能为客户提供的价值以及公司的内部结构、合作伙伴网络和关系资本等借以实现（创造、推销和交付）这一价值并产生可持续赢利收入的要素
维基百科	商业模式是一个事业创造营收与利润的手段与方法，或者说商业模式是指企业的员工如何面对客户，及如何拟定策略与执行该策略而获取收益
哈佛商学院	商业模式是企业赢利所需采用的核心业务
辛德胡特等	商业模式是可持续发展的管理方法，是特定企业所包含的关键因素，这些因素将帮助企业在已界定的市场中创建可持续的竞争优势

硅谷著名风险投资顾问罗伯森曾说过："一块钱通过你的公司绕了一圈，变成一块一，商业模式是指这一毛钱在什么地方增加的。"商业模式的核心是如何在不断变化的商业环境中创造价值。

4.1.2　商业模式的关键因素

商业模式包含三个关键因素：体系、价值获取方式和管理方法。商业模式必须是一个整体，有一定结构，而不是一个单一的组成因素，是一个活动体系，商业模式是同时能为企业的利益相关者创造价值的相互依存的各种活动构成的体系；组成部分之间必须有内在联系，有机地关联，互相支持，共同作用，形成一个良性循环。因此，商业模式实际上是一种包含了一系列要素及其关系的概念性工具，用以阐明某个特定实体的商业逻辑，描述了公司所能为顾客提供的价值以及公司的内部结构、合作伙伴网络和关系资本等用以实现（创造、营销和交付）这一价值并产生可持续、可盈利性收入的要素。商业模式应具备五个特征：包含诸多要素及其关系；是一个特定公司的商业逻辑；是对顾客价值的描述；是对公司的构架和它的合作伙伴网络和关系资本的描述；是产生盈利性和可持续性的收入来源。

商业模式最通俗的定义是：商业模式描述企业如何通过运作来实现其生存与发展，是关于企业做什么、怎么做、怎么赢利的问题，是商业规律在经营活动中的具体应用。

4.2 商业模式设计框架

4.2.1 商业模式的需求

商业模式是为实现客户价值最大化，把企业的内外要素整合起来，形成一个完整高效的具有核心竞争力的运行系统，并通过最优组合满足客户需求、实现客户价值最大化，同时使系统达成持续赢利目标的整体解决方案。其中“整合”“高效”“系统”是基础或先决条件，“核心竞争力”是手段，“客户价值最大化”是主观目的，“持续赢利”是客观结果，也是检验商业模式是否成功的唯一外在标准。

苹果公司以前是设计硬件的，之后把用这些硬件生产和组装完成后形成的产品售出。所以，他们的价值等式就是硬件的销售。iPod 的推出彻底改变了苹果公司的商业模式，因为公司认识到，自己不只是通过销售设计精良的电子设备为利益相关者创造价值，还能通过人们对这些设备的使用为利益相关者创造价值。通过与音乐产业建立关系，苹果公司改变了自己的商业模式，音乐产业是各类歌曲作品的知识产权所有者，苹果公司让这些唱片公司确信，他们可以销售歌曲，而不只是销售 CD。随后，苹果公司通过 iTunes 商店让客户下载选中的音乐作品。每下载一首歌曲，苹果公司就能从中获得一些收益，因此该公司既为顾客创造了价值，也为公司的利益相关者创造了价值，也为公司员工创造了价值。

商业模式是企业如何开展业务的方略，是一个综合各种活动的体系。当苹果公司推出 iPod 时，新的商业活动就此出现，创造出的价值也得到了提升，因为在这个环境中有了新的利益相关者。需要注意的是，利益相关者跨越了企业和产业的边界，苹果公司从一家电脑公司，跨入音乐产业。

4.2.2 商业模式设计框架

在设计商业模式时，要首先回答五个问题：为谁提供产品或服务？提供什么样的产品或服务？如何提供服务？收益多少？成本多少？商业模式设计框架可以分为九个关键要素：客户细分、价值主张、渠道、客户关系、收入来源、核心资源、关键业务、重要伙伴以及成本结构。如图 4-1 所示。

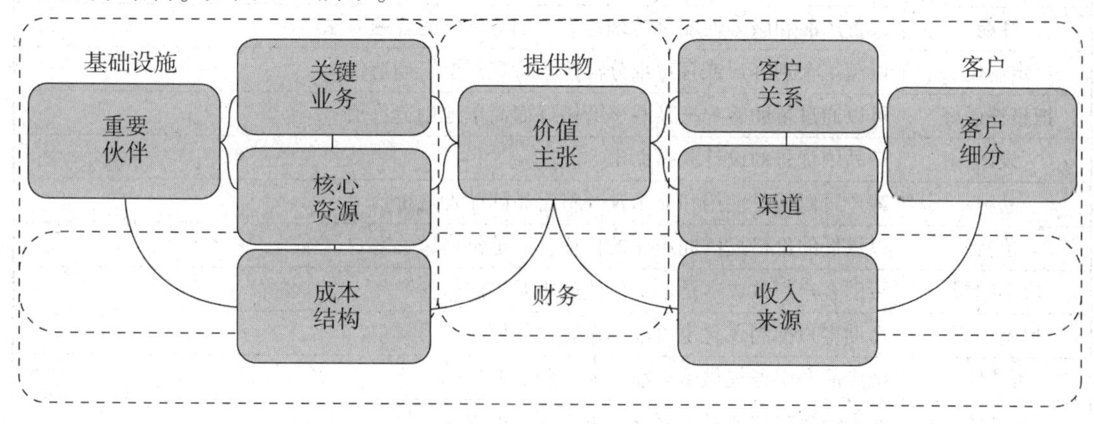

图 4-1　商业模式的设计框架

下面依次对九大要素进行说明。

1. 客户细分

大众市场。大众市场中的渠道和客户关系全都聚集于一个大范围的客户群组，客户具有大致相同的需求和问题，比如“人人都要用手机”。

利基市场。利基市场中的渠道和关系都针对某一特定市场的特定需求定制化，这种模式常可在供应商—采购商的关系中找到；价值主张、渠道和客户关系都针对某一利基市场的特定需求“定制”。市场利基者专门为规模较小的或大公司不感兴趣的细分市场提供产品和服务，服务一个细分市场，把一个产品集中力量做到最好。比如老人手机、儿童手机手表，还比如广东中山长青集团、其是中国及东南亚地区最主要的燃气灶具阀门制造商。

区隔化市场。区隔化市场中的各细分群体之间客户需求略有不同，所提供的价值主张也略有不同；客户细分有很多相似之处，但又有不同的需求和困扰，即一款产品已无法将所有客户一网打尽，所以苹果 6 挣扎再三最终出有两个尺寸。区隔化市场也体现在产品定位上，同样是豪华车，宝马定位在年轻、操控，奔驰定位在豪华、尊贵，沃尔沃定位在安全。

多元化市场。多元化市场服务于两个或以上不同需求和困扰的客户细分群体。如海尔、三星、亚马逊等。客户细分有很多相似之处，但又有不同的需求和困扰。

多边平台或多边市场。多边平台或多边市场服务于两个或更多的相互依存的客户细分群体。比如苹果公司，以电信公司为客户销售合约机，以软件公司为客户经营 App Store 销售软件，以唱片公司为客户经营 Itunes 销售歌曲，于是苹果的用户得到了行业顶级的服务体验。

2. 价值主张

价值主张用来描绘为特定客户细分创造价值的系列产品和服务，主要回答以下问题：企业该向客户传递什么样的价值？正在帮助客户解决哪一类难题？正在满足哪些客户需求？正在提供给客户细分群体哪些系列产品和服务？价值主张的简要要素如表 4–2 所示。

表 4–2　价值主张的简要要素

新颖	产品和服务满足客户从未感受和体验过的全新需求
性能	改善产品和服务性能是传统意义上创造价值的普遍方法
定制化	以满足个别客户或客户细分群体的特定需求来创造价值
把事情做好	可以通过帮助客户把某些事情做好而简单地创造价值
设计	产品因优秀的设计脱颖而出
品牌	客户可以通过使用和显示某一特定品牌而发现价值
价格	以更低的价格提供同质化的价值，满足价格敏感客户
成本削减	帮助客户削减成本是创造价值的重要方法
风险抑制	帮助客户抑制风险也可以创造客户价值
可达性	把产品和服务提供给以前接触不到的客户
便利性	使事情更方便或易于使用，可以创造可观的价值

3. 渠道

渠道用来描绘如何沟通接触客户细分群体而传递其价值主张，是企业用来接触消费者的途径，阐述了企业开拓市场的方法，涉及市场分销策略。渠道主要回答以下问题：通过哪些渠道可以接触客户细分群体，如何接触？渠道如何整合？哪些渠道最有效？哪些渠道成本效益最好？如何把渠道与客户的例行程序进行整合？渠道如表 4–3 所示。

表 4–3　渠道的类型和阶段

<table>
<tr><th colspan="3">渠道类型</th><th colspan="5">渠道阶段</th></tr>
<tr><td rowspan="3">自有渠道</td><td rowspan="3">直接渠道</td><td>销售队伍</td><td rowspan="5">如何在客户中提升公司产品和服务的认知</td><td rowspan="5">如何帮助客户评估公司价值主张</td><td rowspan="5">如何协助客户购买特定的产品和服务</td><td rowspan="5">如何把价值主张传递给客户</td><td rowspan="5">如何提供售后服务支持</td></tr>
<tr><td>在线销售</td></tr>
<tr><td>自有店铺</td></tr>
<tr><td rowspan="2">合作伙伴渠道</td><td rowspan="2">非直接渠道</td><td>合作伙伴店铺</td></tr>
<tr><td>批发商</td></tr>
</table>

4. 客户关系

客户关系用来描绘与特定客户细分群体建立的关系类型，即企业同客户群体之间建立的联系。企业的根本是如何建立良好的客户关系，诚信的客户关系是必需的。客户关系应注意思考：每个客户细分群体希望我们与其建立和保持何种关系？哪些关系已经建立？关系成本如何？如何把它们与商业模式的其他部分进行整合？如何在客户中提升产品和服务的认知？如何协助客户购买特定产品和服务？如何提供售后服务？客户关系有不同的形式，如表 4–4 所示。

表 4–4　客户关系类型

客户关系类型	方式及手段
个人助理	基于人与人之间的互动，可以通过呼叫中心、电子邮件等个人助理手段进行
自助服务	为客户提供自动服务所需要的全部条件
专用个人助理	为单一客户安排专门的客户代表，通常是向高净值个人客户提供服务
自助化服务	整合更加精细的自动化过程，识别不同客户及特点，提供与客户订单或交易相关的服务
社区	利用用户社区与客户或潜在客户建立更为深入的联系
共同创作	与客户共同创造价值，鼓励客户参与到全新和创新产品的设计和创作

5. 收入来源

收入来源用来描绘从每个客户群体中获取的净收入（需要从创收中扣除成本），主要回答以下问题：什么样的价值能让客户愿意付费？他们现在付费买什么？他们是如何支付费用的？他们更愿意如何支付费用？每个收入来源占总收入的比例是多少？

一般来说，收入来源可分为 7 种类型：①资产销售，销售实体产品的所有权；②使用收费，通过特定的服务收费；③订阅收费，销售重复使用的服务；④租赁收费，暂时性排他使用权的授权；⑤授权收费，知识产权授权使用；⑥经济收费，提供中介服务，收取佣金；⑦广告收费，提供广告宣传服务收入。

6. 核心资源

核心资源用来描绘让商业模式有效运转所必需的重要因素，主要回答以下问题：企业的价值主张需要什么样的核心资源？分销渠道需要什么样的核心资源？客户关系需要什么样的核心资源？收入来源需要什么样的核心资源？核心资源类型如表 4-5 所示。

表 4-5　核心资源类型

核心资源类型	具体内容
实体资产	生产设施、不动产、系统、销售网点和分销网络等
人力资源	在知识密集产业和创意产业中，人力资源至关重要
知识资产	品牌、专有知识、专利和版权、合作关系和客户数据库
金融资产	金融资源或财务担保，如现金、信贷额度或股票期权池。

7. 关键业务

关键业务用来描绘其商业模式是否可行，关键活动构成核心能力，主要回答：企业的价值主张需要哪些关键业务？渠道需要哪些关键业务？客户关系需要哪些关键业务？收入来源需要哪些关键业务？

关键业务可以分为三种类型：①制造产品，与设计、制造及发送产品有关，是企业商业模式的核心；②平台/网络，网络服务、交易平台、软件甚至品牌都可看成平台，与平台管理、服务提供和平台推广相关；③问题解决，为客户提供新的解决方案，需要知识管理和持续培训等业务。

8. 重要伙伴

重要伙伴是公司同其他公司之间为有效地提供价值并实现其商业化而形成的合作关系网络，描述让商业模式有效运作所需的供应商与合作伙伴，主要回答以下问题：谁是企业的重要伙伴？谁是企业的重要供应商？企业正在从伙伴那里获取哪些核心资源？合作伙伴执行哪些关键业务？

重要合作可以分为四种类型：①在非竞争者之间的战略联盟关系；②在竞争者之间的战略合作关系；③为开发新业务而构建的合资关系；④为确保可靠供应的购买方—供应商关系。

9. 成本结构

成本结构是初创企业所使用的工具和方法的货币描述，是运营一个商业模式所引发的所有成本，主要回答以下问题：什么是商业模式中最重要的固有成本？哪些核心资源花费最多？哪些关键业务花费最多？

成本结构可以分为两种类型。①成本驱动。创造和维持最经济的成本结构，采用低价的价值主张，最大限度自动化和广泛外包。②价值驱动。专注于创造价值，增值型的价值主张和高度个性化服务通常以价值驱动型商业模式为特征。

任何一种商业模式都少不了上述九个要素，任何新型的商业模式都不过是这九个要素按不同逻辑的排列组合而已。每个人的定位、兴趣点和视角不一样，向各个要素中添加的内容也就不一样，于是就有了不同的商业模式。

在开始按照上面的九个要素设计商业模式之前，必须牢记一点：商业模式是动态的，存在的目的就是被更新，让团队里的每个成员了解今天、本周我们正在执行的计划。一旦执行的过程发现有问题，那就要修改相对应的商业模式要素，并且确认这个改动会不会影响其他要素。

4.3 商业模式设计的一般过程

了解商业模式的构成要素之后，就需要设计商业模式。商业模式设计的一般过程并不是线性的，可能经历各种反复。

4.3.1 分析并确定客户

商业模式设计的第一步也是最重要的一步，就是确定客户类型。初次创业者最常犯的错误就是先行设计提供的产品或功能，而不是先确定客户需求。但创业归根到底经营的是市场而不是技术，出售的是价值而不是专利，所以必须清楚地知道客户，了解客户为什么购买你提供的产品。在识别目标客户时，可以按照以下几个步骤。

1. 描述客户的轮廓

初创企业必须要大致描述客户的轮廓，刚开始不用太过精准，因为进入市场后，还可以逐步调整，但一定要从这个步骤开始。描述的方式可按照市场细分变量，如年龄、性别、婚姻状态、居住地区、收入水平、兴趣、习惯等。

用户画像作为一种勾画目标用户、联系用户诉求与设计方向的有效工具，在创业领域得到了广泛的应用。David Travis 认为一个令人信服的用户画像要满足七个条件，即 PERSONA，如表 4-6 所示。

表 4-6 用户画像的基本条件

P 基本性（Primary Research）	用户画像是否基于对真实用户的情境访谈
E 移情性（Empathy）	用户画像中包含姓名、照片和产品相关的描述，该用户画像是否引发同理心
R 真实性（Realistic）	对那些每天与用户打交道的人来说，用户画像是否看起来像真实人物
S 独特性（Singular）	每个用户是不是独特的，彼此很少有相似性
O 目标性（Objectives）	该用户画像是否包含与产品相关的高层次目标，是否包含关键词
N 数量（Number）	用户画像的数量是否足够少，以便能记住每个用户画像的姓名，以及其中的一个主要用户画像
A 应用性（Applicable）	是否能将用户画像作为一种实用工具，进行决策

2. 详细列出客户的问题

初创企业必须要把客户可能有的问题，逐一列出。

3. 确认并厘清重要问题

要跟符合客户描述的人沟通，确认每个客户问题。沟通过程中会删掉很多其实不存在的问题，也会增加很多真正存在的问题。

最少要跟3个人沟通，最好能够跟二三十个人沟通。之后设计一个初步的问题清单，然后做更大规模的问卷调查，再次确认沟通初步的问题清单中的每一个问题。

4. 调查市场

当经历了以上步骤后，理应产生一个重点问题的清单，如果没有，就退回第三步，或是重新选择另一个目标群体。接着，开始做一些自上而下的市场规模调研。调查类似问题产品在市场上的表现，分析有哪些可能竞争性产品、市场够不够大、上下游关系会不会难以切入等问题。应该注意的是，调查结果可能有误差，所以只能作为参考。

完成了以上这些步骤，初创企业会对客户的基本情况和相应的市场规模等有初步的概念。

4.3.2 定义并检验价值主张

价值主张是商业模式的基础，说明企业向选定的目标客户传递的价值或者完成的任务。任何企业都需要提供产品或服务，来满足其目标客户，所以企业都有自己的价值主张。创业团队可以利用头脑风暴法定义并检验自己的价值主张。

1. 头脑风暴法的基本原则

头脑风暴法的基本原则有七点。

①不要急于对别人的观点发表评论，以免打击创意人的积极性，把群体思维的联想和延展打断。

②不要怕自己说错话。在别人发言时，不要总想“我要怎么讲才是对的”，“我要怎么讲才能体现我的水平”。允许异想天开，鼓励每个人真正去思考设计，而不是思考自己的水平和对错。

③鼓励疯狂思维。有些时候别人会提出来很疯狂的点子，可能会行不通，但其他人也许会得到启发、获得灵感，在这个疯狂点子基础上，提出更实际的方案。

④频繁讨论。每一次讨论，要定一个明确的题目。

⑤讲话的时候，一次一个人讲，做好记录。

⑥鼓励大家在想点子的时候用图案的方式画出来，把很多点子贴在墙上，也许过几天回头看，会有启发。

⑦在一定时间内，鼓励大家尽量讲，讲究速度。公司内部一般一个小时可以汇集100个点子。如果与客户一起合作头脑风暴，因为企业文化和习惯不同，这个数字会相对少一些。

2. 检验价值主张的标准

当用头脑风暴法得出价值主张后，需要进一步检验价值主张。检验价值主张可以从三点来看。

①真实性。价值主张不应停留在构想阶段，须具有真实性，在某一特定期间可以让顾客看到所提供的附加价值。顾客所期望的价值可以区分为三个层次，一是解决目前问题，二是解决竞争者无法解决的问题，三是满足未来的需求。

②可行性。具有可行性的价值主张，才是好的价值主张。可行性包括可以执行、可评估效果，才符合多数顾客的期望。

③与客户关联性。在定义价值主张之前，要用心研究客户需求、购买行为、不满意原因等因素，据此发展和客户息息相关的产品和服务，缩小产品供给与客户需求的落差。根据检验过的价值主张，发现可以提供的产品、服务或解决方案。

4.3.3 设计收入模型

根据所预定的目标市场及价值主张，进一步设计收入来源、收入模式及定价。

设计收入模型第一步，在于确认此商业模式所有的收入来源，以及了解此商业模式如何创造收入来源。在设计收入模型时，价格应依照价值主张而变。对于低成本的商业模式，目标价格点可能是整个模型的关键点。在溢价商业模式中，价格可能是需要传递独特价值所需的资源成本。销售量则依照先前所推算的市场规模制定。

成本结构大多由直接成本、人力成本所组成，并考虑经济规模。成本结构主要取自传递价值主张所需的关键活动与关键资源。

毛利源自收入模式及成本结构，许多公司会将毛利作为获利与判断创意是否适当的指标。但是商业模式设计的目的，不只是毛利，而是建立可获利的长期机制。

创业最终目标当然是让收入大于成本，当一个商业模式达到这个目标，并且有高度可规模化的潜在客户，则称其为可升级的商业模式。这也是所有创业者追求的目标。

4.3.4 设计核心流程与资源

在目标顾客、价值主张及收入模型确定后，需要考虑核心流程与资源，即确定企业所需要素。通常需要考虑三大块：关键活动、核心资源和重要伙伴。

（1）关键活动是企业或创业团队必须完成的工作项目

初创企业需要基于目标客户信息，基于企业的价值主张，开发出产品。需当产品开发完成，并且产品与市场适配，关键活动才会开始变多。

（2）核心资源是商业模式必需的资源

比如，初创企业提供消费者在线餐厅订位的软件系统，那核心资源是“空桌”，而且是消费者想订的空桌。因为少了这些“好空桌”，再完美的订位系统也没用。当然，发展到了某个程度，资金也会是非常重要的核心资源。

（3）重要伙伴就是提供核心资源的那些伙伴

在确定重要伙伴时，需要回答九个问题。

①人员：传递价值主张所需的技能、人才及专家如何？②品牌：是否有能力建立一个新品牌吗，还是借助现有品牌的知名度？③供应商：现在的供货商，是否可以满足新商业模式在能力上的缺口？④技术：技术与竞争对手有何差异之处？⑤渠道：是否有能力扩大渠道？⑥研发/产品开发：需要什么样的经验与技术？是否有这样的技术？⑦制造：多少量可以达到经济规模？有这种制造能力吗？⑧人资：需要什么样的人才？⑨信息：什么样

的IT系统与工具是必需的?

商业模式是一个系统，拥有所有系统应有的特征。商业模式系统中的各要素是互相影响的，没有绝对从属关系。商业模式存在的目的是长期、可发展、可重复的价值产生，所以要素必须共生，也因此，只优化其中一个要素，往往无法达成预期的目的。

4.4 在模仿与竞争中设计商业模式

在了解商业模式的一般过程后，就需要设计商业模式。每个创业者都想为初创企业设计一个独特、全新的商业模式，来颠覆产业内现有的企业。虽然商业模式创新是一件非常困难的事情，但很多企业都在模仿改进现有商业模式的基础上收获了巨大成功，包括腾讯、百度。即便已经有一个独特的商业模式，也会面临其他企业的快速模仿，并利用相似的商业模式开展竞争，因此设计商业模式极为重要。

4.4.1 在模仿中设计商业模式

一般来说，模仿其他企业商业模式的方法可以归纳为全盘复制和借鉴提升两类。

1. 全盘复制

全盘复制即对优秀企业的商业模式进行直接复制，将优秀的商业模式全盘加以模仿，当然有时需要为适合企业情况而略加修正。全盘复制主要适用于行业内的企业，特别是同属一个细分市场或拥有相同产品的企业，也包括直接竞争对手之间商业模式的互相复制。

亚马逊公司是最早做B2C电子商务的，电子商务这种模式具有独立的销售平台，主要依靠销售商品及服务赢利，解决传统零售业面临的经营成本偏高、店面过度膨胀、零售利润下滑、经营品种受限等问题。由于其主营业务并未涉及中国市场，所以给了中国企业复制的机会。当当网就是国内最早复制模仿亚马逊商业模式的企业。

全盘复制优秀企业的商业模式有两个注意点，一是快速捕捉商业模式的信息，谁先复制就可能具备先发优势；二是进行细节调整，复制不等于生搬硬套，需要针对本细分市场或企业情况进行适应性调整。

2. 借鉴提升

(1) 引用创新点

通过学习和研究优秀商业模式，对商业模式中核心内容或创新概念给予适当提炼和节选，再通过对这些创新点的学习，比照相关内容，寻找其不足。如果这些创新点比企业现阶段商业模式中的内容更符合企业发展需要，企业就应结合实际需要，将这些创新概念在企业予以引用并发挥价值。引用借鉴的适用范围广泛，不同行业、不同竞争定位的企业都适用。

百度初始的商业模式是通过给门户网站提供搜索技术，获取服务费用。当发现给门户网站提供技术服务难以有较大发展的时候，百度对商业模式进行修正，通过出售应用软件与服务获得经济回报，这种商业模式帮助百度度过了艰难的创业期。但是这种商业模式目标人群较小，是对自我技术的出售，不可能做大主营业务和持续发展，百度需要找到能够快速发展和做大的商业模式。2001年百度才确定了现在的商业模式——基于竞价排名的网络推广，这个创新借鉴了Overture公司的竞价排名。最终百度通过引用国外商业模式的创新点成功上市。

虽然引用商业模式中的赢利模式对企业效益的提升较为明显，但是产品模式、运营模式、业务模式的引用也可为企业带来明显的价值，并提升企业的核心竞争能力和支撑赢利模式实施的能力，所以企业也要不断加强对产品模式、运营模式和业务模式的学习和优化。

（2）延伸扩展

延伸扩展的具体做法是，通过对最新商业模式的了解，寻找使用这种商业模式的企业所在行业及细分市场，通过分析找到同一行业内尚未开发的其他细分市场，并将该种商业模式的主体框架率先运用此细分市场中，使应用范围不断扩大。当然，商业模式在实际运用中需要针对细分市场进行优化和调整。这种学习方法的优点是借助商业模式的研究，寻找到尚未开发的其他有效细分市场，并有机会构建先发竞争优势，且使用范围更为广泛，适用于行业内所有的企业。行业外的企业如果想多元化发展，寻找新的业务发展机会，也可以直接复制或学习这种商业模式。

互联网初期时只有获取信息的功能，门户网站已就满足大众对于信息获取的需要，之后又延伸出人际沟通、休闲娱乐、电子商务等其他市场。如果在门户网站盛行之时，将门户网站较为成熟的商业模式复制到其他市场，就有可能构筑先发优势。当然，延伸拓展的思路还可以在互联网行业几大类市场内不断细化，如电子商务在后来又细分为B2B、B2C、C2C、行业电子商务等，如果在首先出现B2B的商业模式后，就通过拓展延伸的思维率先进入B2C、C2C等细分市场，同样能够取得明显的先发优势。当时只需将B2B的商业模式的主体框架略加调整，就极有可能获得成功，淘宝网就没有进入B2B市场和阿里巴巴直接进行竞争，而是优先进入了B2C市场，阿里巴巴想进入B2C市场时，只能被迫收购淘宝网。在传统行业，如产品日益趋同的饮料市场，各企业之间的商业模式基本一致，更看重商业模式在细分市场的复制。汇源公司首先开发了高浓度的果汁，统一公司则延伸开发了低浓度的果汁，农夫山泉公司依据品牌的高端定位开发了高端果汁，而康师傅公司则专注于低价全系列低浓度果汁，业绩证明果汁市场延伸拓展思路均取得较好效果。

延伸拓展在具体实施时有两个难点：一是对细分市场的寻找和分析；二是原则上进入同一市场内部不同细分市场的商业模式无须进行较大的调整，那么如何依据细分市场特点进行针对性调整和优化成了关键。

（3）逆向思维

通过对行业领导者商业模式或行业内主流商业模式的研究，模仿者有意识进行反向设计，即市场领导者商业模式或行业内主流商业模式如何做，模仿者则反向设计商业模式，直接切割对市场领导者或行业内主流商业模式不满意的市场，并打造相匹配的商业模式。

互联网行业领导者微软公司的商业模式比较传统，主要是卖软件、产品以及许可证，通过提供产品和技术盈利。微软的竞争对手依据逆向思维制定相反的商业模式，并借此打击微软的垄断定位，比如谷歌等有实力的企业尝试在软件业实施“提软件”，即消费者不再掏钱购买软件，为消费者免费享受软件打造另一种商业模式。以谷歌为代表的企业已经开始行动，并且在商业软件领域取得进展。与此相类似的是，中国360杀毒软件也采用了开源模式，消费者开始可以免费使用杀毒产品，而360的商业模式转向为客户增值的个性化服务。

采取逆向思维有三个关键点，一是找到行业领导者或行业主流商业模式的核心，并据此制定逆向商业模式；二是企业在选择逆向制定商业模式时不能简单追求反向，需确保能够为消费者提供更高的价值，并能够塑造新的商业模式；三是评估行业领导者可能的反制举措，并制定相应的对策。

4.4.2 在竞争中设计商业模式

当企业采取不同的商业模式进行竞争时，结果往往很难预料。如果在孤立的情况下分析，某个商业模式或许会优于其他商业模式，但是若把互动和协同影响考虑在内，则其创造的价值反而不如其他商业模式。

1. 通过商业模式开展竞争的方式

企业通过商业模式开展竞争的方式有三种。

(1) 强化自身的良性循环

企业可以通过调整商业模式来打造新的关键要素之间的良性循环，从而更有效地与对手展开竞争。这些循环常常会强化商业模式中的其他循环。例如，空客公司的商业模式起先一直处于下风，因为波音公司可以把“波音 747”创造的利润进行再投资，而“波音 747”在超大型商用客机领域长期占据垄断地位。2007 年，空客公司研发出“空客 380”，在超大型商用客机市场挑战了“波音 747”的垄断地位，帮助空客公司维持了在小型和中型飞机领域的良性循环，改变了相对于波音公司的长期劣势。

(2) 削弱竞争对手的良性循环

一项新技术或新产品能否颠覆行业规则，不仅仅取决于该技术的内在优势，也取决于它与其他竞争对手之间的互动。比如从理论上说，Linux 的价值创造潜力或许比 Windows 更大，但是微软利用与代工生产商的合作关系，在个人台式机和手提电脑上预装了 Windows 操作系统，从而阻止了 Linux 拓展客户基础，成功地遏制了 Linux 的良性循环。

(3) 变竞争为互补

拥有不同商业模式的竞争对手也可以成为价值创造的合作伙伴。以聚美优品为例。聚美优品上市的时候，陈欧请了 4 个顾客——4 个年轻的女性，还请了 5 家品牌商，让她们各自讲了自己的感受。这些消费者说聚美优品比别的品牌便宜，品牌商说跟聚美优品合作能赚到更多的钱。我们想想，如果没有聚美优品这个平台，4 个顾客每一个人分别要到 5 个品牌商那里寻找商品，每个人要去看 5 个店，4 个人就要 20 次，假设每次交易是 10 块钱成本，20 次就有 200 块钱的交易成本。有了聚美优品这个平台，4 个顾客都在聚美优品上面买，5 个品牌商都把东西卖给聚美优品，他们实际上只有 9 次交易。那么 9 次交易和 20 次交易相比就少了 11 次交易，每次交易的交易成本假设是 10 块钱，有了这个平台就节省了 110 块钱。如果聚美优品有 1 500 万顾客，有 3 000 个品牌商，所节约金额巨大品牌商赚了更多利润，节省了促销和营销成本；顾客也从中得益，用更便宜的价钱买到了质量相同的商品。

4.4.3 在试错中调整商业模式

商业模式设计是基于现实对各构成要素及其子要素进行分析和检验，需要对企业所依赖的关键性假设提出一些问题。一旦企业开始运作，其商业模式中隐含的既与需求又与经济效益有关的种种假设，都要在市场上不断经受检验。

成功的商业模式往往需要创业者在实施时不断进行调整，甚至进行全面改革。如果创业者有意识地遵循促进企业顺利运作的模式来工作，那么每一项决策、每一个举措以及每一次测评都会提供有价值的反馈。利润的重要性不仅在于其本身，还在于能证明商业模式是否可行。如果商业模式没有达到预期目标，就应该重新检验。

从某种意义上说，商业模式的创造过程是科学方法在管理上的应用，即从假设开始，在实施过程中检验，并在必要时修订的过程。商业模式行不通，或者是因为没有通过数字检验（如损益与预期不符），或者是因为没有通过叙述检验（如不符合经济逻辑，产品或服务本身不能为顾客创造价值）。商业模式可理解为一个企业如何盈利的故事。与所有经典故事一样，商业模式的有效设计和运行需要人物、场景、动机、地点和情节。为了使商业模式的情节令人信服，人物必须准确安排，人物的动机必须清楚，情节必须充分展示新产品或服务。

初创企业的首要任务之一，是对商业模式进行试错。预先想得再好的商业模式，一旦付诸实践，常常问题百出，甚至根本行不通，这对于初创企业来说可能是致命的。

4.5 商业模式创新与评价

4.5.1 商业模式创新循环模型

如何选择适合的方法来实现商业模式创新，奥斯特瓦德提出了较为清晰的商业模式创新循环模型，主要包括四个阶段。

第一步，环境分析。建立一个包含不同知识结构的商业模式创新团队，这个团队的成员可以来自业务、流程、技术、客户关系、设计、研发、人力资源等部门。通过讨论，让团队成员就商业模式的环境达成共识，然后规划商业模式框架。

第二步，商业模式创新。在既定的商业模式框架下，设计团队开始设计商业模式原型。在这个过程中，团队成员收集各种商业模式，从中选择最合适的一个或多个商业模式进行测试，也可以借鉴其他领域的成功模式，或者将某些成功模式移植到自身所在的产业领域，甚至可以开发全新的商业模式。

第三步，组织设计。在确定合适的商业模式组合基础上，企业应该思考怎样将商业模式分解为业务单元和具体流程，完成组织商业流程和技术支持设计。同时规划用于支持商业模式执行的基础信息系统，然后选择合适的执行人。

第四步，商业模式执行。将设计好的模式付诸实践，建立完善的财务保障体系。在有了外部和内部保证之后，商业模式就可以具体实施了。这是最具挑战性的阶段，也是经常被忽视的阶段。商业模式创新是个不断循环的过程，即使这个商业模式已经取得成功，在对此商业模式进行评估以后，也需要重新开始对环境展开分析，重新评估是否有更新的组合。

4.5.2 商业模式的创新路径

企业领导须寻求并发现新的方法，去创新商业模式，以保证初创企业在当前产业的竞争力，或者在新的产业中寻求成长。每一次商业模式的创新都能给企业带来一定时间内的竞争优势。但是随着时间的推移，消费者的价值取向从一个产业转移到另一个产业，企业必须重新思考，调整自己的商业模式。管理者可以把商业模式想象成一套积木，在搭积木的游戏中尝试用新的积木来扩大策略范围，用不同的搭配方式创造出新的赢利组合。由于行业各异，宏观和微观经济环境处于不断变化的状态中，没有一个特定的商业模式能保证在各种条件下都产生优异的财务结果。

商业模式必须根据客户需求的变化，以及市场竞争形势的演变而进行调整和变化。优秀的商业模式是丰富和细致的，并且各个组成部分互相支持和促进；改变其中任何一个部分，就会变成另外一种模式。基于与公司管理层和市场分析人员的交流，埃森哲总结出以下六个商业模式再造的途径。

1. 通过量的增长扩展现有商业模式

这种途径在原有商业模式的基础上将业务引向新的地域、增加客户数量、调整价格、增加产品线和服务种类等。如美国专营 B2B 业务的 William W.（Bill）Grainger 公司，向全球超过 100 万家工商企业、承包商和机构客户供货，其产品从设备、零部件到办公用具和日常劳保用品，一应俱全。该公司一直尝试通过多种途径使客户订货更加容易，如设立分支机构、印刷目录，网上订货等。

2. 更新已有商业模式的独特性

这种途径注重更新企业向客户提供的价值，借以抵抗价格战带来的竞争压力。如半导体测试设备供应商美国 Teradyne 公司，以创新产品赢得客户，但赢利却来自源源不断的产品升级和周到细致的服务。它向客户提供的价值从尖端产品转移到值得信赖的服务上，为它的商业模式注入活力。Teradyne 公司也会定期向市场推出突破性产品，以此提高企业竞争门槛。

3. 在新领域复制成功

在有些情况下，企业用现成的手法向新市场推出新产品，等于在新条件下复制其商业模式，然后利用公司强有力的品牌营销能力和降低成本的运营能力，注入新的生命力。Gap 就是用品牌营销优势和商品管理知识，复制全新的“酷品牌”零售模式。

4. 通过兼并增加新模式

相当多的公司是通过购买或出售业务来重新定位的。Seagram 本来生产葡萄酒和烈酒，通过兼并变成了提供娱乐服务的公司，之后被法国 Vivendi Universal 公司收购。后者想利用自己的移动电话、付费电视和门户网站业务向消费者提供前者内容的服务。2001 年 12 月，Vivendi Universal 将 Seagram 的葡萄酒和烈酒业务分别卖给了另外两家公司。经过几番兼并收购，Seagram 公司当初的商业模式已不复存在。

5. 发掘现有能力，增加新的商业模式

有些公司围绕自身独特的技能、优势和能力建立新的商业模式，以实现增长。加拿大的 Bombardier 公司是靠制造雪地车起家的，通过分期付款向客户销售雪地车，涉足财务服务；进而又开展雪地车租赁业务。与此同时，制造雪地车的经验又使其能够向大规模制造业发展，包括飞机制造等。它再利用租赁和航空业的经验，面向企业和富裕个人出售部分飞机所有权。Bombardier 利用它在一个商业模式中发展起来的能力、知识和关系，创造出成功的商业模式。

6. 根本改变商业模式

这种情况在 IT 业尤其多见。大型跨国公司 IBM、惠普如此，国内公司联想、神州数码等也是如此。它们从卖 PC、造 PC，到系统集成、电子商务，不断改变商业模式。此举意味着对整个企业着手从组织、文化、价值和能力诸方面进行改造，用新的方式创造价值。

一些公司的产品逐渐失去了往日的价值，变成了附加值不高的大宗商品。决策者因而企图向上游或下游延伸，或者从制造业转向提供服务或解决方案，此时所面对的挑战就是从根本上改变商业模式。

每一个行业、每一家企业都有商业模式创新的可能和空间，但并不是一蹴而就、一朝一夕的。只要认准了大方向，坚持不懈地探索、学习、研讨、尝试，终将有所突破。

4.5.3 商业模式的创新方法

在当今网络化、信息化的大环境下，企业单靠某个部分的创新已经不能生存和发展，创新要贯穿于企业经营整个过程，贯穿于企业资源开发、研发、制造、营销、流通等各个环节。企业的商业模式创新要适应经济环境的变化，初创企业更应如此。

1. 商业模式的创新方法

一般而言，商业模式创新的途径主要有重新定义顾客需求、改变价值主张、改变顾客接触方式、改变收入模式、改变思维方式、以顾客价值为中心的协同模式创新等。

（1）重新定义顾客需求

企业要根据目标顾客的需求提出对顾客的价值主张，进而创造出合适的产品和服务。尽管大多数企业能够明确目标顾客的需求，但由于顾客需求时刻发生变化，企业应从根本上进行商业模式创新，即重新定义顾客需求，提出相应的顾客价值主张，进而获得潜在的利润。

顾客需求往往受到多种因素的影响，比如社会、经济、文化、消费者心理和消费习惯、竞争对手的动作等。这些因素变化基本上是非线性的，给企业准确预测带来了很大的难度。所以很多时候，企业在预测顾客需求时会发生偏差，导致在此基础上的商业模式创新失败。从另一个角度来说，顾客需求预测难度给所有参与市场经营的企业提供均等的机会，无论是初创企业还是成熟企业，谁能够率先发现顾客的潜在需求，或者能够准确洞悉顾客需求的变化趋势，谁就可以获得先机，进而在同质化竞争日益严重的细分市场上获得持续竞争优势。

（2）改变价值主张

价值主张回答企业的产品是什么和企业的顾客是谁，并通过企业的产品向市场进行传递。正确的价值主张是企业生存和发展的基础，也是构成企业商业模式的基础要素。价值主张一旦确定，企业需要生产的产品、产品的属性与特征、生产所需的各种资源、利用资源进行生产的运作流程以及相关的各种原则都将随之确定。而价值主张的改变也将不可避免地引起上述方面的变化。

例如，餐馆将价值主张由为顾客提供就餐价值，改为在就餐价值之外为顾客提高更多的时间价值、地点价值和便利价值就可能增加外卖业务。而增加外卖将导致其销售食物的包装、运营作用流程甚至是生产设施和装备发生一系列变化。

由此可见，作为商业模式的核心要素，价值主张的变化与创新，必将导致商业模式的其他各个要素发生一系列变化。在某种意义上来说，由价值主张变化引发的商业模式创新是商业模式最深层次的创新，并将导致商业模式发生根本性的变化。

（3）改变顾客接触方式

顾客接触方式是一个企业商业模式运行现状的反映，同时也是企业与顾客之间关系价值的体现。通过改变顾客接触方式进行商业模式创新，包括两个基本方面的内容：一是企业的产品和服务送达顾客的方式；二是企业与顾客之间进行信息传递和沟通的方式。在这两个方面，企业与顾客以不同的方式进行接触。

目前，针对顾客接触方式的分析，特别是对最终顾客提供的产品和服务，已成为商业模式创新的一个重要突破口，加强企业与目标客户的相互交流，已成为企业商业模式创新的主要路径之一。

（4）改变收入模式

收入模式是指企业的商业模式取得收入的路径，具体包括三个要素：一是收入介质，即通过哪种产品和服务获得收入；二是交易方式，即企业用何种方法和渠道获得收入；三是计费方法，即企业如何对收入介质进行定价。

重新定义企业的收入模式可以分别从以上三个要素来考虑，通过改变三个要素刺激目标顾客的消费欲望，从而提高企业收入。

首先，企业可以与竞争者采用不同的收入介质。比如，连锁快餐企业麦当劳的商业模式就是通过将租来的房产转租给加盟店，通过赚取租金差额获得大量收入，这种收入占其总收入的90%以上。

其次，企业可以改变交易方式，比如采用信用交易，积极推行消费信贷，或者实行竞标形式等。

最后，企业可以改变计费方法。比如谷歌就是通过“竞价广告”的计费方法实现了商业模式创新。具体来说，谷歌把顾客购买的关键字，以纯文本的方式放在搜索引擎页面的右侧空白处，然后根据点击广告的次数收费，从而使搜索引擎变成推广企业的利器，给企业带来了高额利润。

（5）改变思维方式

我们认为，未来一定属于既能深刻理解传统商业的本质，也具有互联网思维的人，不管你是来自传统行业还是互联网领域。产业机会属于敢于用互联网向传统行业发起进攻的互联网人。

（6）以顾客价值为中心的协同模式创新

以顾客价值为中心的协同模式创新指企业围绕顾客价值内容及其实现方式，通过向顾客提供比竞争对手更大的价值来获得持续竞争优势。这种商业模式创新的关键是企业以客户价值为中心，并通过各种手段与其他企业之间产生协同效应。

2. 成功的商业模式

(1) 成功的商业模式

①客户与客户需求把握准确;

②市场拥有较高壁垒(技术、经验、关系、客户覆盖);

③企业拥有更低的成本(采购成本、运作成本、营销成本、管理成本、获取客户成本);

④企业拥有良好的现金流;

⑤企业拥有更多上下游的资源。

成功的商业模式与所在的行业、所从事的业务、产业环境、市场成熟度、产业政策、客户习惯甚至文化习俗等诸多因素相关,特征各不相同。成功的商业模式讲究天时、地利、人和,要有好的商业机会、环境与资源、客户及客户需求及关键人才。

(2) 评价商业模式应关注的问题

①企业与客户、供应商以及其他合作伙伴之间的业务和经济关系;

②企业主营业务的收入来源;

③产业价值链的分析(重点围绕企业的经济特征和经济价值);

④商业壁垒与商业模式的可持续性;

⑤经济特征,具体内容包括营利性特征(毛利率、净利率、成本特征、费用和费用率特征、净资产收益率、总资产利润率等)及主要影响因素分析,盈亏平衡点分析(规模、毛利率、达到的时间预期等),现金流特征及主要影响因素分析,影响业务规模及增长的主要因素。

【本章要点】

本章介绍了商业模式的九大关键要素,以及商业模式设计的一般过程。还介绍了商业模式六种创新方法和评价等内容。

【扩展阅读】

如需进一步了解商业模式设计的有关知识,请阅读《商业模式创新》(乔为国著,上海远东出版社,2009)、《最佳商业模式》(刘旗辉著,清华大学出版社,2008),《2010商业模式:企业竞争优势的创新驱动力》(孔翰宁,张维迎,奥赫贝著,机械工业出版社,2008),《商业模式新生代》(亚历山大·奥斯特瓦德,伊夫·皮尼厄著,机械工业出版社)。

【关键术语】

商业模式　商业模式设计　顾客细分　收入来源　核心资源　关键业务　价值主张　渠道　顾客关系　重要伙伴　成本结构

【思考题】

1. 商业模式所要解决的核心问题是什么？
2. 商业模式的逻辑性是什么？
3. 商业模式的关键构成要素是什么？
4. 商业模式的要素如何配置为一个系统？
5. 正确理解商业模式与管理模式。
6. 读完本章，你认为企业有了好的商业模式就可以成功吗？

第5章 商业计划书

【学习目标】

1. 了解商业计划书的基本格式、规范；
2. 掌握商业计划书的主要组成部分；
3. 掌握商业计划书的基本要求及技巧；
4. 掌握商业计划书的核心内容；
5. 了解写作商业计划书时应注意的问题。

【开篇案例】

Uber是一家按需交通服务企业，他们在全世界的范围内掀起了一场革命，彻底改变了出租车行业。该公司独特的商业模式，让每一个用户只需要点击一下手机就能够找到一辆出租车，车辆会在最短的时间内到达用户的所在地点，并且将用户送至他们想去的地方。

在Uber出现之前，人们要想打车，就必须站在街上，还要做到“眼快、手快、腿快”。这种打车的方式造成了不方便，这种问题困扰着每一个有打车需求的人。究其根本，是因为出租车数量过少，而且出租车公司定价过高。

除此之外，还有另一个问题更加让人难以忍受，那就是在一些高峰时段，例如上下班时段，在马路上找到空车基本就是一件不可能的事情。

Uber看到了这个“打车难”的问题，并且希望用技术手段来解决这个问题，于是他们开发了一个移动端应用，让人们可以在手机上完成整个打车操作。这个应用迅速在用户之间得到了普及，继而在出租车行业中掀起了一场革命。

Uber应用于2010年正式上线，由于很好地解决了“打车难”问题，也在极短的时间内完成了传播。

Uber应用的四个步骤为：

第一步（叫车）：Uber商业模式中的第一个步骤，其根本就是创造需求。人们在智能手机中安装此应用，实现即刻叫车操作，或提交其他时间的用车需求。

第二步（配对）：当用车请求创建成功之后，用户的个人信息和用车信息以通知的形式发送给距离最近的司机。司机有权接受或者拒绝订单。如果司机拒绝接单，那么这个通知则会发送给处于同一区域的另一位司机，直到有人接单为止。

第三步（乘车）：当有司机接单之后，用户可以查看司机信息，以及司机的行驶路径，除此之外还可以查看司机的预计抵达时间。用户上车之后，应用中的计价器就会自动开始工作，在用户端的应用中，用户还可以查看车辆全程的行驶路径。而在乘车的过程中，司机的职责则是对乘车人保持友好的态度，并且为乘车人提供舒适的乘车体验。

第四步（支付与评分）：在将乘车人送达目的地之后，乘车人除了需要支付车费之外，还可以对司机的服务进行评分。这个评分系统是 Uber 商业模式中非常重要的一环，因为它可以让用户在打车之前对司机的服务有所了解，并且在乘车人和司机之间建立信任。

Uber 不仅仅是在出租车行业内掀起了一场革命，而且还建立起了一种全新的商业模式，这个模式可以让企业接触到本地的消费者。

很多后来的初创企业都在复制 Uber 的商业模式，而且有的还对这种商业模式进行了发展。凭借这种商业模式，无数创业者在许多垂直领域中都建立起了成功的企业。

5.1 商业计划书概述

5.1.1 撰写商业计划书的目的

很多人说商业计划书是融资的“敲门砖”，含金量低的商业计划书，无法吸引投资人的眼球。其实，商业计划书的专业性以及行业撰写要求，甚至是它的外包装，都对吸引投资人的眼球起着巨大的作用。商业计划书是有效接触投资人的第一步。

商业计划书有相对固定的一面，比如，该含有哪些章节，按照什么顺序，甚至具体到用什么字体、字的间距与字符的大小等，都有不成文的规矩。但是，商业计划书的撰写关键在于对资本市场以及投资人心理的把握，在于是否能够迎合投资人的审阅喜好，用文字与投资人进行沟通，并达成共识。这就需要经验与相对的专业性。

商业计划书是一份全面说明创业构想以及如何实施创业构想的文件，是详细描述所要创立的企业的文件。

商业计划书是企业发展的指导性文件，内容就是企业发展的纲领和步骤，不要以为写份形式上完美的商业计划书就圆满了。实际上，商业计划书的本质内容才最重要。

首先，你得告诉投资人你是做什么的。项目介绍除描述自己项目之外，还要多考虑项目的“周围经济”。比如，你的项目在市场中占什么地位，核心竞争力到底在哪里，哪些竞争企业的产品或技术实力可以弥补项目自身的缺憾；未来多少年内，你的项目、产品能够做到怎样的程度。没有远见的企业家，也许只是个体户，只为今日温饱，不求明日大计。因此，在商业计划书的背后，要全面地了解项目所处的环境及发展趋势。

其次是管理计划。管理计划要写清楚如何有效利用企业的一切内外部资源，发挥其最大值。初创企业最大的资源可能就是创业团队。团队不是“人数”。1 000 人的集团，也不一定可以称为团队；3 个人，却一样可以组成团队。团队需要集体的协作能力、思考能力、自主能力。

大部分有眼光的投资人，还是比较欣赏“未来型”创业者，他们不太喜欢听别人讲过去的英雄事迹，更多地关心对未来的设计和思考。商业计划书要严谨地规划好管理思路，包括团队如何建设，组织结构如何设计，激励政策如何制定以及人力资源如何配置等。

再有就是营销计划。俗话说：“酒香不怕巷子深。”但随着时代发展，在现今这个全球化市场，再香的酒，也需要出去吆喝几声。在商业计划书里面，你可以向投资人写出营销费用及营销计划。

在商业计划书中，还要科学地给产品及企业的未来定位，不要停留在原地。当然，商业计划书也应包括风险预测及控制、财务计划等。在撰写商业计划书时，还必须考虑可行性。

5.1.2 商业计划书的目的和用途

随着创业热潮的兴起，各种各样的商业计划大赛不断涌现。关于某些创业者凭借一份商业计划书筹得大笔资金的奇闻轶事，不断在满怀激情的潜在创业者之间流传。再加上私人风险投资公司和公共风险投资机构的推波助澜，很多人认为商业计划是成功创业的必备利器，甚至有“创业导师”也认为“创业就是炮制好一份商业计划书，然后去‘找钱’。”不少创业者抱着强烈的创业梦想，并把商业计划书作为吸引资金的“敲门金砖”。实际上，不少创业者创业时并没有一份规范的、几十页的商业计划书，有时非正式的计划可能比正式的计划还有效。但在大多数情况下，商业计划书可让撰写者明确创业思路、客户群体等内容。

1. 商业计划书的目的

撰写商业计划书有两个目的：迫使创业者系统思考创业项目和向其他个人或组织介绍创业项目。

首先，撰写商业计划书可以迫使创业者系统地思考初创企业的各个要素，在创立企业之前梳理自己的思路；迫使创业团队一起努力工作，全力以赴地解决创业过程中的各个细节问题。许多创业者会有这样的感受，自认为想清楚了，写出来不一定清楚；觉得写清楚了，讲给听别人不一定讲得清楚。创业也是这样，一旦将计划写到纸上，那些想法就会变得实实在在，且冲突不断。计划远不如形成商业计划书的过程重要。当创业者决定把创业想法或技术通过创办企业实现商业化后，一般都会进入编写商业计划书的工作阶段。

其次，商业计划书是企业的推销性文本，可以为企业向潜在的投资者、供应商、重要的职位候选人和其他人介绍创业项目和初创企业。这和宣传手册、公司介绍、网站等的作用是相似的。

商业模式和商业计划的不同，商业模式探讨一种生意的可能性，商业计划书阐述一个项目的执行细节。若准备创业一定要多思考商业模式，思考企业做什么，怎么做，如何做得更快更好；如果去找投资，就得写出商业计划书来，投资人更看重企业如何确保成功。

在实践中，创业者会更加重视商业计划书的推销目的，结果经常是为了获得投资而撰写一份漂亮的商业计划书，却不会照此执行。这是本末倒置的行为，也容易失去投资人的信任，即使能够融到资金，也难以很好地利用资金，对创业不利。创业面对大量不确定性，内外部环境可能经常发生快速变化，不能因为变化而不制定计划，相反，越是处于快速变化的环境，越需要认真计划，越需要依据客观事实周密分析。当然，要注意计划的弹性，避免僵化、刻板。

商业计划书不能保证创业一定成功，但可以提高成功的概率。创业是一段旅程，一段不熟悉且充满风险的旅程，商业计划书更像通往目的地路线图。

2. 商业计划书的用途

商业计划书最明显的用途是募集外部资金。创业活动起始于创意而不是资源，这也是其与传统商业活动的最大区别。正因为此，某人拥有创意并决定要成为一名创业者，却不具备相应的资源，也就成为一种常态。撰写一份简明易懂又准确表述市场潜在价值和创业激情的商业计划书十分必要，因为商业计划书是外部投资者，尤其是风险投资人了解这一项目的第一途径。

实际情况是，现在越来越多的大学或其他社会团体主办的商业孵化机构要求获选企业撰写商业计划书。即使对基于利基市场的创业活动，如小餐馆、女性服装专卖店、私人教育培训等项目，利用商业计划书来募集外部资金，也是个好办法。

另一种用途是向潜在员工、现有员工、资助组织、服务商等传播企业的愿景和使命。商业计划书重在研究和介绍如何把具有可行性的市场机会转换成盈利的产品和服务，包括产品开发、营销和企业发展战略的各个层面。在企业创办以前，通过撰写商业计划书向准员工及相关组织传达企业的经营理念和发展思路，是一种有益的做法。

为了实现这些目标，作为一个创业者，在撰写商业计划书的过程中需要认真、全面地处理许多复杂问题，这些问题围绕如何把创意和愿景转化为现实展开，如产品如何生产，产品以何种价格出售，产品如何营销以及销售给哪些人，企业如何与现存的及潜在的竞争对手展开竞争，需要何种融资，来源何处，资金如何使用，这些事情由谁负责等。可见，对创业者来说，认真准备一份论证合理的商业计划书，是一次很好地了解、学习市场的机会，对理解业务概念、提出企业发展目标都很有帮助。

总体来看，商业计划书的主要用途包括：寻求外部投资；确保整个团队（包括新的、潜在的成员）明确组织目标；厘清业务概念、近期目标和所提议的战略。

越是精心准备的商业计划书，越能说明新企业想完成的目标，以及达到这些目标的做法。商业计划书是一种书面文件，解释了创业者的愿景，以及愿景如何被转变为一家盈利的、可行的企业，这些信息正是风险投资家和其他可能支持新企业的人所要了解的。因而，创业者撰写商业计划书，不仅仅是为了说服别人，也是为了更清晰地了解进一步前进的最佳方式，其所包含的信息异常宝贵。

为了有序、简洁、具有说服力地解决以上提到的创业发展问题，准备一份有效的商业计划书并不是一蹴而就的事情，这个工作往往需要花费200~300小时。如果把工作只留在晚上和周末来做，这一过程将持续3~12个月。商业计划书的撰写尤其需要清晰明确，论之有据。

比如，为了筛选商业机会和想法，只要指出某新产品的目标市场规模在3 000万~6 000万元，市场成长率在10%左右就可以了。但是，商业计划书要求对市场的了解更加细化。需要说明市场成长率的持续时间及实际成长率是多少，并解释该成长率的形成原因。

另外，新市场的快速变化，也会使获取商业计划书相关信息表现为一种动态过程。因为无法预知初创企业将如何发展，人们在做计划时会受到一定的限制。对于新型技术和市场的开发，这一问题尤为突出。实际上，这时创业者的计划只是使企业先创办起来，再利用从实际经营企业过程中收集的信息，来修改计划：先制订一个基本的、简单的商业计划书，然后开办企业，接着获得来自创建、经营企业的实际信息，并使用它们去修改商业计划书，必要时使用这些信息获取融资支持。

5.2 商业计划书的基本要求与核心内容

商业计划书有相对固定的格式、规范，同时也有广为采用的基本内容框架。

5.2.1 商业计划书的一般格式及编写规范

首先，商业计划书应包含以下内容。

①封面页，包括公司名称、地址以及主要联系人姓名、联系方式等。

②目录表，概括商业计划书的各主要部分。

③概要及计划书的各个主要部分，每个部分都应清楚地列示标题，并要易于识别。

④附录，如详细的财务计划、公司创建人和核心员工的完整简历，经常附在正文后面，分开单独装订。

其次，一份有效的商业计划书，应该尽可能地简单明了。商业计划书一般不超过 50 页，而且越短越好。商业计划书的主要目标是，以清楚的方式解答新技术或产品开发的相关问题。而且，那些阅读商业计划书的人，工作繁忙并且经验丰富，很清楚如何识别商业计划书的核心问题。

整个商业计划书应像一份规范的商业文件，而不应使用太过艳丽的图例，或过分夸张的文字描述。商业计划书是创业者留给风险投资人、银行家，以及其他有可能给予初创企业支持的人的第一印象，应该以认真负责的态度来编写。

5.2.2 商业计划书的基本要素

商业计划书的主要内容随撰写人不同或行业不同而有很大差异。尽管如此，商业计划书必须包含一些基本部分，便于投资人及其他相关人员了解企业的关键问题。商业计划书的基本要素应包括：

新产品或服务的基本价值，即为什么这是一个有价值的创业机会；

客户群体，即新产品或服务要卖给谁；

生产管理，即如何开发、生产、销售新产品或服务，应对现存和未来竞争的总体计划；

创企者履历，即创业者是谁，所拥有的经营企业所需的知识、经验和技能；

财务管理，即企业需要筹集多少资金，需要何种融资方式，资金如何使用，创业者和投资人如何实现投资收益。

这些问题都是投资人最感兴趣的问题，也是创业者在创业过程中必须直面的问题。一份精心准备的商业计划书要回答这些问题，而且要以有序、简明、具有说服力的方式。经验丰富的风险投资人每年要看成百上千份的商业计划书，但绝大多数商业计划书在几分钟之内，就被拒绝了。作为一个创业者，要尽全力做好这些事情，以确保你的商业计划书能吸引风险投资人。

5.2.3 商业计划书的核心内容

商业计划书在撰写时应如何组织关键信息呢？商业计划书各主要部分的顺序安排及其具体内容，应该由创意的性质以及创业者想在计划中表达的信息来决定。商业计划书采用的基本框架如下：

执行摘要：对新企业的总体情况做出简短、清楚、其有说服力的概括；

愿景、使命与核心价值观：陈述创业的动机，企业具体提供的产品或服务，以及所期望的宏伟蓝图；

新创意、产品的形成背景和预期目标：描述创意和产品能解决的核心问题、给顾客带来的价值以及预期实现的目标；

市场营销分析：描述预计谁使用或购买你的产品或服务，顾客为什么想购买；

竞争者、竞争环境和竞争优势分析：描述有关现有竞争与如何应对竞争的信息、定价以及其他相关事项，这部分内容有时是分开描述的，有时放于市场营销部分；

开发、生产和选址：描述产品或服务所处的开发阶段，如何开始实际生产并提供产品或服务，以及有关企业坐落于何地，如果企业运营的有关信息对于理解企业来说是重要因素的话，那么它也可能写于本部分；

管理团队：描述企业管理团队的经验、技能和知识，有关当前所有权的信息也应包括在这个部分；

财务部分：提供有关公司当前财务状况的信息，并预期未来需求、收入和其他财务指标，以及所需资金数量，这些资金什么时候需要，它们将被如何使用，现金流、盈亏平衡分析等；

风险因素：讨论企业将面临的各种风险，以及管理团队防范风险所采取的措施和步骤；

收获或退出：如果企业获得成功，投资者将如何取得收益，如企业何时以何种方式公开上市；

时间表和里程碑：包括有关企业的每个阶段将在何时完成，如开始生产、初次销售、突破盈亏平衡点等，本部分可以独立，在适当的情况下，也可以包含在其他部分；

附录：应提供详细的财务信息以及高层管理团队成员的个人简历。

接下来将逐一介绍每一项内容的写作目的，并向初次撰写商业计划书的创业者提供一些具体的写作建议。每一份商业计划书都是唯一的，关键在于把创新产品的新颖性和价值，以及创业团队的商业化热情的“故事”讲明白。

1. 执行摘要

执行摘要是一种简短而热情洋溢的陈述，人们把它比拟为“电梯推销”，即要求在很短时间内激起别人的兴趣，并使他们的兴趣足够浓厚，以至于想知道更多的信息。也就是说，摘要应该对关键问题给予简短回答，说明解决了哪些未解决的问题，或者机会的优势在哪里，以及本企业为什么可能会成功。一般篇幅控制在1~2页。

执行摘要这一部分内容要撰写得非常仔细，每句话甚至每个词都要深思熟虑，不仅传达丰富的信息，也传递创业者的兴奋与激情。执行摘要既要介绍足够多的信息以使他人对新企业有一个清晰的图景，又要语言十分简洁。优秀的执行摘要能在第一时间吸引住别人的眼球，而粗糙的执行摘要很难简洁地说明企业的价值。

2. 愿景、使命与核心价值观

创业过程要面对大量的不确定性，要克服很多困难，要得到多方面的支持和帮助，利益相关者会关心具体的创业项目和团队，也会关心创业者的理想和抱负，关心企业能做出什么样的经济和社会贡献。愿景和使命是创业者的内在动力，会反映出企业的核心价值观，对企业文化的形成也会起决定性的作用。

愿景（Vision）指企业长期的发展方向、目标、目的以及自我设定的社会责任和义务，明确界定公司在未来社会的定位，如企业对社会的影响力、贡献力、在市场或行业中的排位、与企业关联群体（客户、股东、员工、环境）之间的经济关系。愿景由愿和景组成，“愿”是发自内心的愿望；“景”是实现组织方向和目标时的状态，愿由景生。愿景是蓝图，是方向，甚至可以说是“信仰”。

使命（Mission）是指企业在社会经济发展中所应担当的角色和责任，是指企业的根本性质和存在的理由，说明企业的经营领域、经营思想，为企业目标的确立与战略的制定提供依据。使命更多的是责任。下面以Facebook的愿景与使命为例，来说明两者差别。

Facebook的愿景和使命

它的创建目的并非成为一家公司。它的诞生，是为了践行一种社会使命：让世界更加开放，更加紧密相连，Facebook始终将自己的社会使命、正在开发的服务以及用户放在首要地位。Facebook渴望提供服务，使人们拥有分享的力量，帮助他们再一次改造众多核心机构和产业。让每个人紧密连接，能够发出自己的声音，并推动社会的未来变革，是一种迫切需求，也是一个巨大机遇。人类需要建设的技术基础设施的规模亘古未有，我们认为，这是值得关注的最重要问题。

Facebook的五个核心价值：

专注于影响力

如果我们希望具有最大影响力，最佳方法是始终专注于解决最重要的问题。这听上去很简单，但我们认为，大多数公司表现糟糕，浪费了大量时间。我们期望Facebook的每一个人善于发现最大问题，并力图解决。

迅速行动

迅速行动使我们能够开发更多东西，更快地学习知识。但是，大多数公司一旦成长，发展速度就会大大放慢，因为与行动缓慢导致错失机遇相比，他们更害怕犯错。我们的信念是：迅速行动，打破常规。如果你从不打破常规，你的行动速度就可能不够快。

勇往直前

开发优秀产品意味着承担风险。这让人恐惧，迫使大多数公司对冒险望而却步。但是，在瞬息万变的世界中，不愿冒险就注定失败。我们的另一个信念是：最大的风险就是不承担风险。我们鼓励每个人勇往直前，即使有时这意味着犯错。

3. 新创意、产品的形成背景和预期目标

新创意及产品的形成背景应该解释新产品为什么是独特和有价值的，将来是否具有产生利润的潜力。这与企业所在行业的环境条件有关，因为正是这些环境条件，显示出正努力开发的创意的价值。比如，某创业者开发了一种新材料，比当前市面上出售的任何材料都更加环保和实惠；那么就需要回答，这种材料为什么是有用的，在当前低碳经济时期，为什么市场空间大；谁想要使用这种新材料，是家庭装饰，还是有其他什么商业用途，如果你的创意是一种用于制造家用地毯的低碳新材料，那么就应该具体说明它的独特性，使准投资者相信投资这种产品会得到潜在收益。

这一部分还应该包括企业的基本情况信息，即企业的法律形式、当前的所有权结构、目前的财务状况等。毕竟，没有人愿意向一个存在所有权纠纷或过高企业管理费用的企业投资。也应该说明企业希望完成的目标。回到前面所描述的地毯用新材料的例子，本部分应该阐明，这种材料是对所有地毯普遍有用还是只对某些种类的地毯有用，使用新材料将带来哪些利益。在这种情况下，这些潜在收益应该与企业成功所获财务收益一起提及。

4. 市场营销分析

市场营销分析解释企业解决什么问题，或者实现哪些未被满足的需求。比如设计一种供老年人使用的简单手机，有较大的按键，而且有直拨键可拨给其他人。很明显，清晰和简洁并不是不好，但根据经验，投资者更偏好具体化。

说明存在适宜的目标市场。这不同于行业介绍，而是本企业预选择的目标市场。就上面的例子而言，只表述手机的市场规模是不充分的，还应该包括老人对手机的特有需求、社会老龄化情况等。

说明现实顾客很可能花钱买这种产品或服务。

设定基本的销售预期。在多数情况下，商业计划书应该说明潜在的销售收入，这取决于详细的财务预算、竞争者分析，以及潜在顾客的相关信息。

商业计划书的这部分内容应该表明，创业者已经为他们的产品或服务认真地调查过潜在市场，并且有证据显示，当这种产品上市时，会有消费者或其他企业购买它。当然，市场预期总是不确定的，甚至没有人确切地知道，消费者如何对新产品做出反应，但创业者至少应该尽最大努力来查明人们购买或使用其产品的原因。如果商业计划只是假定新产品或服务非常好，人们会排长队竞相购买它，那么，对经验丰富的投资者来说，这是一个响亮的警报，他们会很快失去兴趣。

5. 竞争者、竞争环境和竞争优势分析

这一部分提供如下内容。

通过识别当前竞争者、潜在竞争和评价竞争强度，来构建竞争优势。

通过解释新产品和技术的竞争地位与当前市场动态的匹配性，来展示管理团队的能力和知识。在这一过程中，存在两方面的挑战：一是商业计划书必须说明企业在潜在顾客并未真正买单的情况下，如何有效竞争；二是在现有企业用现有产品构筑竞争屏障的情况下，如何参与竞争。

说明此类机会足以创造近期或长期优势的核心特征。

总之，基于上部分的市场营销分析，这一部分需要说明本企业与现有解决方案存在哪些差异。如果本行业存在大量竞争者，可以运用简单的列表比较产品和技术之间的差异。但是，分析必须是客观的，包括准确评价企业的技术、运营能力与不足。否则，对关键的竞争者和竞争技术进行简要描述更能说明问题。

6. 开发、生产和选址

在任何有效的商业计划书中，创业者必须认真解决的另一问题是产品开发和生产。企业的产品或服务处于该过程的哪个阶段，说明是仍处于待开发阶段，还是已被充分开发，正准备生产。如果正准备生产，那么需要明确预期成本以及制造产品或提供服务的时间表。

有时新产品的开发过程可能需要数月时间和可观的费用。对于这些问题，企业进展得越深入，对潜在投资者就越有吸引力。这不仅仅是因为企业的发展已经跨越了最初的开办阶段，还因为这表明企业的运营方式有效并且合理。如果企业每件事都处于合理状态，可以确保企业快速向前发展。不管怎样，投资者一般会在企业的商业计划书中寻找有关这些问题的信息，如果此类信息没有被提及，或者因范围太宽泛而没有信息机制，那么投资者将失去投资热情。

另外，如果企业的选址对于企业的生存和竞争有重要影响，那么就应该提供相关信息。比如，对于餐饮等服务行业来说，选址就很重要。

7. 管理团队

管理团队描述包括团队能力的优势与不足研究。许多投资人一般首先阅读商业计划书的这一部分。甚至有投资人说，宁愿投资具有二流创意的一流团队，也不愿投资具有一流创意的二流团队。尽管这有点夸张，风险投资人和其他投资人实际上要关注许多不同问题，但也说明初创企业中能干的、有经验的、上进心强的高层管理人员对企业的重要性。也就是说，管理团队是影响投资决策的首要因素。

具体来说，本部分应该包括以下内容。

确定高层管理者和核心顾问。这部分内容应该包括相关人员的简要经历及其证明。在很多情况下，要以附录的形式提供1~2页的个人简历。

识别管理团队能力的不足。这部分内容应该包括企业是否希望通过增加新员来弥补这些不足。

如果有董事会，应确定董事会成员，并提供相关个人背景。

确定积极支持企业发展的顾问。

尤其需要指出的是，对大多数技术型初创企业来说，这一部分是对现实状况的直接描述。它的管理团队一般由创建者、一两个顾问构成，有时还包括第一批员工。这样做没有实质性的错误，但是需要注意的是，技术型企业的优秀高层管理团队的特征应该是：具备先前（最好是成功）的创业经验，专职工作，具备处理特定行业市场和顾客事务的经验。

8. 财务部分

商业计划书的财务部分应该为潜在投资者提供一份清晰的规划蓝图，即新企业将如何使用它已经拥有的、持续经营所得的以及投资者所提供的资源，向财务目标迈进。

首先，财务部分应该提供新企业拥有的资产和负债等方面的估价。这些信息概括在预编资产负债表中，以表明未来不同时期的公司财务状况。在最初三年内，这些信息应按半年进行预期。预编资产负债表可以显示权益负债率、营运资金、存货周转率和其他财务指标是否在可接受限度内，还可以证明对企业的初始和未来投资是否合理。

其次，用预编收入表说明基于损益的预期运营成果。这张预编收入表记录销售额、销货成本、费用、利润或亏损，并应该认真考虑销售预测、生产成本、广告成本、分销和储存成本与管理费用。简而言之，它应该提供运营结果的合理规划。

再次，现金流量表也应按未来一定年限来编制，表明预期现金流入流出的数量和时间安排。通过突出某一特定时期的预期销售额和资本费用，这种现金流预测强调了进一步融资的需求和时机以及对营运资金的需求。

最后，盈亏平衡分析表明为补偿所有成本所需要的销售水平。这应该包括随生产量变化的成本，如制造、劳动力、原材料、销售额等，以及不随生产量变化的成本，如利息、工资、租金等。

在大多数情况下，开发以上财务数据报表能帮助管理者思考影响销售和成本的关键要素。需要指出的是，对于多数早期发展阶段的企业来说，详细的资金预算也许比形式上的财务计划更有价值，因为它们揭露了业务发展的现金需要（对于处于研发阶段的业务来说，现金需要取决于关键事件），而不是预测业务的盈利性（这也许是极度乐观的）。现金流分析更多反映了现金周期的波动（取决于销售及其运营），而不是开发周期的波动（取决于研发及其运营），对于早期发展阶段的企业并不是很适用。另外，现金流分析还可能造成对现金需要的保守估计，因为创业者一般会低估成本而高估收入。

对种子期高科技新企业来说，更是如此。当一家拥有技术许可和初始创意的初创企业在寻求资金支持时，多数投资人不需要也不评价它用来说明未来 3 年营业收入的财务计划。此时最重要的财务要素是：做出未来（通常 8~16 个月）实现两三项关键指标的预算，如果业务成功，做出长期潜在的收入预算。这些数据反映了种子期投资人所关注的核心问题，也就是保证企业存活下来直至创造价值需要多少资金，因承担风险将获得多大的利益回报。

9. 风险因素

商业计划书除了预测企业良好发展的一面，还要充分考虑发展的不利因素，或者是新产品开发过程中容易犯错的地方。实际上，当危机真正出现时，承认危机是面对问题并勇敢解决问题的第一步。

10. 收获或退出

任何初创企业发展到一定阶段，都存在创业者与投资人的退出及投资回报问题。这一部分需要描述创业者如何被取代，以及投资者退出战略，即他们如何收获资助初创企业所带来的利益。例如，出售业务、与其他企业的合并，或者重新募集资金。

11. 时间表和里程碑

商业计划书正文的最后部分应该说明：主要活动何时实施、关键里程碑何时达到。从投资者观点看，这个部分表明创业者仔细关注了企业的运营，并且已经为企业的未来发展制定了清晰的计划。具体如下：

新企业的正式组建；

完成产品或服务设计；

完成产品原型；

雇用最初的员工如销售人员、财务等；

在贸易展览会上做产品展示；

与分销商和供应商达成协议；

进入实际生产；

收到初次订单；

初次销售与交付；

盈利。

当然，这个列表只是商业计划书内众多里程碑的一小部分。最重要的是，要选择无论是从企业资源还是从所在产业的角度看都有意义的里程碑。

12. 附录

商业计划书的正文应该相对简短，只要提供所有重要信息即可，许多项目的信息最好包含在单独的附录部分。附录中，典型项目的信息有详细的财务规划以及创建者与高层管理团队其他成员的完整简历等。

需要说明的是，为了节省时间和金钱，成功的创业者会尽量减少在商业计划书上的资源投入。睿智的创业者通常对完整性不感兴趣，他们明白，额外分析的回报将很快消失，他们避免使用电子表格软件对盈亏平衡点、资金需求、回收期、净现值进行详细但缺乏远见的分析。在决定有限的分析对象时，创业者必须意识到，即使有更多的研究也无法解决某些关键的不确定因素。比如，深度访谈及调研在预测全新产品需求时的作用往往不大。创业者同样也要避免实施根本无法依照其结果行动的调研。

5.3 商业计划书的撰写

5.3.1 商业计划书的撰写原则

一份优秀的商业计划书的确需要花费创业者很多时间和精力，但它是潜在投资人接触创业项目的第一步，值得努力做好。商业计划书的一个重要目的是募集风险投资，所以从风险投资家的视角分析撰写商业计划书应该注意的问题，尤为重要。

1. 商业计划书必须一开始就吸引人

风险投资家富有远见，又经验丰富。投资决策往往迅速做出，而且很少逆转。这意味着，商业计划书必须一开始就吸引他们，并且能一直吸引住他们。

商业计划书从执行摘要开始，执行摘要是商业计划书的第一个主要部分，某种程度上说，也是最重要的部分。执行摘要必须能够简洁而又睿智地说明企业的价值，即解决哪些未被解决的问题，或者机会的优势在哪，以及本企业为什么可能会成功，即独特资源将创造的竞争优势。具体来说，这一部分既能传达创业者高涨的创业热情，又能充分展现新企业创意的价值以及有效整合开发创意的创业团队。

2. 管理团队以及市场机会的价值是两项关键的投资要素

调查表明，风险投资家和天使投资人都认为管理团队以及市场机会是两项关键的投资标准。这并不是说产品特征、财务预期等不重要，而是在评审商业计划书的过程中，投资人注重对各种要素间的复杂作用关系进行考察。有时候，甚至在对产品和技术本身进行评价之前，由于管理团队或市场机会存在明显问题，因而停止某项投资交易。投资人似乎相信，将管理团队、市场机会作为评价指示器，要比产品特征等更容易做出快速评价。

也就是说，归根结底，创意的质量以及整合创意的人或团队的素养才是至关重要的。如果创意不合理或没有什么经济上的潜力，那么不管商业计划书看起来写得多精彩、多有说服力，有经验的投资者都会立刻放弃。所以，在决定投入大量时间和精力，去准备一份令人印象深刻的商业计划书之前，创业者首先必须获得有关创意的反馈。如果创意本身价值不大，创业者应立即停下来，因为继续下去基本上是在浪费时间。

3. 商业计划书要体现真实性

商业计划书本质上是创业者对如何将创业意愿转化为一种盈利事业的规划。人们本来就不可能完全预知未来，快速变化、不确定性很强的新技术和市场预测更加会受信息获取的限制，创业活动面临很大不确定性，即便如此创业者也应该努力确保商业计划书信息的相对真实性。

所谓真实性，是指市场预测必须建立在目标市场的现有信息的基础上。当然，现实情况是许多早期发展阶段的技术型企业最终定位于完全不同的市场，但是，依然需要把当前能够获得的真实信息记录下来，同时时刻保持对环境变化的警觉。如果目标市场非常不确定，创业者应该直接说明这一不确定性。睿智的投资家总是更愿意投资于可靠的、具有竞争力的团队，因为这些团队能够及时识别正确市场中的正确产品，不管计划书中事先是如何写的。

具体来说，商业计划书真实性表现在以下几方面：

一是顾客分析的真实性。创业者应尽力根据潜在顾客反馈的信息来撰写商业计划书。

二是市场分析的真实性。对一项新颖、具有市场变革意义的新技术来说，进行市场分析存在极大的难度，创业者往往相信未经证明的市场，投资家却确信创业者容易对前景过于乐观。现实性市场分析应该恰当描述市场规模，以帮助投资人进行相关决策。

三是竞争者分析的真实性。竞争者分析一般会面临这样的困境：一是现有竞争者不可能与新技术进行竞争，二是由于保密或规范竞争，真正的竞争者不可能很容易地辨别出来。可是，优秀的商业计划书既要识别明显的竞争者，又要识别潜在的竞争者。这样做的好处在于，提醒创业者不应该开发存在过度竞争的市场，同时表明创业者为评估竞争环境做出了相应的努力。

四是收入计划的真实性。在商业计划书中，经常会发现这样的描述：“根据××，××市场规模是××元。如果我们能够捕捉到5%的市场，那么我们的年收入将是××亿元。”这种分析一方面忽视了把技术投放市场的定价因素，同时还回避了顾客购买决策是如何做出的，以及为什么5%的顾客会转向接受新技术等重要问题。而且，如果初创企业的技术比其他现有技术更有优势，那么为什么不努力占据50%或者75%的市场份额呢？

5.3.2 商业计划书的撰写技巧

1. 商业计划书的撰写技巧

根据商业计划书的撰写原则，为了使商业计划书脱颖而出，并最终获得风险投资人的青睐，创业者应认真做到：确保创意的价值性，并拥有高素质的管理团队；认真负责、简洁明了地按适当的商务格式进行编排和准备计划；执行摘要简洁，论之有据，既要充分描述创业热情又不失规划的真实性。

（1）结构体例方面

多年来，商业计划书的结构和体例相对固定。尽管人们对此没有硬性规定，但创业者不要单纯为了创新而过于偏离一般结构和格式。也不要直接套用一些商业计划书软件包所提供的样板文件，即便这样能使商业计划书看起来更加专业化，但是计划必须基于特定市场调研数据和事实，以充分表明初创企业的可预测性以及创业者的激情。

创业计划的体例也需要努力做到更好。一方面要看上去比较讲究，另一方面又不能给人浮华浪费的印象。可以采用透明的封面和封底来包装计划书，不要过度使用文字处理工具，如粗体字、斜体字、字体大小和颜色等，否则会使得商业计划书显得不够专业。一些细节可以显示你的细心，例如，如果企业有设计精美的徽标（logo），应该把它放在计划书封面页和每一页的眉题上；一些图表颜色与徽标的匹配设计，也会充分显示其用心，同时容易吸引人的眼球，给读者留下深刻印象。

（2）内容设计与组织方面

根据商业计划书的真实性撰写原则，商业计划书的内容应建立在市场调研或其他间接来源的真实数据的基础上。在编写正文过程中，可以先组织撰写市场营销分析，再结合企业发展目标编写产品开发以及财务等信息。但实际上，创业者经常对财务部分花费大部分时间，描述详细的财务计划，反而忽略了市场调研，这是不可取的。

商业计划书的内容撰写体现为一种过程，随着撰写工作的深入，创业者能够获取的新市场、潜在顾客等相关信息越来越多，越来越具体，这时候的商业计划书也要做出相应调整；甚至随着掌握越来越多的相关信息，创业者的个人目标和追求都会随之改变，这些都会影响到企业所有权方式、销售预期、盈利预期以及融资方式等方面的决策。所以商业计划书的内容设计是动态的过程，随时都需要进行调整。在这一过程中，需要以坦诚的态度、开放的心态，不断修改、完善商业计划书。

商业计划书相关信息的获取有很多方式，如市场调研、行业数据、专家咨询等。根据技术和市场的新颖性采用的具体方式有所差异，比如针对新市场和技术，没有现成的行业信息，就需要花费精力和时间进行市场调研。

另外，内容设计与组织过程中需要多考虑投资人的看法与感受。毕竟商业计划书在反映实际情况的同时，还需要说服别人。尤其是高科技企业在编写财务计划时要表现“有益于投资人”的良好态度，即表明企业理论上具有创造多倍回报的潜力。比如，内部投资报酬率分析表明，国外风险投资一般寻求的是4~6年成长为年收入5 000万美元的投资机会，因此，许多国外商业计划书一般都标明第5年的营业收入将达到5 000万美元~1亿美元。

最后，商业计划的内容需要尽全力规避不该有的错误。常见的错误如表 5-1 所示。

表 5-1 商业计划的常见错误

错 误	解 释
解释概要太长而且松散，未能把握要点	应简明扼要又全面
不清楚人们为什么购买这种产品	只说明产品有价值，却忽视了潜在顾客调研
没有对团队资格给予清晰的陈述	管理团队的个人简历需要附具体说明，否则准投资人会认为管理团队没有经验
过于乐观的财务预期	盲目乐观会失去可信度；需要根据实际调研做出合理预期
界定的市场规模过于宽泛	企业的市场规模应是目标市场，而不是产业市场
隐藏或忽略不足与风险	准投资人会认为计划不够深入
没有清楚回答产品所处的阶段	说明产品开发工作或是没有真正开展，或是不具有合理性
认为没有竞争者	说明缺乏深入、认真的市场调研
任何形式上的错误	排版、语句错误以及资产负债表的不平衡等

无论商业计划书的其他部分有多好，都必须避免使商业计划书注定被拒绝的错误。哪怕只犯了其中一个错误，都会使从老练的投资者哪里获得帮助的可能性降低。

2. 撰写商业计划书的几点建议

一定要自己做，没有人可以代替你制订你的计划。

投资者关心财务状况，但更关心能够实现预期财务目标的战略。

要清楚地显示出与竞争对手的明显差异，不要陷入重复产品或服务的境况。

明确目标市场，提供顾客真实存在的证据。

认真校对，不要有错别字和语法错误。

要有现金流预测，这对初创企业的生存至关重要。

保持计划书的整洁，简明扼要，篇幅不要太长。

陈述事实，尽量避免“我认为”“我估计”等主观判断和猜测。

给计划书设计一个有吸引力的封面。

5.3.3 风险投资者最欣赏的商业计划书

风险投资公司每天从各种渠道收到的商业计划书很多，但是每天能用来看商业计划书的时间有限，所以建议第一次给投资人的商业计划书，最好是 PPT 版本的。一方面 PPT 图文排版更方便，表现更丰富，方便讲清创业项目；另一方面，PPT 一般是按页查看，让人更有耐心地去了解。内容大概在 20 页左右，不要刻意控制页数，重在把每部分内容说清楚。

1. 第一部分（2~3 页）：What——要做什么

用 2~3 页 PPT 讲清楚准备做的事。不要整页 PPT 都是大段文字，应用一两句话说清楚。最好能配上相应的图片，让投资人对项目一目了然。

这里的核心是要突出专注与专业，表明你就想做一件事，就想解决这个关键问题。项目不要追求大而全，产业链也不要太长。

其次，目前商业巨头明显要做的项目、已经有几家在竞争且获得较好融资的项目不要做。这样的项目已经太多人做，且并不具备优势，投资人不一定会感兴趣，相对成功概率低。

2. 第二部分（4~6页）：Why Now——行业背景、市场现状

用4~6页PPT讲清楚行业背景、市场发展趋势、市场空间。要说明你在正确的时间做正确的事，而且市场空间巨大。

市场大，不代表有需求。要描述在目前的市场背景下，你的项目可以为用户带来更高性价比的产品或服务。尽量列出与竞争对手的对比分析，表明当前的商业机会。

3. 第三部分（5~10页）：How——如何做

用5~10页PPT讲清楚商业模式实现的具体方案，包括产品的研发、生产、市场、销售策略。

这里就是描述这个项目是如何实施的，以及最终达成的效果。建议多研究一下精益创业，产品规划和创业步伐要小步快走，阶段性验证，调整产品思路和商业模式。

4. 第四部分（2~3页）：Who——你的团队

用2~3页PPT讲清楚团队的股份和分工，以及团队主要成员的背景和特长。团队要有合理的分工，个人的能力适合该岗位，团队的组合适合创业项目。

项目是靠人来执行的，不同的团队做出来的效果不同。要让投资人知道你不是一个人在战斗，有没有团队也从侧面说明了个人领导能力。当然投给个人的资金与投给团队的资金完全不一样。

5. 第五部分（1~2页）：Why you——优势

用1~2页PPT讲清楚你的项目和团队优势。“事为先，人为重”，要让投资人相信你要做的事非常有前景，而且团队很适合这个项目。这部分应回答两个问题：为什么现在做这个项目？为什么你们能做成功？

6. 第六部分（2 ~3页）：How much——财务预测与融资计划

用2~3页PPT讲清楚前三年的财务情况，以及后三年的财务预测。早期项目的盈利不重要，投资人主要对高增长性感兴趣。这部分应表明你的融资计划，列出需要的资金及准备稀释股份。

资金需求一般做一年规划，列出这一年项目要达成的目标，及达成目标所需资金。稀释的股份要少于30%，稀释太多无法掌控企业，稀释太少投资人可能不太感兴趣。

【本章要点】

本章介绍了商业计划书的主要组成部分以及撰写商业计划书的核心内容。

【扩展阅读】

如需进一步了解商业计划书的相关知识，请阅读《商业计划书详解》（琳达·品森著，中国商业出版社，2007）、《创业计划书》（爱德华·布莱克韦尔著，机械工业出版社，2009）、《商业计划宝典：如何撰写结果驱动型商业计划书》（杰克·菲利普斯著，机械工业出版社，2011）及相关商业计划书范文。

【关键术语】

商业计划书　风险投资　真实性　核心价值　执行摘要　愿景　使命

【思考题】

1. 创业者是否需要撰写正式的商业计划书或者说正式的商业计划书到底是否有用，争论不少，你认为争论的原因是什么？

2. 撰写商业计划书要做大量的前期工作和调研，但为什么创业者应该写它呢？如果直接去创建企业，会有什么不好？

3. 商业计划书的执行摘要为什么重要？它的首要目标应该是什么？

4. 为什么解释新产品或服务处于生产过程中的哪个阶段是重要的？

5. 为什么充分描述初创企业管理人员的经验和专业技能对商业计划书比较重要？

6. 有人说商业计划书只是一系列的假设，不能指望按部就班地执行就获得成功。怎样才能使商业计划书有用？

7. 在商业计划书中全面揭示和讨论潜在的风险因素会阻碍投资者提供金融支持吗？

8. 撰写商业计划书时应如何平衡创业热情与分析的真实性？

【参考资料】

[1] 魏拴成，姜伟. 创业学 [M]. 北京：机械工业出版社，2013.

[2] 布鲁斯·巴林格，杜安·爱尔兰. 创业管理成功创建新企业 [M]. 杨俊，译. 北京：机械工业出版社，2016：185-186.

[3] 李家华，王艳茹. 创业基础 [M]. 上海：上海交通大学出版社，2017.

[4] 梅强. 创业基础 [M]. 北京：清华大学出版社，2012.

[5] 王仁伟. 大学生就业与创业指导 [M]. 北京：机械工业出版社，2016.

[6] 李北伟. 大学生创业导引 [M]. 北京：清华大学出版社，2013.

[7] 张玉臣，叶海明，陈松等. 创业基础 [M]. 北京：清华大学出版社，2015.

[8] 王庆生，王坤. 大学生创业基础 [M]. 北京：清华大学出版社，2013.

[9] 张玉利. 创业管理 [M]. 北京：机械工业出版社，2014.

第6章　创业融资

【学习目标】

1. 掌握融资渠道以及不同创业融资方式；
2. 了解天使投资和风险投资的基本内容以及获取方式。

【开篇案例】

穷爸爸建议为企业而工作，富爸爸建议拥有自己的企业。

穷爸爸鼓励成为聪明人，富爸爸则鼓励雇用聪明人。

穷爸爸爱说：我可付不起。富爸爸会说：我怎样才能付得起。

穷爸爸说：努力学习能去好公司工作。富爸爸则会说：努力学习能发现并有能力收购好公司。

穷爸爸会说：我不富有的原因是我有孩子。富爸爸却说：我必须富有的原因是我有孩子。

穷爸爸爱说：挣钱的时候要小心，别去冒险。富爸爸则说：要学会管理风险。

穷爸爸相信：我们家的房子是我们最大的投资和资产。富爸爸则相信：我们家的房子是负债，如果你的房子是你最大的投资，你就有麻烦了。

两个人都会准时付账，但不同的是：穷爸爸在期初支付，富爸爸则在期末支付。

穷爸爸努力存钱，富爸爸则在不断地投资。

穷爸爸教我怎样去写一份出色的简历，以便找到一份好工作。富爸爸则教我写下雄心勃勃的事业规划和财务计划，进而创造创业的机会。

穷爸爸之所以穷，不在于他挣钱的多少（尽管这也很重要），而在于他的想法和行动。富爸爸则教我学习挣钱，去了解钱的运动规律并让这种运动规律为我所用。不为钱工作，钱要为我工作。钱是一种力量，但更有力量的是有关理财的教育。钱来了又去，但如果我了解钱是如何运转的，我就有了驾驭它的力量，并开始积累财富。

6.1 财务预测

财务预测是指估计公司未来的融资需求，即融资需求预测。它是对未来不确定性的一种预期，如果财务经理没有预计到公司未来的融资需求，那么公司现金流入少于现金流出的灾难随时会发生。因此，财务预测在财务管理中起着至关重要的作用。

6.1.1 财务预测的目的及步骤

1. 财务预测的目的

财务预测是融资计划的前提。企业要对外提供产品和服务，必须要有一定的资产。销售增加时，要相应增加流动资产，甚至还需增加固定资产。为取得扩大销售所需增加的资产，企业要筹措资金。这部分资金，一部分来自保留盈余，另一部分通过外部融资取得。对外融资，需要寻找资金提供者，向他们做出还本付息的承诺或提供盈利前景，并使之相信其投资是安全且可以获利，这个过程需要较长时间。因此，企业要预先知道自己的财务需求，提前安排融资计划。

财务预测有助于改善投资决策。企业需要根据可能筹措到的资金安排销售增长，以及有关的投资项目，使投资决策建立在可行的基础上。预测的真正目的是帮助及时应变，促使制定相应的应急计划。

2. 财务预测的步骤

（1）销售预测

财务预测的起点是销售预测。一般情况下，财务预测把销售数据视为已知数，作为财务预测的起点。销售预测本身不是财务管理的职能，但它是财务预测的基础，销售预测完成后才能开始财务预测。

销售预测对财务预测的质量有重大影响。如果销售的实际状况超出预测很多，企业没有准备足够的资金添置设备或储备存货，则无法满足顾客需要，不仅会失去盈利机会，还会丧失原有的市场份额。相反，销售预测过高，筹集大量资金购买设备并储备存货，则会造成设备闲置和存货积压，使资产周转率下降，导致净资产收益率降低，股价下跌。

（2）估计需要的资产

通常，资产是销售收入的函数，根据历史数据可以分析出该函数关系。根据预计销售收入，以及资产与销售收入的函数，可以预测所需资产的数额。大部分经营负债也是销售的函数，亦应预测负债的自发增长，这种增长可以减少企业外部融资的数额。

（3）估计各项费用和保留盈余

假设各项费用也是销售的函数，可以根据预计销售收入估计费用、支出和损失，并在此基础上确定净收益。净收益和股利支付率共同决定保留盈余所能提供的资金数额。

（4）估计所需融资

根据预计资产总量，减去已有的资金来源、负债的自发增长和内部提供的资金来源，便可得出外部融资的需求。

6.1.2 销售百分比法

资金需要量与企业许多因素，特别是生产和销售规模之间，存在着一定的内在数量关系。因此，预测资金需要量应与企业生产经营规模相联系：生产规模扩大，销售数量增加，会引起资金需求增加；反之，则会使资金需求量减少。

销售百分比法是根据能够反映企业生产经营规模的销售因素与能够反映企业资金占用的资产因素之间的数量比例关系，来预计企业融资需求量的融资需求预测方法。

销售百分比法首先假设资产和部分负债与销售收入存在稳定的百分比关系，根据预计销售额和相应比例预计资产、负债和所有者权益，然后利用会计等式确定融资需求量。

具体的计算方法有两种：一种是根据销售总额预计资产、负债和所有者权益的总额，然后确定融资需求；另一种是根据销售的增加额预计资产、负债和所有者权益的增加额，然后确定融资需求。此处仅对后一种计算方法举例说明。

【例 6-1】 ABC 公司 2018 年 12 月 31 日的简要资产负债表如表 6-1 所示。

表 6-1 ABC 公司简要资产负债表

2018 年 12 月 31 日　　　　单位：万元

资产		负债与所有者权益	
现金	500	应付费用	500
应收账款	1 500	应付账款	1 000
存货	3 000	短期借款	2 500
固定资产净值	3 000	公司债券	1 000
		实收资本	2 000
		留存收益	1 000
资产合计	8 000	负债与所有者权益合计	8 000

ABC 公司 2018 年的销售收入为 10 000 万元，现在还有剩余生产能力，即增加收入不需要进行固定资产方面的投资。假定销售净利率为 10%，如果 2019 年的销售收入提高到 12 000 万元，那么需要从外界融资多少？

首先，将资产负债表中预计随销售变动而变动的项目分离出来。在本例中，资产一方除固定资产外都将随销售量的增加而增加，因为较多的销售量需要占用较多的存货，发生较多的应收账款，导致现金需求增加。在负债与所有者权益一方，应付账款和应付费用也会随销售的增加而自动增加，但实收资本、公司债券、短期借款等不会自动增加。公司的利润如果不全部分配出去，留存收益也会有适当增加。预计随销售增加而自动增加的项目如表 6-2 所示。

表 6-2 ABC 公司销售百分表

资产	占销售收入/%	负债与所有者权益	占销售收入/%
现金	5	应付费用	5
应收账款	15	应付账款	10
存货	30	短期借款	N
固定资产净值	N	公司债券	N
		实收资本	N
		留存收益	N
合计	80	合计	80

在表 6-2 中，N 为不变动，是指该项目不随销售的变化而变化。表中的百分比都用表 6-1 中有关项目的数字除以销售收入求得，如对现金：500÷10 000＝5%。

其次，确定需要增加的资金。从表 6-2 中可以看出，销售收入每增加 100 元，必须增加 50 元的资金占用，但同时增加 15 元的资金来源。从 50%的资金需求中减去 15%自动产生的资金来源，还剩下 35%的资金需求。因此，每增加 100 元的销售收入，公司必须取得 35 元的资金来源。在本例中，销售收入从 10 000 万元，增加到 12 000 万元，增加了 2 000 万元，按照 35%的比率可预测须增加 700 万元的资金需求。

最后，确定外部融资需求的数量。上述 700 万元的资金需求有些可通过企业内部来筹集，2019 年的净利润为 1 200 万元（12 000×10%），如果公司的利润分配给投资者的比率为 60%，则有 40%的利润即 480 万元被留存下来，从 700 万元中减去 480 万元的留存收益，则还有 220 万元的资金必须向外界来融资。上述预测过程可用下列公式表示：

$$外部融资需求量=\frac{A}{S_1}\times \Delta S-\frac{B}{S_1}\times \Delta S-P\times E\times S_2$$

式中：A 为随销售变化的资产（变动性资产）；B 为随销售变化的负债（变动性负债）；S_1 为基期销售额；S_2 为预测期销售额；ΔS 为销售的变动额；P 为销售净利率；E 为收益留存比率；A/S_1 为变动资产占基期销售额的百分比；B/S_1 为变动负债占基期销售额的百分比。

根据 ABC 公司的资料，可求得对外融资的需求量为：

外部融资需求量＝50%×2 000－15%× 2 000－10%×40%×12 000

＝220（万元）

销售百分比法是一种简单实用的方法。它的好处是使用成本低，便于了解主要变量之间的关系，可以作为复杂方法的补充或检验。但它也有一定的局限性，主要是假设资产、负债、收入、成本与销售额成正比例，经常不符合事实，其应用范围受到限制。由于存在规模经济现象和批量购销问题，资产、负债、收入、成本与销售额不一定成正比例。为了改进融资预测的质量，有时需要使用更精确的方法。

6.1.3 财务预测的其他方法

资金习性预测法是指根据资金习性预测未来资金需要量的一种方法。所谓资金习性，是指资金的变动同产销量变动之间的依存关系。根据此依存关系，可以把资金分为不变资金、变动资金和半变动资金。

不变资金是指在一定的产销量范围内，不受产销量变动的影响而保持固定不变的资金。也就是说，产销量在一定范围内变动，这部分资金保持不变。这部分资金包括为维持营业而占用的最低数额的现金，原材料的保险储备，必要的成品储备，厂房、机器设备等固定资产占用的资金。

变动资金是指随产销量的变动而同比例变动的资金。它一般包括直接构成产品实体的原材料、外购件等占用的资金。另外，在最低储备以外的现金、存货、应收账款等也具有变动资金的性质。

半变动资金是指虽然受产销量变化的影响，但不会同比例变动的资金，如一些辅助材料占用的资金。半变动资金可采用一定的方法划分为不变资金和变动资金两部分。

预测资金需求量，首先进行资金习性分析，把资金划分为变动资金和不变资金两部分，然后再按两种不同形式来预测。

1. 根据资金占用总额同产销量的关系来预测

这种方式是根据历史上企业资金占用总额与产销量之间的关系，把资金分为不变和变动两部分，然后结合预计的销售量来预测资金需要量。

【例 6-2】 某企业产销量和资金变化情况如表 6-3 所示。2018 年预计销售量为1 500 万件，据此计算 2018 年的资金需要量。

表 6-3 产销量与资金变化情况表

年度	产销量（X）/万件	资金占用（Y）/万元
2013	1 200	1 000
2014	1 100	950
2015	1 000	900
2016	1 200	1 000
2017	1 300	1 050
2018	1 400	1 100

设产销量为自变量 X，资金占用为因变量 Y，它们之间关系可用下式表示：

$$Y=a+bX$$

式中：a 为不变资金；b 为单位产销量所需变动资金。

可见，只要求出 a 和 b，并知道预测期的产销量，就可以用上述公式测算资金需求情况。a 和 b 可用回归直线方程求出。首先，根据表 6-3 整理出表 6-4。

表 6-4 资金需要量预测表（按总额预测）

年度	X	Y	XY	X^2
2013	1 200	1 000	1 200 000	1 440 000
2014	1 100	950	1 045 000	1 210 000
2015	1 000	900	900 000	1 000 000
2016	1 200	1 000	1 200 000	1 440 000
2017	1 300	1 050	1 365 000	1 690 000
2018	1 400	1 100	1 540 000	1 960 000
合计 $n=6$	$\sum X=7\ 200$	$\sum Y=6\ 000$	$\sum XY=7\ 250\ 000$	$\sum X^2=8\ 740\ 000$

把表 6-4 中的 n、$\sum X$、$\sum Y$、$\sum XY$、$\sum X^2$代入下式：

$$b=\frac{n\sum XY-\sum X\times\sum Y}{n\sum X^2-(\sum X)^2}$$

$$a=\sum Y-b\sum X$$

解得：$a=2\ 400$，$b=0.5$

则：$Y=2\ 400+0.5X$

把 2018 年预计销售量 1 500 万件代入上式，得出 2018 年资金需要量为：

$$2\ 400+0.5\times1\ 500=3\ 150\text{（万元）}$$

2. 采用先分项后汇总的方法预测

这种方式是根据各资金占用项目（如现金、存货、应收账款、固定资产）同产销量之间的关系，把各项目的资金都分成变动和不变动两部分，然后汇总在一起，求出企业变动资金总额和不变资金总额，进而来预测资金需求量。

【例 6-3】 某企业历史上现金占用与销售收入之间的关系如表 6-5 所示。

表 6-5 现金与销售收入变动情况表 单位：元

年度	销售收入（X）	资金占用（Y）
2014	2 000 000	110 000
2015	2 400 000	130 000
2016	2 600 000	140 000
2017	2 800 000	150 000
2018	3 000 000	160 000

根据以上资料，采用适当的方法来计算不变资金和变动资金的数额。这里，我们用高低点法（当然也可用回归直线法）来求 a 和 b 的值。

$$b=\frac{\text{最高收入期的资金占用量}-\text{最低收入期的资金占用量}}{\text{最高销售收入}-\text{最低销售收入}}$$

$$=\frac{160\ 000-110\ 000}{300\ 000-200\ 000}=0.05$$

把 2018 年的数据代入 $Y=a+bX$，得：

$$a=160\ 000-0.05\times 3\ 000\ 000=10\ 000$$

存货、应收账款、流动负债、固定资产等也可根据历史资料做这样的划分，然后汇总列于表 6-6 中。

表 6-6 资金需要量预测表（分项预测） 单位：元

	年度不变资金（a）	每 1 元销售收入所需变动资金（b）
流动资产		
现金	10 000	0.05
应收账款	60 000	0.14
存货	100 000	0.22
小计	170 000	0.41
减：流动负债		
应付账款及应付费用	80 000	0.11
净资金占用	90 000	0.30
固定资产		
厂房、设备	510 000	0
所需资金合计	600 000	0.30

根据表6-6的资料得出预测模型为：

$$Y=600\ 000+0.30X$$

如果2019年的预计销售收入为3 500 000元，则

2019年的资金需要量=600 000+0. 30×3 500 000=1 650 000（元）

从上面的分析可以看出，资金习性预测法考虑到了资金需要量与产销业务量之间的变动关系，是一种比较简单而又准确的预测方法。

6.2 创业融资方式

所谓创业融资，是指创业者为了将某种创意转化为商业现实，根据未来初创企业经营策略与发展需要，经过科学的预测和决策，通过不同渠道，采用不同方式向投资者或债权人筹集资本，组织创业启动资本的一种经济行为。创业融资是为了解决企业成立前后的创业启动资金问题，是创业者的第一次融资，也是最重要的一次融资。

融资方式是指企业融资所采用的具体形式和工具，体现了资本的属性和期限。其中资本的属性是指资本的股权或债权性质。初创企业的资金可以按不同标准来分类。

6.2.1 权益融资和债权融资

按照资本属性，可以把资金分为权益融资和债权融资。

1. 权益融资

权益融资也叫股权融资，意味着创业者用未来企业的部分股权换取创业融资。权益资本代表着股东对企业的个人投资，不需要像负债一样向投资者支付利息，然而，增加企业的权益资本意味着创业者必须放弃部分股权，将其转移给外部投资人。

（1）权益融资方式

权益资本融资主要有吸引直接投资、发行股票和留存收益三种方式。

①吸引直接投资

这是按照“共同投资、共同经营、共担风险、共享利润”的原则吸纳政府、个人、法人和外商投入资本的融资方式，直接投资中的出资者都是企业的所有人，出资方式主要包括货币资金出资、实物出资、工业产权出资、土地使用权出资等。投资的个人及法人拥有企业的部分控制权和利润分享的权利。

在企业初创阶段，吸引大量的直接投资，意味着创业者必须放弃相当部分的所有权。这样会使创业者的股份逐渐减少，创业者失去对企业的控制，从而削减其追求成功的热情。

货币资金出资是吸收直接投资中最重要的出资方式，我国公司法规定，公司全体股东和发起人的货币资金出资不得低于公司注册资本的30%。

实物出资是指投资人以房屋、建筑物、设备等固定资产，和材料、燃料商品等流动资产所进行的投资。实物出资应该符合三个条件：一是适合企业生产、经营、研发等活动的需要，二是技术性能好，三是作价合理。

工业产权通常是指专有技术、商标权、专利权、非专利技术等无形资产。投资人以工业产权出资应符合四个条件：一是有助于企业研究开发和生产出新的高科技产品，二是有

助于企业提高生产效率，改进产品质量，三是有助于企业降低生产消耗、能源消耗等各种消耗，四是作价合理。

土地使用权是指土地经营者对依法取得的土地在一定期限内又进行建筑、生产经营或其他活动的权力。

吸引直接投资的特点主要有：

a. 能够尽快形成生产能力。因为吸收的投资不仅是货币资金，有一部分是先进的设备和技术。

b. 容易进行信息沟通。喜欢吸引直接投资的企业，投资者比较单一，股权没有社会化，与投资者容易沟通。

c. 资本成本较高。相对于股票筹资而言，吸收直接投资的资本成本较高。

d. 公司控制权集中，不利于公司治理。采用吸收直接投资的方式筹资，投资者一般要求获得与投资数额相适应的经营管理权。如果某个投资者的数额比较大，则该投资者对企业的经营管理就会有相当大的控制权，容易损害其他投资者的利益。

e. 不易进行产权交易。吸收投入资本由于没有证券作为媒介，不利于产权交易，难以进行产权转让。

②发行股票

通过发行股票这种有价证券来筹集自有资本，股票持有人即为股东，按投资的资本额度享受所有者的资产收益并参与公司的重大决策。

股票按股东权利和义务分为普通股和优先股。普通股是公司发行的，代表股东享有平等的权利、义务，不加特别限制，股利不固定的股票；优先股是公司发行的优先于普通股股东分取股利和公司剩余财产的股票。

对于即将创立的公司来说，通过发行股票进行融资有三个好处：一是发行股票不会使公司有法定的责任，不像债券那样按期付息，股票的股息是可以依据公司的营运情况来定的；二是普通股票没有“偿还期”，不用还本；三是增强公司的社会声誉和财务实力，促进股权的流通和转让。

公司融资采用发行股票的形式有好处，但也有一些问题。一是分散了公司的控制权。如果不愿意别人干涉自己的经营管理，创办者就必须少发行股票。二是参与公司税后利润的分配。三是发行股票的交易成本往往比发行债券高，因为发行股票前的各种准备工作的成本要比发行债券高，而且股票的风险大于债券。

③留存收益

留存收益的筹资途径主要有提取盈余公积和未分配利润两种。

盈余公积金是自由指定用途的留存净利润，其提取基数是抵减年初累计亏损后的本年度净利润。盈余公积金主要用于企业未来的经营发展，可用于转增资本和弥补以前经营亏损。盈余公积金不得用于以后年度的对外利润分配。

未分配利润是指未指定用途的留存净利润。未分配利润有两层含义：第一是没有分配给投资者，第二是没有指定用途。未分配利润可以用于经营发展，转增股本，弥补以前年度亏损、以后年度的利润分配。

（2）权益融资的优缺点

①权益融资的优点

a. 权益融资是企业稳定的资本基础。权益融资没有固定的到期日，无须偿还，是企业的永久性资本，除非企业清算才有可能予以偿还。这对于保障企业对资本的最低需求，促进企业长期稳定发展经营有重要意义。

b. 权益融资是企业良好的信誉基础。权益资本作为企业最基本的资本，代表了公司的资本实力，是企业与其他单位组织开展经营业务，进行业务活动的信誉基础。同时，股权资本也是其他方式筹资的基础，可以在外为筹资包括银行借款、发行债券等提供信誉担保。

c. 企业的财务风险较小。权益融资不用在企业正常营运期内偿还，没有还本付息的财务压力。

②权益融资的缺点

a. 财务负担较重。一般而言，权益资金的资本成本要高于债务筹资。这主要是由于投资者投资于股安全风险较高，要求的报酬率也较高。

b. 容易分散公司的控制权。投资者参与公司的经营管理，参与利润分配。

c. 信息沟通和披露成本较大。

2. 债权融资

债权融资是指公司以借款的方式筹集资本，到期需还本付息。债权融资在资产负债表中列为负债。

（1）债权融资方式

债权融资一般有银行借款、商业信用、发行债券和融资租赁等方式。

①银行借款

这是指创业者按照借款合同从银行等金融机构借入长期或短期债权资本的主要筹资方式。在我国，尽管有国家政策的支持，但由于普遍缺乏有效担保和有效抵押，信用度不高，初创企业很难顺利地从银行借到资金。因此，创业者应发展多种融资渠道。

②商业信用

这是指企业通过赊购商品、预收货款等商品交易行为筹集短期债权资本的一种筹资方式。如企业赊购商品或服务的资金可能占到其流动负债的30%~40%，在小企业其比例可能更高，这其实就是一种短期融资。

③发行债券

这是指企业发行部门向债权人定期支付利息和到期偿还本金的债券，以筹集资本的一种筹资方式。债券有两种：一种叫作“抵押债券”，即债券发行方以某种资产作为该债券的抵押品，如果借款方破产，无法偿还，债券的持有人可以获得作为抵押的资产，将其变卖以收回投资；另一种叫“无担保债券”，这种债券没有什么特别的资产作为抵押品，债券持有者以借债的公司的全部资产作为抵押，如果借款方破产，整个公司会被拍卖，所得款项用来偿还债权人。

④融资租赁

这是指按照租赁合同租入资产。企业可以采用租赁方式租入所需资产，并形成企业的债权资本。

（2）债权融资的优缺点

①债权融资的优点

a. 筹资速度快。与权益融资比，债权融资不需要经过复杂的审批手续和证券发行程序，可以迅速获得资金。

b. 筹资弹性大。利用债权融资，可以根据企业的经营情况和财务状况，灵活地商定债务条件，控制债务数量，安排取得资金的时间。

c. 资本成本负担较轻。一般来说，债权融资的资本成本要低于权益融资。原因有三：其一是取得资金的手续费用较低；其二是利息、租金等费用比股权资本低；其三是利息等资本成本可以在税前支付。

d. 可以利用财务杠杆。债权融资不改变公司的控制权，因而股东不会因控制权稀释而反对公司举债。债权人从企业那里只能获得固定的利息或租金，不能参加公司剩余收益的分配。当企业的资本报酬率（息税前利润率）高于债务利率时，会增加普通股股东的每股收益，提高净资产报酬率，提升企业价值。

e. 稳定公司控制权。债权人无权参加企业的经营管理，利用债权融资不会改变和分散股东对公司的控制权。在信息沟通与披露等公司治理方面，债权融资的成本也较低。

①债权融资的缺点

a. 不能形成企业稳定的资本基础。债务资本有固定的到期日，到期需要偿还，只能作为企业的补充性资本来源。再加上取得债务往往需要进行信用评级，没有信用基础的企业和初创企业，往往难以取得足额的债务资本。现有债务资本在企业的资本结构中达到一定比例后，往往由于财务风险而不容易再取得新的债务资金。

b. 财务风险较大。有固定的利息负担，抵押、质押等担保方式取得的债务，资本使用上可能会有特别的限制。这些都要求企业必须要保证有一定的偿债能力，要保持资产流动性及其资产报酬水平，作为债务清偿的保障。

c. 筹资数额有限。债权融资的数额往往受到贷款机构资本实力的制约，除发行债券外，一般难以像发行股票那样一次筹集到大笔资金，无法满足公司大规模筹资的需要。

6.2.2 内部融资和外部融资

创业的全部融资按资本来源的范围，可以分为内部融资和外部融资。

内部融资是指创业者自己或在家庭中通过原始积累形成的资本来源。内部融资是在创业者个人、家庭或亲朋内部形成的，一般无须花费融资费用。对于创业者而言，内部融资主要来源于创业者父母、亲朋的支持，也有个别来自自己的积累。

外部融资是指在内部融资不能满足需要时，向上述人际圈之外融资而形成的资金来源。对于很有发展潜力的创业项目来讲，内部融资往往难以满足需要，创业者就需要开展外部融资。外部融资大多需要花费融资费用。创业者应在充分利用了内部融资之后，再考虑外部融资。

6.2.3 直接融资和间接融资

创业融资活动按其是否以金融机构为媒介，可以分为直接融资和间接融资。

直接融资是指创业者不经过银行等金融机构而直接与资本供应者协商借贷，或直接发行股票、债券等筹集资本的活动。在直接融资过程中，资本供求双方借助融资手段直接实现资本的转移。

间接融资是指创业者借助银行等金融机构而进行的融资活动，它是传统的融资形式。在间接融资形式下，银行等金融机构发挥中介作用，预先聚集资本，然后提供给融资企业。间接融资的基本方式是向银行贷款，此外还有向非银行金融机构借款、融资租赁等。

6.2.4 长期融资与短期融资

创业融资按期限不同，可以分为长期融资和短期融资。

长期融资是指创业需用期限在一年以上的融资，通常包括各种股权资本和长期借款、应付债券等债权融资。

短期融资是指创业需用期限在一年以内的融资，一般包括短期借款、应付账款和应付票据等项目，通常是采用银行贷款、商业信用等筹集方式完成的。

6.3 创业融资渠道的选择

6.3.1 创业融资渠道

融资渠道是指资金来源的方向和道路，体现资金的源泉和流量。一般来说，创业者筹集资金的渠道有七种。

1. 自有资金

自有资金包括两种主要方式：一种方式是初创企业从企业创办者那里筹集资金；另一种方式是初创企业通过提取盈余公积和保留未分配利润形式筹集资金。

自有资金之所以是初创企业第一首要的资金来源，主要是由三个因素决定。

（1）企业刚创办时，作为一个新生事物，外界对它并不了解，不可能为其提供大量的资金支持。这时，只有企业创办者对所创办的企业有充分了解和难以割舍的情感，对初创企业的未来发展和投资项目有着充分的信心，非常愿意将自有资金投入到初创企业之中，帮助初创企业成长。

（2）自有资金具有速度快、成本低、使用时间自由灵活的特点，非常适合创业的资金需求。初创企业往往在快速实现独特创意或灵活捕捉商业机会中实现成长，这种发展模式对资金需求的最大特点是及时、灵活。初创企业如果要从其他渠道筹集资金，通常需要经历沟通、谈判、审核、签约和放款等一系列的复杂流程，付出很高时间成本，有时会使企业失去难得的商业机会。这时，企业创办者往往对这些机会有着最为清醒的认识，情愿将自有资金快速投入，帮助初创企业实现对机会的有效把握与快速利用。

（3）当初创企业有创业者的个人资金时，创业者有更大的压力和动力，投入到初创企业的经营管理之中，更加珍惜初创企业资金，非常有利于初创企业的成长与发展。另外，创业者的自有资金投入其中，也更好地证明了他对初创企业未来发展的承诺与信心，为企业创造更加有利的成长环境。有相关研究发现，近70%的创业者依靠自己的资金为新企业提供资金支持。

2. 私人借贷

亲朋好友是创业融资的重要来源。特别是在我国，以家庭为中心，形成了亲缘、地缘等的社会网络关系，对包括创业融资在内的许多创业活动产生重要影响。家庭成员和亲朋好友由于与创业者的关系而愿意给予投资，有助于克服非个人投资者面临的一种不确定性：缺乏对创业者的了解。在创业初期，创业者往往缺乏正规融资的抵押资产，缺乏社会筹资的信誉和业绩。因此非正规的金融借贷——从创业者的家人、亲戚、朋友处获得创业所需资金是非常见效且十分常见的融资方法。我国温州民营经济的融资特征是，在创业初期，以自有资金和民间融资为主；在企业具有一定的规模和实力以后，以自有资金和银行借贷为主。有调查发现，企业在初创期有75%以上的资金来源于自身积累和民间借贷；在企业发展阶段，其资金来源主要为初创时的自有资金、留存收益以及银行借贷。

虽然从家庭成员和亲朋好友处获得资金相对容易一些，但与所有融资渠道一样，向家庭成员和亲朋好友融资也有不利的方面。创业者必须明确所获得资金的性质，明确其是债权性资金还是股权性资金。在借助基于传统的社会网络关系时，必须用现代市场经济的游戏规则、契约原则和法律形式来规范借贷或融资行为，保障各方利益，减少不必要的纠纷。除此之外，创业者还需要在接受投资之前仔细考虑投资对家庭成员或朋友的影响，特别需要考虑的是创业失败后的境况。家庭成员和朋友对初创企业的投资应该建立在对投资成功有信心的基础上。

3. 天使投资

天使投资是民间自由投资者对有创意的项目或小型初创企业进行的一次性前期投资，是一种非组织化的投资方式。与其他投资方式相比，天使投资通常是一种最早投入企业的外部资金，这时初创企业一般还处于初创期，其他投资者很少会对这些初创的小企业感兴趣，而天使投资正好可以填补这一阶段的融资空白。因此，天使投资如同初创企业的“婴儿奶粉”与早期保姆，能够帮助初创企业度过风险最大、最为关键的成长时期。通常认为这种投资方式起源于美国纽约百老汇演出。19世纪时，百老汇的戏剧演出风险很大，很多投资者是出于对艺术的热爱与支持，而不是为了获得超额利润投资戏剧演出。人们把这些投资人称为“天使”。20世纪80年代，新罕布什尔大学的风险投资研究中心最早在学术方面正式运用“天使”来描述这种特定的投资人及投资方式，并获得学术界的认可。

（1）天使投资的特征

天使投资具有三个方面的特征。

①投资金额一般较小，而且是一次性以权益资金形式进入。

②对初创企业的风险审查并不严格，更多的是基于投资者本人的主观判断与好恶。

③投资者有时不仅提供资金支持，还可能提供专业知识和社会资源等方面的支持。在提供支持的过程中，天使投资人往往积极参与被投企业的战略决策与经营管理，及时帮助初创企业，解决其在成长过程中遇到的困难。

（2）天使投资的投资人类型

从事天使投资的投资人一般有两种类型。

①创业成功人士或企业高管。这些投资人本身是企业家或企业高管，了解创业者面对

的难处，能够热情并有效地帮助初创企业。

②有创业与同情精神的富有人士。这些人拥有较雄厚的个人财富，并且愿意帮助创业者解决创业过程的资金短缺问题。

目前，随着国内市场的不断完善，我国天使投资市场也呈现出欣欣向荣的态势。一是天使投资人趋于年轻化。二是天使投资趋势趋于组织化和联盟化。三是“天使+孵化”成为新的增长点。四是股权众筹模式在天使投资行业发展。近年来，我国对天使投资开始逐步重视起来，投入了不少财力和人力，但我国的天使投资仍处于初期，具有非常广阔的发展空间。

4. 银行贷款

向银行申请贷款是我国企业最常见的一种融资方式，创业者也可以通过银行贷款补充创业资金。目前，商业银行推出的个人经营类贷款对创业者而言是一个好消息。个人经营类贷款包括个人生产经营贷款、个人创业贷款、个人助业贷款、个人小型设备贷款、个人周转性流动资金贷款、下岗失业人员小额担保贷款和个人临时贷款等类型。

银行在评估贷款项目时，以“营利性、安全性、流动性”为基本原则，审查的因素通常称为“6C”。①品德资信（Character）：指借款者对其所欠债务是否愿意归还，一般通过考察其过去的资信情况，以及同借款人面谈来进行判断。②经营能力（Capacity）：银行越是认为创业者的发展前途不可限量，越不会计较抵押物需要符合什么要求，因此，创业计划的可行性、创业者的个人商业信用和偿还贷款能力都是非常重要的指标。银行主要通过审查其财务报表，看其资金的流入和流出是否正常，考察其经营业绩，确定借款者的经营能力。③资本（Capital）：借款人财务报表上的总资产总负债情况、资本结构、资产负债相抵后的净值，即借款人的财富状况。④担保物价值（Collateral）：借款人用作借款担保物的质量，通常要求用超过贷款价值的财务或权利担保。⑤经营环境（Condition）：借款人在经济衰退期及其他事件中的脆弱性，或者可以说其在最糟糕的情况下的还款能力。⑥事业的连续性（Continuity）：借款人能否在竞争日益激烈的环境中生存与发展。

创业的高风险导致银行通常不愿意贷款给创业者。银行寻找的是能可靠地归还贷款的客户，而不是寻找风险投资家所追求的能获得巨大成功的业务。虽然创业者获得银行贷款有较大的困难，但并不意味着创业者就不能获得银行的支持。对于创业者来讲，可以从三个方面来取得银行贷款。

①提供可靠的担保，转移银行风险。银行感兴趣的是创业者能否提供没有瑕疵的担保，而不是对创业者的风险投资回报。担保通常是物权担保，如抵押、质押等。尽管银行并不想优先受偿这类担保的财务，但是为了安全起见，还是必须要有担保的。抵押物主要还是针对不动产，包括创业者个人的房屋、土地等；质押包括动产和权力，比如支票、债券、依法可以转让的股票、专利权、部分保单等等。此外，对于资本实力并不强的创业者，可以向专业的担保公司申请，获得创业担保。

②贷款期限尽可能短期，减轻银行风险。银行一般不愿意给小企业发放中长期贷款，而是提供短期贷款。银行更愿意考虑贷款在一年以内的情况，便于及时评估贷款的风险，决定以后的贷款方案。通常的情况是，贷款期越长，银行需要的担保越多，对企业运作上的限制就越多。至于长期贷款，银行也可以发放，但一般需要用于购买重型设备，以增加

固定资产，或者购进其他小企业等方面。

③准备一份值得信赖的商业计划书。创业者要制定一份十分精细的商业计划书，随时准备提交给银行审查。这是获得贷款的关键。深思熟虑的计划书可以看作创业成功的蓝图，迫使创业者考虑创业运作的每一个细节。为银行提供一份有职业水平的计划书，意味着为银行考虑贷款申请打下坚实的基础，将留给银行一个好印象：计划周密、准备充分、实际可行、值得信赖、风险较小，这样得到贷款的机会就增加了。商业计划书应当在具有专业知识的会计师、律师的协助下写成，因为他们掌握企业运作方面的可供研究的统计资料，并能为创业设想提出比较现实的分析。总之，要尽一切努力说服贷款银行，使其相信企业是在良好地运作、是具有发展潜力的。可以视具体情况把样品、照片、顾客对产品的需求的文字介绍、权威人士的推荐信以及有助于获得贷款的任何资料交给银行。

5. 政府项目

政府和一些民间的非营利组织也是创业资金的重要来源。政府依据相关法律政策，对于处于一定阶段、有很好发展前景、对相关领域有重大影响的创业项目提供直接资金支持。这些资金的使用成本通常较低，但数目不大，且只能在特定阶段使用。

美国联邦政府和州政府提供很多新企业融资项目。比如联邦政府提供的小企业创新研究项目，在这一项目中，新企业能够从政府机构获得高达 10 万美元的资助来评估技术创意和高达 75 万美元的资助来完成技术商业化。

我国政府提供的主要企业融资项目有：再就业小额担保贷款、科技型中小企业技术创新基金、中小企业国际市场开拓资金、青年创业贷款以及各种地方性优惠政策等。

（1）再就业小额担保贷款

为帮助下岗失业人员自谋职业、自主创业和把他们组织起来就业，对于诚实守信、有劳动能力和就业愿望的下岗失业人员，针对他们在创业过程中缺乏启动资金和信用担保、难以获得银行贷款的实际困难，政府设立了再担保基金。通过再就业担保机构承诺担保，可向银行申请专项再就业小额贷款，该政策从 2003 年年初起陆续在全国推行。申请再就业小额担保贷款，必须具有以下条件：必须具有营业执照，有固定经营场地和 30%以上的自有资金；其从事的经营项目必须符合国家有关政策，有还贷能力；有承办银行认可的资产作为抵（质）押，或有足够代偿能力的单位或个人作为保证人；借款人须在承办银行开户，并无不良记录，属所在社区居委会的常住户口。非正规就业劳动组织和再就业基地申请小额贷款，必须具有独立法人资格，有固定生产经营场地和一定数额的固定资产及自有流动资金，安置下岗失业人员必须占职工总数的 50%以上，经营项目市场前景较好，具有较好收益和还贷能力。

（2）科技型中小企业技术创新基金

这是经国务院批准设立，用于支持科技型中小企业技术创新的政府专项基金，通过拨款资助、贷款贴息和资本金投入等方式，扶持和引导科技型中小企业的技术创新活动。根据中小企业和项目的不同特点，这类创新基金的支持方式主要有三种。①贷款贴息。贷款贴息主要用于支持产品具有一定的创新性，需要中试或扩大规模，形成批量生产，银行已经给予贷款或意向给予贷款的项目。项目计划新增投资额一般在 3 000 万元以下，资金来源基本确定，投资结构合理，项目执行期为一年以上，三年以内。贷款贴息的贴息总额可按贷款有效期内发生贷款的实际利息计算，贴息总额一般不超过100万元，个别重大项目可不超过200万元。②无偿资助。无偿资助主要用于中小企业技术创新中产品的研究、开发及中试阶段的必要补助，企业注册资本最低不得少于30万元。无偿资助支持的项目执行期为两年，项目计划新增投资在1 000万元以下，资金来源确定，投资结构合理，资助额一般不超过100万元，个别重大项目不超过200万。③资本金投入。对少数起点高，具有较大创新内涵、较高创新水平并有后续创新潜力，预计投产后有较大市场，有望形成新兴产业的项目，可采取资本金投入方式。

（3）中小企业国际市场开拓资金

这是指国家财政用于支持中小企业开拓国际市场各项业务与活动的政府性预算基金和地方财政自行安排的专项资金。2000年10月，为了鼓励中小企业参与国际市场竞争，提高中小企业参与国际市场竞争能力，财政部和原外经贸部（现商务部）联合制定了《中小企业国际市场开拓资金管理（试行）办法》，明确规定了“中小企业国际市场开拓资金”的性质、使用方向、方式及资金管理等基本原则。2001年6月，两部委又根据此办法的原则，联合制定了《中小企业国际市场开拓资金管理办法实施细则（暂行）》，对这项资金具体使用条件、申报及审批程序、资金支持内容和比例等具体工作程序作出了明确规定。2001年，“中小企业国际市场开拓资金”的年度安排规模是4.5亿元人民币，2002年度已增加到6亿元。二年中，这项中央财政用于支持中小企业开拓国际市场各项活动的政府性基金，已经资助了全国近万家中小企业，推动其到国外参展或拓展国际市场。

（4）青年创业贷款

青年创业贷款该贷款是为了推进农村的发展，激励农村青年创业，40周岁以下、具有完全民事行为能力、遵纪守法、无不良信用记录、有创业愿望和一定基础的农村青年均可申请贷款。贷款额度在3万元以内，一般不超过5万元；贷款期限一般设定在3年以内，最长不超过5年，具体还款期限可由借、贷双方共同商定。按照“保本微利”的运营方式，贷款利率执行在人民银行公布的同期贷款利率基础上可给予适当优惠。在授信额度内采取“一次授信、随用随贷、循环使用”的方式发放贷款，探索把农村青年创业小额贷款与银行卡功能结合起来，发放“青年创业信用卡”。

（5）地方性优惠政策

早在1997年杭州创办高科技企业孵化基地时，就规定对通过资格审查并进驻基地的企业提供免三年租费的办公场所，并给予一定的创业扶持资金。杭州提出的“天堂硅谷”建设，把发展高科技作为重点工程来抓，与之相配套的措施是，杭州市及各区县（市）均建立“孵化基地”，为有发展前途的高科技人才提供免费的创业园地，并拨出数目相当可观的扶持资金。在全国各地许多地方都有类似的创业优惠和鼓励政策，如上海的张江高科技园区、北京的中关村高科技园区等。

6. 担保机构贷款

通常，创业者缺乏必要的经营记录、资产以及其他获得商业银行贷款的条件，如果创业者不能获得正常的商业银行贷款，则可以考虑通过中小企业信用担保机构来取得担保贷款。政府部门为促进当地小企业的发展，常常会通过一些金融机构来开展小企业基金担保贷款业务，以解决小企业融资“抵押无物、担保无人、告贷无门”的瓶颈。目前我国已经形成以中小企业信用担保为主体的担保业和多层次中小企业信用担保体系，在国家税收优惠等政策的推动下，各类担保机构资本金稳步增加。

7. 风险投资

风险投资最早可以追溯到15世纪葡萄牙、西班牙和英国等西欧国家的远洋探险与贸易时期。到19世纪的美国西部开发时期，风险投资开始在美国流行。世界上第一个较为成型的风险投资概念是由1973年美国成立的风险投资协会提出的，该定义认为“风险资金是由专业投资机构投资的，投资于极具潜力的初创企业并参与其管理的权益资本”。另外，经济合作与发展组织认为，“凡是以高技术与知识为基础，生产与经营密集的高技术或服务的投资，都可以认为是风险投资”。

风险投资的投资对象通常是处于创业期、未上市的新兴中小型企业，尤其是新兴高科技企业。在美国，风险投资约80%的资金投资于创业期的高科技企业。这些企业着重开发创新产品，市场前景不确定，不像成熟产业中的企业那样可以从商业银行、证券市场募集资金，只能借助风险投资。

（1）风险投资的主要特点

①以股权方式投资于高成长潜力的未上市初创企业，从而形成与创业期内要求相适应的“风险共担，收益共享”的投资分享机制。

②一般不通过初创企业的经营管理，但是可以给初创企业提供增值服务。

③不经营具体的产品，而以初创企业为经营对象，即在初创企业成立初期以较低的资金投入企业，当初创企业实现成长时，以恰当的方式退出企业，获得较高投资收益。

④投资风险非常高，一旦所投资的初创企业经营失败，风险投资可能一无所获。

（2）风险投资的组织结构主要形式

一是有限合伙制，由投资者（有限合伙人）和基金管理人（主要合伙人）合伙组成一个有限合伙企业，投资者出资并对合伙企业承担有限责任，管理人在董事会的监督下负责风险投资的具体运作并对合伙企业承担无限责任，在美国和英国，相当部分风险投资以有限合伙制存在；二是公司型，指风险投资以股份公司或有限责任公司的形式设立。

风险投资通常以套现形式回收投资资金，获取高风险收益。风险投资常见的套现形式有：一是促使所投资初创企业上市，通过转让股份获取收益；二是投资初创企业回购股份；三是向其他战略投资者（包括别的风险投资）以协议方式转让股份。

（3）风险投资与天使投资的区别

风险投资一般投资额较大，在投入资金的同时也投入管理，并且会随着所投资企业的发展逐步增加投入；而天使投资投入资金额一般较小，一次投入，不参与初创企业直接的经营管理，对投资企业的选择更多基于投资人的主观判断甚至喜好。

6.3.2 融资渠道与创业过程的匹配

创业融资需求具有阶段性特征，不同阶段的资金需求量和风险程度存在差异，不同的融资渠道所能提供的资金数量和要求的风险程度也不相同，创业者在融资时必须将不同阶段的融资需求与融资渠道进行匹配，才能高效地开展融资工作，获得创业活动所需的资金，化解融资难题。

在种子期和启动期，企业处于高度不确定中，只能依靠自我融资或亲戚朋友的支持，以及从外部投资者处获取“天使资本”。风险投资家很少在此时介入，而从商业银行获得贷款支持的难度更大。建立在血缘和信任基础上的私人借贷是该阶段融资的主要渠道。

企业进入成长期后，有了前期的经营基础，发展潜力逐渐显现，资金需求量也比以前增大，此时，依靠私人借贷已无法满足企业的需要，企业也具备了进行机构融资的条件，风险投资、商业银行、政府项目等都成为可用的资金来源。此时，创业者应积极了解各方面的信息，尝试多种多样的融资方式。

企业进入成熟期后，债券、股票等资本市场可以为企业提供丰富的资金来源。如果创业者选择不再继续经营企业，则可以选择公开上市、管理层收购或其他股权转让方式退出企业，收获成果。

6.4 初创企业资金成本

6.4.1 资金成本的概念及作用

1. 资金成本的概念

资金成本是企业为筹措并使用资金而付出的代价，具体包括用资费用与筹资费用两部分。

（1）用资费用

用资费用是指企业在投资、生产经营过程中因使用资金而支付的费用，如向股东支付的股息、向债权人支付的利息等。这是资金成本的主要部分。

（2）筹资费用

筹资费用是指企业在筹集资金过程中，为取得资金而支付的费用，如发行股票或债券的发行费、向银行支付的借款手续费等。筹资费用在筹资时一次发生，在用资过程中不再发生。

资金成本在财务管理中一般用相对数表示，即表示为用资费用与实际筹得资金（筹资总额减去筹资费用）的比率。计算公式如下：

$$\text{资金成本}=\frac{\text{用资费用}}{\text{筹资总额}-\text{筹资费用}}\times 100\%$$

$$=\frac{\text{用资费用}}{\text{筹资总额}\times(1-\text{筹资费率})}\times 100\%$$

2. 资金成本的作用

第一，资金成本是筹资决策的依据。

第二，资金成本是投资决策的依据。

第三，资金成本可以作为衡量企业经营成果的尺度。

6.4.2 资金成本率的计算

1. 个别资金成本率的计算

（1）银行借款成本率

$$\text{长期借款成本率}=\frac{\text{年利率}\times(1-\text{所得税税率})}{1-\text{筹资费率}}\times 100\%$$

另外，由于长期借款的筹资费用较少，有时可将筹资费用忽略不计，则：

长期借款成本率=年利息率×（1-所得税税率）

【例 6-4】　某公司取得 3 年期借款 900 万元，年利率 8%，每年付息一次，到期一次还本。已知企业所得税率为 25%，筹资费率为 0.5%，则该项长期借款的资金成本率为：

$$银行借款成本率=\frac{8\%\times(1-25\%)}{1-0.5\%}=6.03\%$$

（2）债券成本率

债券成本率计算方式基本与银行借款一致，其计算公式为：

$$长期债券的资金成本率=\frac{债券年利息\times(1-所得税税率)}{筹资总额\times(1-筹资费率)}\times100\%$$

其中：债券年利息=债券面值×年利率

筹资总额=债券发行价格×发行数量

【例 6-5】　某公司发行五年期的债券，票面面值为 100 万元，票面年利率为 10%，每年付一次利息，发行价为 120 万元，发行费率为 5%，所得税率为 25%，则该笔债券资金成本为：

$$债券资金成本率=\frac{100\times10\%\times(1-25\%)}{120\times(1-5\%)}=6.58\%$$

（3）优先股资金成本率

企业发行优先股，要支付筹资费用，还要定期支付股利。但它与债券不同，股利在税后支付，且没有固定的到期日。因此，优先股资金成本率的计算公式为：

$$优先股资金成本率=\frac{优先股每年股利额}{发行总额\times(1-筹资费率)}\times100\%$$

【例 6-6】　某公司按面值发行 5 000 万元的优先股股票，共支付筹资费用 50 万元，年优先股股利率为 10%。其资金成本率应为：

$$优先股资金成本率=\frac{5\ 000\times10\%}{5\ 000-50\times100\%}\times100\%=10.10\%$$

（4）普通股资金成本率

普通股为企业基本资金，其股利取决于企业生产经营情况，不能事先确定，因此，普通股的资金成本率很难预先准确地加以计算。普通股资金成本率的计算公式为：

$$普通股资金成本率=\frac{预计第一年每股股利}{普通股每股市价\times(1-筹资费用率)}\times100\%+股利逐年增长率$$

【例 6-7】　某公司发行普通股，市价为 2 000 万元，股利率为 10%，筹资费用率为 2%，预计未来股利每年增长率为 3%，其资金成本率应为：

$$普通股资金成本率=\frac{2\ 000\times10\%}{2\ 000\times(1-2\%)}\times100\%+3\%=13.20\%$$

（5）留存收益资金成本率

企业所获利润，按规定可留存一定比例的资金，满足自身发展资金需要。因留存收益属于普通股股东所有，其成本应与普通股相同，只是没有筹资费用。留存收益资金成本率的计算公式为：

$$留存收益资金成本率=\frac{普通股股利}{留存收益总额}\times 100\%+股利年增长率$$

【例 6-8】 依前例，某公司留存收益为 100 万元，普通股股利率 10%。其留存收益成本率为：

$$留存收益成本率=\frac{100\times 10\%}{100}+3\% =13.00\%$$

2. 综合资金成本率的计算

如前所述，企业取得资金的渠道不尽相同，其资金成本率也不同。在决策资金运用时，如果以某一种资金成本率作为依据，往往会造成决策失误。计算综合资金成本率主要是保证企业有一个合理的资金来源结构，使各种资金保持合理的比率，并尽可能使企业综合资金成本率有所降低。综合资金成本率是以各种资金所占的比重为权数，对各种资金的成本进行加权平均计算出来的，也称为加权平均资金成本率。其计算公式为：

$$综合资金成本率 = \sum(各种资金来源成本 \times 该种资金来源占全部资金的比重)$$

【例 6-9】 如前例某公司采用多种筹资方式，共筹资 8 000 万元，其综合资金成本计算如表 6-7 所示。

表 6-7 某公司综合资金成本

筹资方式	筹资总额（%）	所占比重（%）	资金成本（%）
银行借款	800	10	5. 4
长期债券	100	1. 25	5. 88
优先股	5 000	62. 5	10. 1
普通股	2 000	25	13. 2
留存收益	100	1. 25	13
合计	8 000	100	10. 38

综合资金成本 $=10\%\times 5.4\%+1.25\%\times 5.88\%+62.5\%\times 10.1\%+25\%\times 13.2\%+1.25\%\times 13\% =10.38\%$

【本章要点】

本章介绍资金需要量的预测包括销售百分比法和资金习性预测法，还介绍了每种筹资方式的特点，以及初创企业资金成本的计算方式。

【关键术语】

销售百分比法　资金习性预测法　创业融资方式权益融资　债权融资　创业融资渠道　自有资金　私人借贷　天使投资　银行贷款　政府项目　风险投资　资金成本

【扩展阅读】

郑海涛于 1992 年清华大学计算机控制专业硕士毕业后，在中兴通讯公司工作了七年，从搞研发到做市场，从普通员工做到中层管理人员。但是具有强烈事业心的他并不满足于平稳安逸的工作。在经过一番市场调查后，2000年，他带着自筹的100万元资金，在中关村创办了以生产数字电视设备为主的北京数码视讯科技有限公司（简称数码视讯）。

100万元的资金很快用光，郑海涛捧着商业计划书，四处寻找投资商，一连找了20家都吃了闭门羹——投资商的理由是：互联网泡沫刚刚破灭，选择投资要谨慎；况且数码视讯产品还没有研发出来，投资种子期风险太大，因此风险投资商们宁愿做中后期投资或短期投资，甚至希望跟在别人的后面投资。2001年4月，公司研制的新产品终于问世，第一笔风险投资也因此有了着落。清华创业园、上海运时投资和一些个人投资者共投260万元人民币。

2001年7月，国家广电总局为四家公司颁发了入网证，允许它们生产数字电视设备的编码器和解码器，其中就包括数码视讯。在当时参加测试的所有公司中，数码视讯的测试结果是最好的，随后的投资者蜂拥而至。7月份，清华科技园、中国信托投资公司、宁夏金蚨创业投资公司又对数码视讯投了450万元人民币。

在公司取得快速发展之后，郑海涛开始筹划第三次融资，按计划，第三次融资的金额达2 000万人民币。郑海涛认为，一个企业要想得到快速发展，产品和资金同样重要，产品市场和资本市场都不能放弃，必须两条腿走路，而产品与资本是相互促进、相互影响的。郑海涛下一步的计划是通过第三次融资，对公司进行股份制改造，使公司走向更加规范的管理与运作。此外，公司还计划在国内或者国外上市，通过上市进一步优化股权结构，为公司进军国际市场做好必要的准备。

【思考题】

1. 什么是销售百分比法，其计算步骤是什么？
2. 什么是资金习性预测法，如何利用资金习性预测法预测资金需求？
3. 什么是个别资本成本和加权平均资本成本，如何计算？
4. 获得风险投资的方法有哪些？
5. 某公司是一家上市公司，相关资料如下：

资料一：2007年12月31日的资产负债表如下：

资产	金额	负债及所有者权益	金额
货币资金	10 000	短期借款	3 750
应收账款	6 250	应付账款	11 250
存货	15 000	预收账款	7 500
固定资产	20 000	应付债券	7 500
无形资产	250	股本	15 000
		留存收益	6 500
资产合计	51 500	负债及所有者权益合计	51 500

该公司2007年的营业收入为62 500万元，营业净利率为12%，股利支付率为50%。

资料二：经测算2008年该公司营业收入将达到75 000万元，营业净利率和股利支付率不变，无形资产也不相应增加。经分析，流动资产项目与流动负债项目（短期借款除外）随营业收入同比例增减。

资料三：该公司2008年有一项固定资产投资计划，投资额为2 200万元，各年预计现金净流量为：NCF0＝-2 200万元，NCF1-4＝300万元.NCF5-9＝400万元，NCF10＝600万元。该公司设定的贴现率为10%。

资料四：该公司决定于2008年1月1日公开发行债券，面值1 000万元，票面利率10%，期限为10年，每年年末付息。公司确定的发行价为1 100元，筹资费率为2%。假设该公司适用的所得税税率为25%。

相关的资金时间价值系数表如下：

T I = 10%	1	2	3	4	9	10
（P/F，10%，t）	0.909 1	0.826 4	0.751 3	0.683 0	0.421 4	0.385 5
（P/A，10%，t）	0.909 1	1.735 5	2.486 9	3.169 9	5.759 0	6.144 6

要求：

（1）根据资料一计算2007年年末的产权比率。

（2）根据资料一、二、三计算：

①2007年年末敏感资产占营业收入的百分比；

②2007年年末敏感负债占营业收入的百分比；

③2008年需要增加的资金数额；

④2008年对外筹资数额。

（3）根据资料三计算固定资产投资项目的净现值。

（4）根据资料四计算2008年发行债券的资本成本。

2. 某企业2010—2013年度的年销售收入与有关情况如下：

单位：万元

年度	销售收入	现金	应收账款	存货	固定资产	流动负债
2010	600	1 400	2 100	3 500	6 500	1 080
2011	500	1 200	1 900	3 100	6 500	930
2012	680	1 620	2 560	4 000	6 500	1 200
2013	700	1 600	2 500	4 100	6 500	1 230
合计	2 480	5 820	9 060	14 700	26 000	4 440

假设企业的流动负债均为经营性负债。

要求：

（1）采用高低点法建立资金预测模型，并预测当2014年销售收入为800万元时企业的资金需要总量。

（2）计算2014年比2013年增加的资金数量。

（3）若该企业2014年销售净利率为10%，利润留存率为50%，计算企业需从外部筹集的资金。

【参考资料】

[1] 郭天宝，关晓丽，李可．大学生创业教程［M］．大连：东北财经大学出版社，2012（6）．

[2] 龚荒．创业管理理论．实训．案例［M］．北京：机械工业出版社，2013（9）．

[3] 贺尊．创业学概论［M］．北京：中国人民大学出版社，2016（2）．

[4] 梅强．创业基础［M］．北京：清华大学出版社，2012（10）．

第7章　创建新企业

【学习目标】

1. 了解不同企业类型及优缺点；
2. 掌握企业设立的所有流程和需提交的文件；
3. 明确不同的产品、项目所拥有的资金情况；
4. 在个人创业和团队创业条件下，如何选择企业类型。

【开篇案例】

创业者小王毕业后投资15万元设立了一家化妆品销售店，登记为个人独资企业。今年夏天因进货不慎，卖出去的化妆品导致李某一家中毒。小王把店里的全部货物及房产都处理了，仍不能清偿李某一家的治疗费用。估计要救治痊愈，还得花费12万元。由于小王设立的是个人独资企业，不具备法人资格，根据《中华人民共和国个人独资企业法》（简称《个人独资企业法》）第三十一条的规定，个人独资企业财产不足以清偿债务的，投资人应当以其个人的其他财产予以清偿。可见，个人独资企业从事工商业活动时，投资人承担的是不限于其投资的无限责任。所以，小王还要对后续12万的治疗费承担法律责任。如果小王设立的销售店是有限责任公司，在发生同样的债务时，情况就不一样了。由于公司是法人组织，能够独立承担法律责任。根据《中华人民共和国公司法》（简称《公司法》）第3条的规定，公司是企业法人，有独立的法人财产，享有法人财产权。公司以其全部财产对公司债务承担法律责任。股东以其认缴的出资额为限对公司承担法律责任。因此，小王承担的法律责任最多为其当初投资的15万元，不用再以其个人的其他财产予以清偿。

7.1　初创企业类型

对于创业者来说，有必要了解目前我国法律规定的市场组织主体类型。不同的市场组织主体在法律上有不同的准入资格和约束，也各有其便利和优势。创业者可以根据自身创业实际或在不同的创业阶段选择不同的经济组织形式，也可以随着创业成果的积累，在不同经济组织主体之间进行转化或升级。从经营主体来看，初创企业有四种类型。

7.1.1 个体工商户

个体工商户是指公民在法律允许范围内，依法经核准登记，从事工业、商业、建筑业、运输业、餐饮业、服务业等活动的个体劳动者。

个体工商户是最小、最基本的经济形态，登记简单，没有严格的管理制约，经营和决策灵活，管理成本低，但是要以个人和家庭财产承担无限责任。个体工商户经营虽然灵活但是难以在市场中得到认同，特别是大的商品交易和商业谈判场合。作为创业者在创业初期可以个体工商户的形态经营，建立起技术和产品的内核，待技术或产品在市场上成熟时，再通过设立公司制企业来发展已有的商业模式。

7.1.2 个人独资企业

个人独资企业即个人出资经营、归个人所有和控制、由个人承担经营风险和享有全部经营收益的自然人企业，是最古老、最简单的一种企业组织形式。主要盛行于零售业、手工业、农业、林业、渔业、服务业和家庭作坊等。

个人独资企业是介于个体工商户和一人有限责任公司之间的组织形态。相比于个体工商户而言，在市场上有更好的信誉保障；相比于公司制企业则有组织结构简单、决策更快、经营更灵活的特点。

个人独资企业在世界上的很多地区不需要在政府注册，在这种制度下，如小贩和保姆在法律上就属于个人独资企业，甚至暂时经济活动，比如个人之间的买卖交易在法律上也依照个人独资企业处理。通常为了方便执法活动，政府会要求某些种类的个人独资企业注册，比如餐馆注册是为了方便卫生检查；此外，业主有权力使用个人的姓名为企业牌号，比如“张三饭店”，但是法律通常要求业主登记其他名称的牌号，以防有商标争议。

1. 个人独资企业与个体工商户的相同点

第一，两者的投资主体基本相同。两者的投资主体只能是自然人（公民），而不能是法人或其他组织。

第二，个人独资企业与个体工商户对投入的资产都实行申报制，不需要经过法定的验资机构验资。由于两者都承担无限责任，因此也不强调对作为出资的实物、工业产权、非专利技术和土地使用权的作价缴付。

第三，两者承担法律责任的形式相同，都必须以个人或家庭财产承担无限责任。如果以出资方式分，个体工商户可分为个人经营和家庭经营两种形式；而个人独资企业也可以分为以个人财产出资的个人独资企业和以家庭财产出资的个人独资企业。在责任承担上，以个人财产出资的个人独资企业或个体工商户都以个人财产承担无限责任，以家庭财产出资的个人独资企业或个体工商户都以家庭财产承担无限责任。

第四，作为一种经济组织，个人独资企业与个体工商户均须有必要的资金、场所、从业人员及生产经营条件。这是个体工商户与个人独资企业作为市场主体进入市场的必要条件。

此外，个人独资企业与个体工商户在商标使用主体及广告宣传策略等方面也具有很多的相同点。

2. 个人独资企业与个体工商户的区别

第一，个人独资企业必须有合法的企业名称，而个体工商户可以不起名。换句话说，合法的企业名称是个人独资企业的成立要件，但不是个体工商户的成立要件。

第二，个体工商户的投资者与经营者是同一人，都必须是投资设立个体工商户的自然人。而个人独资企业的投资者与经营者可以是不同的人，投资人可以委托或聘用他人管理个人独资企业事务。也就是说，个人独资企业的所有权与经营权是可以分离的，这就决定了个人独资企业更符合现代企业制度的特征。而个体工商户的所有权与经营权是集于投资者一身的，已不能适应于现代企业制度发展的要求，只适用于小规模的经营主体。

第三，个人独资企业可以设立分支机构，也可以委派他人作为个人独资企业分支机构负责人。这一规定，说明了个人独资企业不但可以在登记管理机关辖区内设立分支机构，也可以在异地设立分支机构，由设立该分支机构的个人独资企业承担责任。而个体工商户根据规定不能设立分支机构。另一方面个体工商户虽然可以异地经营，但随着各地近几年相继简化了外来人员的登记手续，个体工商户的异地经营这一规定逐渐淡化。由此可以看出，个人独资企业的总体规模一般大于个体工商户。

第四，个人独资企业与个体工商户的法律地位不尽相同。在民事、行政、经济法律制度中，个人独资企业是其他组织或其他经济组织的一种形式，能以企业自身的名义进行法律活动。而个体工商户是否能够作为其他组织或其他经济组织的一种形式，一直是国内民法学家的争论对象。在日常法律活动中，个体工商户的法律行为能力往往受到一定的限制，更多的时候，个体工商户是以公民个人名义进行法律活动的。事实上，国内有许多法律专家提出个体工商户不是法律意义上的企业。另外，个人独资企业与个体工商户作为市场主体参与市场经济其他活动的能力不同，如个人独资企业可以成为公司的股东，从而以企业名义享有公司股东的权利和义务，而个体工商户一般不能以企业名义作为公司股东，只能以个人投资者（自然人）身份成为公司股东。

第五，个人独资企业与个体工商户在财务制度和税收政策上的要求也不尽相同。事实上，这也是投资者较关心的问题。根据《个人独资企业法》的规定，个人独资企业必须建立财务制度，以进行会计核算。值得一提的是，个人独资企业的财务制度是个人独资企业的必备条件，不以任何部门的要求而改变。而个体工商户由于情况复杂，是否要建立会计制度争论较多，在新修订的《中华人民共和国会计法》（简称《会计法》）中也只作了原则规定。按照执法情况看，个体工商户可以按照税务机关的要求建立账簿，如税务部门不作要求的，也可以不进行会计核算。另外，在税收政策方面，由于我国的税收法律制度是一个相对独立的体系，与市场主体法律制度之间没有统一的联系，税务部门认定一般纳税人和小规模纳税人的标准并不是企业的市场主体地位。一般来说，个体工商户较难认定为一般纳税人，而个人独资企业如符合条件则可以认定为一般纳税人。如何把市场主体立法与税收立法有机地结合起来，是完善社会主义市场经济下的法律制度值得探讨的问题。

7.1.3 合伙企业

合伙企业，是指自然人、法人和其他组织依照法律在中国境内设立的合伙企业，分为普通合伙企业和有限合伙企业两种。其中，普通合伙企业又包含特殊的普通合伙企业。

1. 普通合伙企业

普通合伙企业由2人以上的普通合伙人（没有上限规定）组成。普通合伙企业中，合伙人对合伙企业债务承担无限连带责任。特殊的普通合伙企业中，一个合伙人或数个合伙人在执业活动中因故意或者重大过失造成合伙企业债务的，应当承担无限责任或者无限连带责任，其他合伙人则仅以其在合伙企业中的财产份额为限承担责任。

2. 有限合伙企业

有限合伙企业由2人以上50人以下的普通合伙人和有限合伙人组成，其中普通合伙人和有限合伙人都至少1人。当有限合伙企业只剩下普通合伙人时，应当转为普通合伙企业；如果只剩下有限合伙人，则应当解散。普通合伙人对合伙企业债务承担无限连带责任，有限合伙人以其认缴的出资额为限对合伙企业债务承担责任。

合伙企业和多股东的公司相比，合伙企业的设立没有公司制企业设立烦琐，且合伙人之间可以用于合作出资的筹码更多，可以更好地吸收创业伙伴。管理经验、技术优势、人脉资源、客户订单等都可以作为软性资源投资，这些软性资源投资在设立公司制企业时不好评估入股、难以在财务报表中反映，但是在合伙企业里，却很好解决，只要合伙人之间通过合伙协议约定，就没有法律上的障碍。但是，合伙企业的缺点就是合伙人承担无限责任，且对外互相承担连带责任。

7.1.4 公司

根据我国经济法的基本概念，公司是依照公司法设立的、以营利为目的的企业法人。从世界各国公司法的规定看，依据股东承担责任的形式，可将公司分为无限公司、两合公司、有限责任公司和股份有限公司。我国《公司法》仅规定了有限责任公司和股份有限公司两种形式。

1. 有限责任公司

有限责任公司又称有限公司，是指股东以出资额为限对公司承担责任，公司以其全部资产对其债务承担责任的法人组织。

有限责任公司是独立的企业法人，具备法人企业的一系列优点。首先，有限责任公司具有民事权利能力和民事行为能力，依法独立享有民事权利和承担民事责任。其次，有限责任公司对外承担民事责任的范围是其所有的财产，不会牵连到股东的个人财产。再次，有限公司的股东以其认缴的出资额为限对公司承担责任。

市场经济要求平等的市场主体按照等价交换的原则，通过公平竞争，从市场取得和向市场提供商品，促进整个市场合理流动，实现结构架置优化、资源合理配置。市场经济的要求决定了市场主体必须拥有明晰界定的财产权，而且必须是独立的、平等的。法人制度以其独特的性质使法人在市场经济中充当了主要的角色。公司作为法人的一种形态，特质完全符合市场经济的要求，必然成为市场经济的主体。

我国公司法中还规定了一种一人有限责任公司的组织形式。

一人有限责任公司，是指只有一个自然人股东或者一个法人股东的有限责任公司。一人有限责任公司应当在每一会计年度终了时编制财务会计报告，并经会计师事务所审计。

一人有限责任公司的股东不能证明公司财产独立于自己的私有财产，应当对公司债务承担连带责任。

2. 股份有限公司

股份有限公司是指由一定人数的股东组成，公司全部资本分为等额股份，股东以其所认购股份为限对公司承担责任，公司以其全部资产对公司债务承担责任的法人组织。

有限责任公司与股份有限公司都是公司，具有公司的一些共性特征，两者的区别主要表现在：

第一，表现为人合还是资合。有限责任公司是在对无限公司和股份有限公司两者的优点兼收并蓄的基础上产生的，将人合性和资合性统一起来：一方面，它的股东以出资额为限，享受权利，承担责任，具有资合的性质，与无限公司不同；另一方面，因其不公开招股，股东之间关系较密切，具有一定的人合性质，因而与股份有限公司又有区别。

股份有限公司是彻底的资合公司。其本身的组成和信用基础是公司的资本，与股东的个人人身性（信誉、地位、声望）没有联系，股东个人也不得以个人信用和劳务投资，这种完全的资合性与无限公司、有限责任公司均不同。

第二，股份是否为等额。有限责任公司的全部资产不必分为等额股份，股东只须按协议确定的出资比例出资，并按出资比例享受权利，承担义务。一般来说，股份有限公司必须将资产化作等额股份，这不同于有限责任公司。这一特性也保证了股份有限公司的广泛性、公开性和平等性。

第三，股东数额不同。有限责任公司因具有一定的人合性，以股东之间一定的信任为基础，所以股东数额不宜过多。我国的《公司法》规定为2~50人。有限责任公司股东数额上下限均有规定，股份有限公司则只有下限规定，即只规定最低限额发起人，也即只规定股东最低法定人数，而对股东的上限则不作规定，这就使股份有限公司的股东具有广泛性和不确定性。

第四，资金募集方式不同。有限责任公司只能在出资者范围内募股集资，公司不得向社会公开招股集资，公司为出资人所发的出资证明亦不同于股票，不得在市场上流通转让。募股集资的封闭性决定了有限责任公司的财务会计无须向社会公开。与有限责任公司的封闭性不同，股份有限公司募股集资的方式是开放的，无论是发起设立或是募集设立，都须向社会公开或在一定范围内公开，财务经营状况亦公开。

第五，股份转让的自由度不同。有限责任公司的出资证明不能转让流通。股东的出资可以在股东之间相互转让，也可向股东以外的人转让；但由于人合性质，其转让受到严格限制。按照《公司法》的规定，转让必须经其他股东过半数同意；在同等条件下，其他股东有优先购买权。股份有限公司的股份的表现形式为股票，这种在经济上代表一定价值，在法律上体现一定资格和权利义务的有价证券，一般地说，与持有者人身并无特定联系，法律允许其自由转让，这就必然加强股份有限公司的活跃性和竞争性，同时也必然招致其盲目性和投机性。

第六，设立的宽严不同。股份有限公司因其经济地位和组织、活动的特性，使国家必须以法律手段对之进行管理和监督，设立规定了一系列必须具备的法定条件，履行严格的法定程序。在我国，股份有限公司的设立必须经有关部门批准。有限责任公司多为中小型企业，因其封闭性、人合性，法律要求不如股份有限公司严格。

7.2 不同类型企业的优缺点

7.2.1 个体工商户

1. 个体工商户的优点

（1）经营灵活。个体工商户是从事工商业经营的自然人或家庭，自然人或以个人为单位，或以家庭为单位从事工商业经营，可以随时根据市场变化改变经营策略。

（2）法律规制相对宽松。个体工商户的正当经营活动受法律保护，对其经营的资产和合法收益，个体工商户享有所有权。个体工商户可以在银行开设账户，向银行申请贷款，有权申请商标专用权，有权签订劳动合同及请帮工、带学徒，还享有起字号、刻印章的权利。

（3）可以充分保持商业秘密。个体工商户由投资人自己经营，其资金、盈利及其商业渠道和经营方式完全由自己把握，不必像公司那样对股东或外界公开。

2. 个体工商户的缺点

（1）资金少，筹资受到限制。受经营者自身实力的限制，个体工商户资金比较少，经营规模受到影响，在资金筹措方面比较困难。

（2）经营范围受到法律严格限制。个体工商户只能经营法律、政策允许个体经营的行业。在依法核准登记的范围内，个体工商户享有从事个体工商业经营的民事权利能力和民事行为能力。

（3）出资人负无限责任，风险很大。个体工商户的债务，个人经营的，以个人财产承担；家庭经营的，以家庭财产承担。即以个人名义申请登记的个体工商户，个人经营、收益也归个人，对债务负个人责任；以家庭共同财产投资，或者收益的主要部分供家庭成员消费的，其债务由家庭共有财产清偿；在夫妻关系存续期间，一方从事个体工商户经营，其收入作为夫妻共有财产者，其债务由夫妻共有财产清偿，家庭全体成员共同出资、共同经营的，其债务由家庭共有财产清偿。

7.2.2 个人独资企业

1. 个人独资企业的优点

（1）企业资产所有权、控制权、经营权、收益权高度统一。这有利于保守与企业经营和发展有关的秘密，有利于业主个人创业精神的发扬。

（2）企业业主自负盈亏和对企业的债务负无限责任成为强硬的预算约束。企业经营好坏同业主个人的经济利益乃至身家性命紧密相连，因而业主会尽心竭力地把企业经营好。

（3）企业的外部法律法规等对企业的经营管理、决策、进入与退出、设立与破产的制约较小。

（4）企业的建立与解散程序简单。

（5）经营管理灵活自由。业主可以完全根据个人的意志确定经营策略，进行管理决策。

2. 个人独资企业的缺点

（1）难以筹集大量资金。一个人的资金终归有限，以个人名义借贷款难度也较大，限制了企业的扩展和大规模经营。

（2）投资者风险巨大。业主对企业负无限责任，在加强了企业预算约束的同时，也带来了业主承担风险过大的问题，从而限制了业主向风险较大的部门或领域进行投资的活动。这对新兴产业的形成和发展极为不利。

（3）企业连续性差。企业所有权和经营权高度统一的产权结构，虽然使企业拥有充分的自主权，但这也意味着企业是自然人的企业，业主的病、死，个人及家属知识和能力的缺乏，都可能导致企业破产。

（4）企业内部的基本关系是雇佣劳动关系，劳资双方利益目标的差异，构成企业内部组织效率的潜在危险。

3. 个人独资企业的事务管理

在个人独资企业中，投资人可以自行管理企业事务，也可以委托或者聘用他人负责企业的事务管理。

（1）内部限制（投资人对受托人职权的限制）

①个人独资企业的投资人对受托人或者被聘用人员职权的限制，不得对抗善意第三人；

②投资人委托或者聘用的人员管理个人独资企业事务时违反双方订立的合同，给投资人造成损失的，应当承担民事赔偿责任。

（2）法定限制（法律对受托人职权的限制）

①不得擅自以企业财产提供担保；

②未经投资人同意，不得从事与本企业相竞争的业务；

③未经投资人同意，不得同本企业订立合同或者进行交易；

④未经投资人同意，不得擅自将企业商标或者其他知识产权转让给他人使用。

7.2.3 合伙企业

1. 合伙企业的优点

（1）与个人独资企业相比，合伙企业可以从众多的合伙人处筹集资本，合伙人共同偿还债务，减少了银行贷款的风险，使企业的筹资能力有所提高。

（2）与个人独资企业相比，合伙企业能够让更多投资者发挥优势互补的作用，比如技术、知识产权、土地和资本的合作，并且投资者更多，事关切身利益，大家共同出力谋划，集思广益，提升企业综合竞争力。

（3）与一般公司相比，由于合伙企业中至少有1人负无限责任，使债权人的利益受到更大保护，理论上来讲，在这种无限责任的压力下，更能提升企业信誉。

（4）与一般公司相比，理论上来讲，合伙企业盈利更多，因为合伙企业交的是个人所得税而不是企业所得税，这也是其高风险成本的收益。

2. 合伙企业的缺点

（1）由于合伙企业的无限连带责任，对合伙人不是十分了解的人一般不敢入伙；就算以有限责任人的身份入伙，由于有限责任人不能参与事务管理，也会产生对无限责任人的怀疑，加深两者矛盾。因此，合伙企业很难做大做强。

（2）虽说连带责任在理论上来讲有利于保护债权人，但在现实生活中往往不然。如果一个合伙人有能力还清整个企业的债务，而其他合伙人连还清自己那份债务的能力都没有时，按连带责任来讲，这个有能力的合伙人应该还清企业所欠所有债务。但是，他如果这样做了，再去找其他合伙人要回自己垫付的债款就比较麻烦，因此，他也许不会独立承担所有债款，而是等大家一起还。

7.2.4 有限责任公司

1. 一人有限责任公司

（1）一人有限责任公司的优点

从一人有限责任公司的制度设置上看，公司组织结构简单，既不存在股东大会和董事会，只有一个股东，所有者与经营者合一，也不存在代理成本，更不存在所有者与经营者目标函数的差异，决策迅速灵活，能够应付复杂多变的市场需求。具有内部结构简单，经营机制灵活，运行效率高等优点。

（2）一人有限责任公司的缺点

①股东权利缺乏约束。一人有限责任公司只有一个股东，所有者与经营者集于一身，不可能设立股东大会和董事会。投资者有绝对的权威，在公司内部不存在对其行为的有效约束，缺乏机构之间的制衡，股东全部控制公司的经营权、决策权、人事权，公司在重大事项的决策上不履行必要的程序或必要的记录。

②股东权利缺乏约束带来的系列弊病。因为一人有限责任公司特殊的股东构成，股东权利缺乏相对严格的约束与限制，股东可以“为所欲为”地混同公司财产和股东财产，将公司财产用作私用，给自己支付巨额报酬，同公司进行自我交易，以公司的名义为自己担保或借贷，甚至行欺诈之事逃避法定义务、契约义务或侵权责任等。

③让债权人或相对人承担更大大的风险。上述诸多的混同已使公司的相对人难以搞清与之交易的对象，而在有限责任的庇护下，即使公司财产有名无实，股东仍可隐藏在公司背后而不受公司债权人或其他相对人的追究，使公司债权人或相对人承担过大的风险。

④股东自身的风险。对一人有限责任公司来说，除让公司债权人或相对人承担较大的风险外，其股东自身也存在不小的法律风险。《公司法》第六十三条规定：“一人有限责任公司的股东不能证明公司财产独立于股东自己的财产的，应当对公司债务承担连带责任。”这无疑加强了对股东的要求与限制，一旦股东无法证明公司财产独立于自己的财产，就会对公司的债务承担连带责任，原本受到保护的股东有限责任被打破。

2. 有限责任公司

（1）有限责任公司的优点

①公司股东的有限责任决定了对公司投资的股东既可满足投资者谋求利益的需求，承担的风险又在一个合理的范围内，增加其投资的积极性。

②设立条件较低，设立简便。生产经营和商业批发为主的有限责任公司只要 50 万的注册资金，即可到工商机关申请设立。

③股东风险较小，仅负有限责任。

④公司遵循彻底的所有权与经营权分离的原则，提高了公司的管理水平。

⑤特有的组织结构形式使公司的资本、经营运作趋于利益最大化，更好地实现投资者的目的。

⑥公司形态完全脱离个人色彩，是资本的永久性联合，股东的个人安危不影响公司的正常运营。因此，公司存续时间长，稳定性高。

（2）有限责任公司的缺点

①发展规模受限制。有限责任公司由全部股东出资设立，由于受股东人数和投资能力的限制，往往规模不大，未来需要扩大企业规模时，受资金的制约，发展会受影响。

②股权不易转让。按照公司法规定，有限责任公司股东若要转让股份，须经其他股东过半数同意，且在同等条件下，其他股东有优先购买权，因此，股东不能随便转让股份。

③对债权人保护较差，一般的有限责任公司自有资本较少，抗风险能力较差，且全体股东均负有限责任，当公司不能偿还债务时，企业破产的风险较大。

7.2.5 股份有限公司

1. 股份有限公司的优点

（1）股东人数众多

股份有限公司通过向社会公众广泛地发行股票筹集资本，任何投资者只要认购股票和支付股款，都可成为股份有限公司的股东。

（2）股东对公司债务承担有限责任

股份有限公司的股东对公司债务仅以其认购的股份为限承担责任，公司的债权人不得直接向公司股东提出清偿债务的要求。

（3）股份公开，可以自由转让

股份公开性、自由性包括股份的发行和转让。股份有限公司通常都以发行股票的方式公开募集资本，这种募集方式使股东人数众多，分散广泛。同时，为提高股份的融资能力和吸引投资者，股份必须有较高程度的流通性，股票必须能够自由转让和交易。

（4）公司的公开性

股份有限公司的经营状况不仅要向股东公开，还必须向社会公开。使社会公众了解公司的经营状况，也是和有限责任公司的区别之一。

由于以上的优点，股份公司可以迅速地实现资本集中。股份公司的资本划分为若干股份，由出资人认股，出资人可以根据自己的资金能力认购一股或若干股。这样，较大的投资额化整为零，使更多的人有能力投资，人人加快了投资速度。

2. 股份有限公司的缺点

①股份有限公司的规范化程度要求较高。设立股份有限公司要求公司内部要设置股东大会、董事会、监事会等各种管理机构，规范企业管理决策等一系列问题。

②股份有限公司被并购的可能性高于有限责任公司。

③在决策方面受到的制约因素多于有限责任公司。

④成立时的要求远高于有限责任公司。

⑤公司开设和歇业的法定程序较为复杂；且公司所有权与控制权的分离程度更高，经理人员往往不是股东，因此产生了出资者与经理人员之间的复杂的委托、代理关系。

⑥公司经营情况必须向公众披露，难以保守营业秘密。

股份有限公司能够满足社会化大生产对企业组织形式的要求。这是因为，股份有限公司通过招股集资的方法能够集中巨额资本，满足社会化大生产对资本的需求；同时股份有限公司的所有权属于所有的股东，实行所有权和经营权的分离，因此股份有限公司成为现代经济中最主要的企业组织形式。

7.3 创建新企业的相关法律问题

7.3.1 企业设立

1. 个体工商户

（1）登记事项

个体工商户的登记事项包括：经营者姓名和住所；组成形式；经营范围；经营场所。个体工商户使用名称的，名称作为登记事项。

经营者姓名和住所是指申请登记为个体工商户的公民姓名及其户籍所在地的详细住址。组成形式，包括个人经营和家庭经营。家庭经营的，参加经营的家庭成员姓名应当同时备案。经营范围，是指个体工商户开展经营活动所属的行业类别。登记机关根据申请人申请，参照《国民经济行业分类》中的类别标准，登记个体工商户的经营范围。经营场所，是指个体工商户营业所在地的详细地址。个体工商户经登记机关登记的经营场所只能为一处。个体工商户申请使用名称的，应当按照《个体工商户名称登记管理办法》办理。

（2）登记申请

个人经营的，以经营者本人为申请人；家庭经营的，以家庭成员中主持经营者为申请人。委托代理人申请开业、变更、注销登记的，应当提交申请人的委托书和代理人的身份证明或者资格证明。申请个体工商户登记，申请人或者其委托的代理人可以直接到经营场所所在地登记机关登记；登记机关委托其下属工商所办理个体工商户登记的，到经营场所所在地工商所登记。

申请人或者其委托的代理人可以通过邮寄、传真、电子数据交换、电子邮件等方式向经营场所所在地登记机关提交申请。通过传真、电子数据交换、电子邮件等方式提交申请的，应当提供申请人或者其代理人的联络方式及通信地址。对登记机关予以受理的申请，申请人应当自收到受理通知书之日起5日内，提交与传真、电子数据交换、电子邮件内容一致的申请材料原件。

（3）应提交的文件

申请个体工商户开业登记，应当提交下列文件：

①申请人签署的个体工商户开业登记申请书；

②申请人身份证明；

③经营场所证明；

④国家工商行政管理总局规定提交的其他文件。

（4）受理、审查和决定

登记机关收到申请人提交的登记申请后，对于申请材料齐全、符合法定形式的，应当受理。申请材料不齐全或者不符合法定形式，登记机关应当当场告知申请人需要补正的全部内容，申请人按照要求提交全部补正申请材料的，登记机关应当受理。申请材料存在可以当场更正的错误的，登记机关应当允许申请人当场更正。

登记机关受理登记申请，除当场予以登记的外，应当发给申请人受理通知书。对于不符合受理条件的登记申请，登记机关不予受理，并发给申请人不予受理通知书。申请事项依法不属于个体工商户登记范畴的，登记机关应当即时决定不予受理，并向申请人说明理由。

申请人提交的申请材料齐全、符合法定形式的，登记机关应当当场予以登记，并发给申请人准予登记通知书。根据法定条件和程序，需要对申请材料的实质性内容进行核实的，登记机关应当指派两名以上工作人员进行核查，并填写申请材料核查情况报告书。登记机关应当自受理登记申请之日起15日内作出是否准予登记的决定。

对于以邮寄、传真、电子数据交换、电子邮件等方式提出申请并经登记机关受理的，登记机关应当自受理登记申请之日起15日内作出是否准予登记的决定。

登记机关作出准予登记决定的，应当发给申请人准予个体工商户登记通知书，并在10日内发给申请人个体工商户营业执照。不予登记的，应当发给申请人不予个体工商户登记通知书。

2. 个人独资企业

个人独资企业经登记机关依法核准登记，领取营业执照后，方可从事经营活动。工商行政管理机关是个人独资企业的登记机关。国家工商行政管理总局主管全国个人独资企业的登记工作。省、自治区、直辖市工商行政管理局负责本地区个人独资企业的登记工作。市、县工商行政管理局以及大中城市工商行政管理分局负责本辖区内的个人独资企业登记。

个人独资企业的名称应当符合名称登记管理有关规定，并与其责任形式及从事的营业相符合。个人独资企业的名称中不得使用“有限”“有限责任”或者“公司”字样。

（1）登记事项

个人独资企业的登记事项应当包括：企业名称、企业住所、投资人姓名和居所、出资额和出资方式、经营范围。

（2）登记申请

设立个人独资企业，应当由投资人或者其委托的代理人向个人独资企业所在地登记机关申请设立登记。

个人独资企业设立申请书应当载明下列事项：企业的名称和住所；投资人的姓名和居所；投资人的出资额和出资方式；经营范围。个人独资企业投资人以个人财产出资或者以其家庭共有财产作为个人出资的，应当在设立申请书中予以明确。

（3）应提交的文件

投资人申请设立登记，应当向登记机关提交下列文件：

①投资人签署的个人独资企业设立申请书；

②投资人身份证明；

③企业住所证明；

④国家工商行政管理总局规定提交的其他文件。

⑤从事法律、行政法规规定须报经有关部门审批的业务的，应当提交有关部门的批准文件。

委托代理人申请设立登记的，应当提交投资人的委托书和代理人的身份证明或者资格证明。

（4）受理与审批

登记机关应当在收到本办法第九条规定的全部文件之日起 15 日内，做出核准登记或者不予登记的决定。予以核准的发给营业执照；不予核准的，发给企业登记驳回通知书。

3. 合伙企业

为了避免经济纠纷，在合伙企业成立时，合伙人应首先订立合伙协议（又叫合伙契约或合伙章程），其性质与公司章程相同，对所有合伙人均有法律效力。

（1）设立条件

①有 2 个以上合伙人，并且都是依法承担无限责任者；

②有书面合伙协议；

③有各合伙人实际缴付的出资；

④有合伙企业的名称；

⑤有经营场所和从事合伙经营的必要条件。

（2）登记事项

合伙企业的登记事项应当包括：企业名称；主要经营场所；执行事务合伙人；经营范围；合伙企业类型；合伙人姓名或者名称及住所、承担责任方式、认缴或者实际缴付的出资数额、缴付期限、出资方式和评估方式。合伙协议约定合伙期限的，登记事项还应当包括合伙期限。

执行事务合伙人是法人或者其他组织的，登记事项还应当包括法人或者其他组织委派的代表（以下简称委派代表）。

（3）提交的文件

①全体合伙人签署的设立登记申请书；

②全体合伙人的身份证明；

③全体合伙人指定代表或者共同委托代理人的委托书；

④合伙协议；

⑤全体合伙人对各合伙人认缴或者实际缴付出资的确认书；

⑥主要经营场所证明；

⑦国务院工商行政管理部门规定提交的其他文件。

法律、行政法规或者国务院规定设立合伙企业须经批准的，还应当提交有关批准文件。

（4）合伙协议内容

①合伙企业名称（或字号）和所在地及地址；

②合伙人姓名及其家庭地址；

③合伙企业的经营以及设定的存续期限；

④合伙企业的设立日期；
⑤合伙人的权利和义务；
⑥合伙人的投资形式及其计价方法；
⑦合伙的退伙和入伙的规定；
⑧损益分配的原则和比率；
⑨付给合伙人贷款的利息；
⑩付给合伙人的工资；
⑪每个合伙人可以抽回的资本；
⑫合伙人死亡的处理以及继承人权益的确定；
⑬合伙企业结账日和利润分配日；
⑭合伙企业终止以及合伙财产的分配方法；
⑮其他需经全体合伙人同意的事项。

（5）登记申请

设立合伙企业，应当由全体合伙人指定的代表或者共同委托的代理人向企业登记机关申请设立登记。登记机关是工商行政管理部门。全体合伙人决定委托执行事务合伙人的，应当向企业登记机关提交全体合伙人的委托书。执行事务合伙人是法人或者其他组织的，还应当提交其委派代表的委托书和身份证明。申请人提交的登记申请材料齐全、符合法定形式，企业登记机关能够当场登记的，应予当场登记，发给合伙企业营业执照。

4. 有限责任公司

2013年10月25日国务院常务会议决定，对中国公司的注册资本登记制度进行重大变革，以降低创业成本，激发社会投资活力。

根据国务院的部署，公司注册资本登记制度改革的基调是进一步放松政府管制，更大程度地降低公司准入门槛，鼓励社会的创业激情，变化主要有两点。一是放宽注册资本登记条件。除法律、法规另有规定外，取消有限责任公司最低注册资本3万元、一人有限责任公司最低注册资本10万元、股份有限公司最低注册资本500万元的限制；不再限制公司设立时股东（发起人）的首次出资比例和缴足出资的期限。公司实收资本不再作为工商登记事项。同时，推进注册资本由实缴登记制改为认缴登记制，降低开办公司成本。在抓紧完善相关法律法规的基础上，实行由公司股东（发起人）自主约定认缴出资额、出资方式、出资期限并对缴纳出资情况真实性、合法性负责的制度。二是将企业年检制度改为年度报告制度，任何单位和个人均可查询，使企业相关信息透明化。

（1）登记事项

有限责任公司的登记事项包括：名称；住所；法定代表人姓名；注册资本；公司类型；经营范围；营业期限；有限责任公司股东的姓名或者名称。

（2）应提交的文件

申请设立有限责任公司，应当向公司登记机关提交下列文件：
①公司法定代表人签署的设立登记申请书；
②全体股东指定代表或者共同委托代理人的证明；
③公司章程；

④股东的主体资格证明或者自然人身份证明；

⑤载明公司董事、监事、经理的姓名、住所的文件以及有关委派、选举或者聘用的证明；

⑥公司法定代表人任职文件和身份证明；

⑦企业名称预先核准通知书；

⑧公司住所证明；

⑨国家工商行政管理总局规定要求提交的其他文件。

法律、行政法规或者国务院决定规定设立有限责任公司必须报经批准的，还应当提交有关批准文件。

（3）登记申请

设立有限责任公司，应当由全体股东指定的代表或者共同委托的代理人向公司登记机关申请设立登记。设立国有独资公司，应当由国务院或者地方人民政府授权的本级人民政府国有资产监督管理机构作为申请人，申请设立登记。法律、行政法规或者国务院决定规定设立有限责任公司必须报经批准的，应当自批准之日起 90 日内向公司登记机关申请设立登记；逾期申请设立登记的，申请人应当报批准机关确认原批准文件的效力或者另行报批。

设立有限责任公司，应当由全体股东指定的代表或者共同委托的代理人向公司登记机关申请名称预先核准。

（4）申请名称预先核准

申请名称预先核准，应当提交下列文件：

①有限责任公司的全体股东或者股份有限公司的全体发起人签署的公司名称预先核准申请书；

②全体股东或者发起人指定代表或者共同委托代理人的证明；

③国家工商行政管理总局规定要求提交的其他文件。

预先核准的公司名称保留期为 6 个月。预先核准的公司名称在保留期内，不得用于从事经营活动，不得转让。

5. 股份有限公司

（1）设立方式

股份有限公司的设立方式主要有两种，一是发起设立，即所有股份均由发起人认购，不向社会公开招募。二是招募设立，即发起人只认购股份的一部分，其余部分向社会公开招募。在不同的国家，股份有限公司的设立规定有所不同。有的国家规定实行法定资本制，只有在全部股份均被认足时，公司才得以成立。有的国家规定，股份有限公司实行授权资本制的，可以不认定全部股份。

（2）登记事项

股份有限公司的登记事项包括：名称；住所；法定代表人姓名；注册资本；公司类型；经营范围；营业期限；股份有限公司发起人的姓名或者名称。

（3）应提交的文件

设立股份有限公司，应当由董事会向公司登记机关申请设立登记。需提交材料：

①公司登记申请书；

②创立大会的会议记录；

③公司章程；

④验资证明；

⑤法定代表人、董事、监事的任职文件及其身份证明；

⑥发起人的法人资格证明或者自然人身份证明；

⑦公司住所证明。

以募集方式设立股份有限公司公开发行股票的，还应当向公司登记机关报送国务院证券监督管理机构的核准文件。

（4）登记申请

以发起方式设立股份有限公司，应当由董事会向公司登记机关申请设立登记。以募集方式设立股份有限公司的，应当于创立大会结束后30日内向公司登记机关申请设立登记。

7.3.2 企业变更

企业变更是指企业成立后，企业组织形式、企业登记事项的变化。引起企业变更的原因有以下三种：企业合并、企业分立和其他重要事项发生变化。

1. 个体工商户变更

个体工商户变更主要有三种原因：名称变更，经营地址变更，经营范围变更。经营者变更一般需要先注销经营者营业执照，再去办理新营业执照，只有家庭成员共同参与经营的才能变更经营者。

变更登记应提交的文件有：

①申请人签署的《个体工商户变更登记申请书》；

②变更经营场所的，提交经营场所使用证明；变更经营范围的，申请变更的经营范围中有法律、行政法规和国务院决定规定必须在登记前报经批准的项目，提交有关的批准文件或者许可证书复印件或许可证明；申请变更经营者的（仅限组成形式为家庭经营，且新经营者为其家庭成员的），提交新经营者的照片和身份证明复印件；申请变更组成形式的，提交家庭成员的确认文件。

③《个体工商户营业执照》正本或副本复印件；

④法律、行政法规规定提交的其他文件。

委托代理人申请变更登记的，提交申请人签署的《委托书》及代理人的身份证复印件或者资格证明复印件。

2. 合伙企业变更登记

合伙企业登记事项发生变更的，执行合伙事务的合伙人应当自作出变更决定或者发生变更事由之日起15日内，向原企业登记机关申请变更登记。

合伙企业申请变更登记，应当向原企业登记机关提交下列文件：

（1）执行事务合伙人或者委派代表签署的变更登记申请书；

（2）全体合伙人签署的变更决定书，或者合伙协议约定的人员签署的变更决定书；

（3）国务院工商行政管理部门规定提交的其他文件。

法律、行政法规或者国务院规定变更事项须经批准的，还应当提交有关批准文件。

申请人提交的申请材料齐全、符合法定形式，企业登记机关能够当场变更登记的，应予当场变更登记。

除以上规定情形外，企业登记机关应当自受理申请之日起 20 日内，作出是否变更登记的决定。予以变更登记的，应当进行变更登记；不予变更登记的，应当给予书面答复，并说明理由。

合伙企业变更登记事项涉及营业执照变更的，企业登记机关应当换发营业执照。

3. 公司变更

公司变更登记事项，应当向原公司登记机关申请变更登记。未经变更登记，公司不得擅自改变登记事项。公司申请变更登记，应当向公司登记机关提交下列文件：

（1）公司法定代表人签署的变更登记申请书；

（2）依照《公司法》作出的变更决议或者决定；

（3）国家工商行政管理总局规定要求提交的其他文件。

公司变更登记事项涉及修改公司章程的，应当提交由公司法定代表人签署的修改后的公司章程或者公司章程修正案。

变更登记事项依照法律、行政法规或者国务院决定规定在登记前须经批准的，还应当向公司登记机关提交有关批准文件。

公司变更名称的，应当自变更决议或者决定作出之日起 30 日内申请变更登记。

公司变更住所的，应当在迁入新住所前申请变更登记，并提交新住所使用证明。

公司变更住所跨公司登记机关辖区的，应当在迁入新住所前向迁入地公司登记机关申请变更登记；迁入地公司登记机关受理的，由原公司登记机关将公司登记档案移送迁入地公司登记机关。

公司变更法定代表人的，应当自变更决议或者决定作出之日起 30 日内申请变更登记。

公司增加注册资本的，应当自变更决议或者决定作出之日起 30 日内申请变更登记。

公司减少注册资本的，应当自公告之日起 45 日后申请变更登记，并应当提交公司在报纸上登载公司减少注册资本公告的有关证明和公司债务清偿或者债务担保情况的说明。

公司变更经营范围的，应当自变更决议或者决定作出之日起 30 日内申请变更登记；变更经营范围涉及法律、行政法规或者国务院决定规定在登记前须经批准的项目的，应当自国家有关部门批准之日起 30 日内申请变更登记。

公司的经营范围中属于法律、行政法规或者国务院决定规定须经批准的项目被吊销、撤销许可证或者其他批准文件，或者许可证、其他批准文件有效期届满的，应当自吊销、撤销许可证、其他批准文件或者许可证、其他批准文件有效期届满之日起 30 日内申请变更登记或者依照《中华人民共和国公司登记管理条例》第六章的规定办理注销登记。

公司变更类型的，应当按照拟变更的公司类型的设立条件，在规定的期限内向公司登记机关申请变更登记，并提交有关文件。

有限责任公司变更股东的，应当自变更之日起 30 日内申请变更登记，并应当提交新股东的主体资格证明或者自然人身份证明。有限责任公司的自然人股东死亡后，其合法继承人继承股东资格的，公司应当依照规定申请变更登记。

有限责任公司的股东或者股份有限公司的发起人改变姓名或者名称的，应当自改变姓名或者名称之日起30日内申请变更登记。

公司登记事项变更涉及分公司登记事项变更的，应当自公司变更登记之日起30日内申请分公司变更登记。

公司章程修改未涉及登记事项的，公司应当将修改后的公司章程或者公司章程修正案送原公司登记机关备案。

公司董事、监事、经理发生变动的，应当向原公司登记机关备案。

因合并、分立而存续的公司，其登记事项发生变化的，应当申请变更登记；因合并、分立而解散的公司，应当申请注销登记；因合并、分立而新设立的公司，应当申请设立登记。

公司合并、分立的，应当自公告之日起45日后申请登记，提交合并协议和合并、分立决议或者决定以及公司在报纸上登载公司合并、分立公告的有关证明和债务清偿或者债务担保情况的说明。法律、行政法规或者国务院决定规定公司合并、分立必须报经批准的，还应当提交有关批准文件。

变更登记事项涉及《企业法人营业执照》载明事项的，公司登记机关应当换发新的《企业法人营业执照》。

7.3.3 企业终止与清算

企业终止是企业停止经营活动，清理财产，清偿债务，依法注销企业经营资格的行为。

企业终止经营后，应当在法定时间内进行清算，这是企业注销前的必经程序。但由于法制观念和执法力度等多方面的因素，许多企业在终止后并没有按照法定程序进行清算和注销。

1. 合伙企业终止与清算

合伙企业解散，依法由清算人进行清算。清算人应当自被确定之日起10日内，将清算人成员名单向企业登记机关备案。

合伙企业依照合伙企业法的规定解散的，清算人应当自清算结束之日起15日内，向原企业登记机关办理注销登记。

合伙企业办理注销登记，应当提交下列文件：

（1）清算人签署的注销登记申请书；

（2）人民法院的破产裁定，合伙企业依照合伙企业法作出的决定，行政机关责令关闭、合伙企业依法被吊销营业执照或者被撤销的文件；

（3）全体合伙人签名、盖章的清算报告；

（4）国务院工商行政管理部门规定提交的其他文件。

合伙企业办理注销登记时，应当缴回营业执照。经企业登记机关注销登记，合伙企业终止。

2. 公司的终止与清算

公司因以下原因终止：

（1）公司章程规定的营业期限届满或者公司章程规定的其他解散事由出现；

（2）股东会或者股东大会决议解散；

（3）因公司合并或者分立需要解散；

（4）依法被吊销营业执照、责令关闭或者被撤销；

（5）人民法院依法予以解散。

除了第三种情况外，公司应当在解散事由出现之日起十五日内成立清算组，开始清算。有限责任公司的清算组由股东组成，股份有限公司的清算组由董事或者股东大会确定的人员组成。逾期不成立清算组进行清算的，债权人可以申请人民法院指定有关人员组成清算组进行清算。人民法院应当受理该申请，并及时组织清算组进行清算。公司清算结束后，清算组应当制作清算报告，报股东会、股东大会或者人民法院确认，并报送公司登记机关，申请注销公司登记，公告公司终止。

7.4 企业法律组织形式及选择

在实际市场中，许多初创企业的业务和实体已经积累到相当的规模，但是其运营实体还是个体工商户或合伙企业，这种运营模式将面临极大的法律风险，有可能多年来的创业积累毁于一旦，所以创业者首先要务就是选择好进入市场的组织形式。创业者要根据创业初期的资金、合作伙伴、管理能力、技术成熟度、承担市场风险的能力、个人财富的保护等综合因素，选择合适自己的切入市场的经营组织形式。

《中华人民共和国就业促进法》（以下简称《就业促进法》）为初创企业，尤其是大学生自主创业设定了非常优惠的条件。《就业促进法》第七条规定，国家倡导劳动者树立正确的择业观念，提高就业能力和创业能力，鼓励劳动者自主创业、自谋职业。各级人民政府和有关部门应当简化程序，提高效率，为劳动者自主创业、自谋职业提供便利。为提高经济创新能力、增强市场经济活力，同时转变大学生就业观念，提高就业质量，我国近年来大力提倡大学生自主创业，在放宽市场准入条件、享受资金扶持政策、实行税收减免优惠、提供培训指导服务等方面鼓励高校毕业生自主创业。

7.4.1 个人创业的企业类型

个人创业具有组织方式简洁、管理简单灵活等优点，因此，个人创业可以选择的企业形式有个体工商户、个人独资企业或者一人有限责任公司。

1. 个体工商户

个体工商户其实是最大的自由职业者群体，可以申请个体工商户的主要是城镇待业青年、社会闲散人员和农村村民，而国家机关干部、企事业单位职工不能申请成为个体工商户，从这个意义上看，个体工商户就是经过工商注册的自由职业者。

个体工商户主要以商铺门店为经营方式，通过零售商品和提供民生服务为手段获得收入，一个注册个体工商户，背后至少有一个个体工商户主。有的个体户在生意做大后雇用了许多员工，甚至超过 100 人，年业务规模超过 1 000 万元，基本已经形成小型企业的稳定规模，但只要没有注册公司，在统计意义上依旧是个体工商户。在一些专业市场，如服饰市场、建材市场、家具市场、水产市场、邮币卡市场、茶叶市场等上，都可以看到经营规模大、实力雄厚的个体工商户，因为有一个在专业市场上的窗口，他们可以继续享受国家给予个体工商户的优惠政策。平均每一个体工商户除户主本人外，提供1.02个就业机会。

个体工商户超过半数为生存型创业，而不是机会型创业，也就是说只能自我雇用、自己生存、自谋出路，不具有创造就业机会的功能，实质上是自食其力的自由职业者。

2. 个人独资企业

个人独资企业适合创业项目简单的初创者，由于初创企业管理经验欠缺，创业资金缺乏，一般情况下选择设立个人独资企业。个人独资企业设立条件比较简单，投资人为一个自然人，只要有合法的企业名称和投资人申报的出资即可。《个人独资企业法》对于独资企业的出资没有最低限制，而且出资形式灵活多样，可以以货币出资，也可以是非货币出资，因此，创业者只需要一个固定的经营场所及简单的机器设备，就可以申请设立个人独资企业。

个人独资企业事务管理也非常简单，可以自行管理，也可以委托或聘请他人进行管理。个人独资企业税收成本比较低，不需要缴纳企业所得税，只需缴纳个人所得税即可。

但是需要指出的是，个人独资企业在法律上没有独立的人格，创业者与初创企业无法分离，因此将个人独资企业的人格与其业主人格视为一体。也就是说，选择个人独资企业的创业者必须与企业同呼吸，共命运。一旦企业对外负债，创业者将对企业债务承担无限责任。

3. 一人有限责任公司

一人有限责任公司也称独资公司，是指由一名股东（自然人或法人）出资持有全部股份的有限责任公司，属于有限责任公司的特殊类型。按照公司法规定，一人有限责任公司也是法人组织，所以公司是以公司的全部财产承担企业的经营风险和责任。当企业对外负债时，就以企业的财产对外清偿，企业财产不足以清偿债务时，企业宣告破产。一人有限责任公司的股东以出资额为限对公司债务承担有限责任与投资人在其他地方的财产，与其家庭财产没有任何关系。这对于自主创业者来说，大大降低了投资风险。但需要指出的是，如果投资者不能证明公司财产独立于股东财产的，股东要对公司债务承担连带责任。

在经营管理上，由于一人有限责任公司只有一个股东，所以对投资人个人素质和经验要求较高，需要具备公司管理的各方面能力。

2014年2月18日国务院颁发了《国务院关于印发注册资本登记制度改革方案的通知》，该通知放宽了注册资本登记条件，取消了一人有限责任公司最低注册资本10万元的限制，为一人有限责任公司的设立创造了便利条件。但从时间上看，公司的信用与公司的注册资本是密切相关的，公司资本越多，公司信用越高，越有利于公司对外开展经营活动。因此，一人有限责任公司适用于素质全面、经验丰富、具有一定创业资本的投资者。

7.4.2 团队创业的企业类型

团队创业是一种比较好的创业形式，一个好的创业团队对创业成功起举足轻重的作用。创业团队的凝聚力、合作精神、立足长远目标的敬业精神，会帮助企业渡过难关，加快成长步伐。另外，团队成员的互补、协调以及创业者之间的平衡和补充，对初创企业起到了降低管理风险、提高管理水平的作用。因此，以团队的方式创业对创业者来说，是一个很好的选择。团队创业的企业类型有合伙企业、有限责任公司和股份有限公司。

1. 合伙企业

合伙企业分为普通合伙企业和有限合伙企业两种类型。普通合伙企业全部由普通合伙人组成，合伙人对企业债务承担无限连带责任。无限责任是说当企业对外负债时，首先以企业财产对外清偿，企业财产不足以清偿时，投资人还要以其在其他地方的财产和家庭中的财产对外清偿。连带责任是说每个债务人都负有清偿全部债务的责任。有限合伙企业由普通合伙人和有限合伙人组成，有限合伙人只需以出资额为限对企业债务承担责任。因此，有限合伙人的投资风险比较小。

合伙企业的出资与个人独资企业一样，没有最低额的限制。在合伙企业中还允许以劳务出资（有限合伙人除外)。这种方式适用于缺乏资金或者愿意用其他方式出资的投资人，也有利于提高投资者对企业的忠诚度和工作的主动性。对于有好的项目、创意或技术创业者来说，寻找一个风险投资人作为有限合伙人共同组建合伙企业，是一种很好的方式。而风险投资者只需要在自己的投资范围内承担有限责任，不需要参与企业的日常事务管理，即可实现投资目的，也能合理减小投资风险。另外拥有知识产权的创业者，也可以知识产权出资，成为有限合伙人，实现知识产权的市场化。

2. 有限责任公司

有限责任公司由2~50个股东组成，所需资金不多。生产经营和商业批发为主的公司50万元即可设立，商业零售的公司30万元即可设立，科技开发咨询服务的公司10万元即可设立。由于有限责任公司是企业法人，有独立的法人财产，享有法人财产权。公司以全部财产对公司债务承担责任，股东以认缴的出资额为限，因此降低了创业团队的投资风险，这也是公司制度区别于其他企业制度的最明显标志。

有限责任公司较之个人独资企业和合伙企业具有更高的开放程度，能够吸引更多的民间资本。而民间资本的充分参与所带来的不仅仅是大量资金，更重要的是，资本有天生逐利性，能够引导社会资源投入到真正具备创业价值具有高额回报的有潜力的创业项目中。

2013年12月28日第十二届全国人民代表大会常务委员会第六次会议通过了修改《公司法》的决定，将注册资本实缴登记制改为认缴登记制，放宽了注册资本登记条件，简化登记事项和登记文件，进一步降低了创业门槛，改善了创业环境。根据新修订的《公司法》，2014年2月18日，国务院公布了《注册资本登记制度改革方案》，并于2014年3月1日开始实施。

新公司法和改革方案的实施对自主创业具有极大的促进作用。第一，根据新《公司法》和改革方案，原先有限责任公司3万元的注册资本被取消，理论上讲“一元钱办公司”成为可能，可以白手起家。第二，可以自主约定公司设立时全体股东的首次出资比例，也就是说可以“零首付”设立。第三，可以自主约定出资方式和货币出资比例，对于高科技、文化创意、现代服务业等创新型企业可以灵活出资，提高知识产权、实物、土地使用权等财产形式的出资比例，克服资金不足的困难，不再限制两年内出资到位，提高股东资金使用效率。第五，简化公司住所登记，对于小微公司，不再做住所上的严格要求。

在组织机构方面，《公司法》要求建立完善的管理体系，包括股东会、董事会、监事会等，但规模较小、人数较少的有限责任公司可以不设董事会，只设一名执行董事；不设监事会，设1~2名监事。所以，对于公司来说，具备经营、管理、财务、技术、法律等方面的人才是必需的。

3. 股份有限公司

股份有限公司的股东对公司债务仅就其认购的股份为限承担责任，公司的债权人不得直接向公司股东提出清偿债务的要求。

股份有限公司的发起人必须符合法定的资格，达到法定的人数。发起人的资格是指发起人依法取得的创立股份有限公司的资格。股份有限公司的发起人可以是自然人，也可以是法人，但发起人中须有过半数的人在中国境内有住所。设立股份有限公司，必须达到法定的人数，应有5人以上200人以下的发起人。国有企业改建为股份有限公司的，发起人可以少于5人，但应当采取募集设立方式。规定发起人的最低限额，是设立股份有限公司的国际惯例。如果发起人的最低限额没有规定，一则发起人太少难以履行发起人的义务，二则防止少数发起人损害其他股东的合法权益。

发起人认缴和向社会公开募集的股本达到法定的最低限额。

股份有限公司须具备基本的责任能力，为保护债权人的利益，设立股份有限公司必须要达到法定资本额。我国股份有限公司的资本不得低于500万元人民币。对有特定要求的股份有限公司的注册资本最低限额需要高于上述最低限额的，由法律、行政法规另行规定。

发起人可以用货币出资，也可以用实物、工业产权、非专利技术、土地使用权作价出资。发起人以货币出资时，应当缴付现金。发起人以货币以外的其他财产权出资时，必须进行评估作价，核实财产，并折合为股份，且应当依法办理其财产权的转移手续，将财产权同发起人转归公司所有。

由于股份有限公司设立时需要较大资金，因此创业时选择设立股份有限公司往往需要创业资金较大，有极大吸引力的项目。特别是有专利技术、应用前景比较好的项目，能够吸引风险投资者关注，并愿意出资。

【本章要点】

本章介绍了企业类型、不同类型企业的优缺点、企业设立需要经过哪些流程、应准备什么文件、不同产品项目及个人还是团队创业、怎样选择企业类型等内容。

【扩展阅读】

如需要进一步了解和掌握企业的类型与特点及初创企业如何选择企业类型，请阅读《创业管理》（张玉利著，机械工业出版社，2010），《中华人民共和国公司法》（全国人民代表大会常务委员会，2018），《合伙企业法》（全国人民代表大会常务委员会，1997）

【关键术语】

个体工商户　合伙企业　个人独资企业　有限责任公司　股份有限公司　有限责任　无限责任　连带责任

【思考题】

1. 不同类型企业的优缺点有哪些？
2. 设立个人独资企业、合伙企业、公司应提交哪些文件？
3. 个人创业、团队创业应怎样选择企业类型？

【参考文献】

[1] 肖涌，易晓春. 谈大学生初创企业类型选择 [J]. 武汉船舶职业技术学院学报，2013，3.

第 8 章　初创企业战略管理

【学习目标】

1. 理解创业战略的含义、价值以及特征；
2. 了解创业战略制定的影响因素；
3. 掌握创业战略的制定步骤和方法；
4. 掌握初创企业的战略选择方法；
5. 了解初创企业的成长战略与退出策略。

【开篇案例】

刘新，中国餐饮业的领军人物之一，拥有资产 1.86 亿元，控管资产 2 亿元，商品无形资产经北京北方亚事资产评估有限责任公司评估，价值 1.567 3 亿元；他任董事长的小土豆餐饮管理有限公司已发展到拥有 130 余家连锁店、5 个地区分公司的大型餐饮企业，在中国商业联合会、中国餐饮协会、中国饭店协会评出的餐饮百强中名列第 5 位。然而，在 12 年前，刘新还是一位下岗职工，为了生计，卖菜、卖鱼、卖服装……这位下岗工人是如何把“小土豆”做大，成为一个亿万富豪的呢？

1989 年，刘新不幸下岗，已成家的他为了生计，焊了一辆“倒骑驴”，在市场上卖菜、卖鱼、运送服装。两年后，他用攒下来的 7 000 元钱，和妻子金秀衣开始做服装生意，不久又改行做水果生意，但折腾了几个月，也没有挣到钱。由于刘新是“烹饪能手”，金秀衣从小也跟母亲学会了做小咸菜大花卷，最后，刘新和妻子商量决定开个小饭店。这样，刘新夫妇倾尽所有，在太原街开了家冷面馆。可是不到一年，他们不仅把投入的 7 000 元全赔了进去，还欠了不少外债。为了还债刘新只好重操旧业，又蹬上三轮车，到处卖菜、卖鱼、卖西瓜……但刘新并没有放弃重开饭店的念头，他一直在思考：别人能做，我为什么会亏？在送菜时，他开始煞费心思地和各类饭店老板拉近乎，套生意经。在逐渐的学习和积累中，刘新发现了一个规律：凡是有经营特点的饭店，生意都很好做；而经营不好的店，大部分没有特点，没有自己的主打产品特色。他逐渐领悟到什么是市场，怎样经营才能赚到钱。他决定重返太原街开饭店，烹调毕竟是他的拿手活，再说太原街是沈阳最繁荣的商业街，每天客流量达几万人，有很多人在那里发迹。刘新看好了坐落在太原街11号的房子，这是黑龙江一个老板开的饭店，但现在老板急着要回老家。刘新用父母留给他的房子做抵押，把那个饭店兑了下来。之后，他东拼西凑了3 000元，雇了几个人，粉刷了墙壁，购置了4张餐桌，这家取名为林苑冷面店的小食店一开张，便以实惠、干净、热情吸引了八方来客。

有一天，刘新在太原街上走时，听到走在他前面的两个人说："到林苑吃小土豆去。"刘新开的是冷面店，他们却说吃小土豆，这给了刘新很大启发。他知道了他的小土豆很受欢迎。第二天，刘新就把林苑冷面店改名为小土豆酱菜馆。

小土豆是东北地区的特产，它个头比一般土豆小得多，而土豆的清香和营养价值却比大土豆高得多。由于这个品种产量多，有很多人种植，细心的刘新慧眼识珠，立即瞄准了它。刘新四处走访考察，收集民间烹调小土豆的技术，去粗取精，细心琢磨，利用多种药材自行研究配制出了炖小土豆汁，并加进酱油、五花肉、香菜等进行炖制。小土豆这道菜既有东北大碗菜的特色，口感又绝对鲜美。一大碗小土豆10元钱，又加上两个大花卷2元钱，足够两个人美餐一顿。这道菜一问世就一炮打响，受到人们的热烈欢迎。

小土豆酱菜的魅力着实太大，餐馆每天顾客盈门，常常出现客人站在店外等桌就餐的情景。这里没有生猛海鲜，也没有名贵的山珍野味，只有简单实惠的风味酱菜和炖菜，却让进门的每一位客人笑逐颜开，拍手叫好。

8.1 初创企业战略内涵

8.1.1 创业战略概念

1. 创业战略

对于创业战略，学者们从不同角度给出了不同定义，一般认为，创业战略是初创企业在激烈的竞争环境中，根据创业环境与创业资源，为谋求生存和发展，制定的关于企业未来发展方向的总体构想，是初创企业在成长过程中所能采用的竞争性经营方案的总和。

创业战略的本质是在清楚认识企业外部环境和内在实力的基础上，确定企业和环境的最佳契合点。这一契合点决定着初创企业未来的成长轨道以及资源配置的取向。创业战略的内涵主要包括五个方面。

（1）创业环境与创业资源对初创企业的存续有决定性的影响。两者缺一不可，不存在一种比另一种更重要的问题。

（2）创业战略是初创企业与外部环境进行双向互动与选择的结果。创业战略规划的就是找到初创企业自身实力与外部机遇的最佳契合点和组合方式。两者的契合点和组合方式是一种动态组合。

（3）创业战略的形成需回顾历史，也要调查现状，但更需要预测未来。

（4）创业战略不是对企业局部活动的反应与规划，而是对企业全局性活动的反应与规划。创业者应把握初创企业与环境构成的有机联系，从整体上设计初创企业的发展和运作模式。

（5）创业战略是确定初创企业生存的基本条件，决定着初创企业的发展方向。

创业战略主要包括初创企业的资源/核心能力战略和企业定位。资源/核心能力战略是初创企业的根本战略，不但决定着初创企业的存亡，而且决定着初创企业未来的发展。而企业定位则主要包括创业产品定位和创业市场定位，决定着初创企业能否成功地进入并立足市场，进而拓展市场。

2. 创业战略与传统战略的比较

创业战略与传统战略的差异表现为创业战略思维与传统战略思维的差异。由于初创企业本身对环境的可控能力较弱，外部环境竞争激烈，能否发现有价值的机会是初创企业的基本战略思维。在商业机会面前，创业战略思维是市场导向的、超前的认知与行动，它强调以低成本的方式，掌握可控程度低的关键资源。另外，与传统战略思维不同，在创业战略思维中，企业管理者需要以怀疑的态度学习与应用被认为是“真理”的经营管理知识。

3. 创业战略的价值

创业战略的价值主要体现三个方面。

（1）保证方向与目标的连续性。由于初创企业资金资源、人力资源、合作伙伴资源和客户资源都相对有限，因而其更应在正确的方向上集中应用资源，以保证目标的实现。

（2）吸引外部资源。创业战略描绘了企业发展愿景，并指明了实现共同目标和个人目标的路径。清晰而优秀的公司战略和愿景对潜在的加盟者、客户以及合作伙伴都有很强的吸引力。

（3）指导管理政策的制定。创业战略是统一管理行为的重要前提。从某种意义上讲，创业战略是整个公司管理决策的价值前提。

（4）有助于创业者形成完整思路。德鲁克曾提出三命题：企业是什么企业？企业将成为什么企业？企业应该成为什么企业？创业者能够在不断与投资人、合作伙伴、客户等利益相关者探讨公司未来发展方向的过程中，形成相对完整的思路。

8.1.2 初创企业战略的特征

许多大型企业都有自己的战略规划部门，有严格的战略规划周期，高管人员会不断地召开各种类型的战略研讨会。而初创企业在战略制定、表达形式、传递方式等方面与成熟企业有着天壤之别，有三个特征。

1. 创业团队的能力与资源禀赋对于初期战略影响较大

成熟企业中的外行人领导内行人的局面在初创企业里很难维持。初创企业的领导应是行业专家或技术能手。创业者的能力、资源禀赋甚至是性格特征，都会对初创企业的战略选择带来巨大影响。不论有意还是无意，创业者都会使企业打上个人印迹。这种影响在很多时候能够帮助企业克服初创期的种种困难，但有时候却使企业毁灭。

2. 战略调整更便捷

“船小好掉头”，与大企业相比，初创企业的高层管理者更贴近客户，更容易感受市场上发生的变化，而且能够比大企业做出更为迅速的反应，能够用小企业的速度来抗击大企业的经济规模，充分发挥灵活多变的优势，即采取“柔道战略”，坚持“小就是美”的路线。柔道战略就是避其锋芒、放弃硬碰硬的竞争思维模式，其目标不仅仅是帮助企业在市场中争夺立足之地，更是如何发展成为一家大企业。柔道战略的精髓有三个方面：移动——让自己处于最佳位置；平衡——梳理进攻思路，保持进攻的姿态；杠杆借力——将竞争对手的力量转化为自己的竞争优势。

3. 战略沟通更具有投资导向性

由于管理层级多、结构复杂，大企业的战略沟通是普遍的难题。大企业为了使战略被各级员工接受并付诸实践，进行了大量的管理投资。而初创企业与员工的战略沟通相对简单，管理层级少、结构简单，所以公司战略比较容易通过各种正式和非正式渠道被员工了解，进而融入工作行为。但是，初创企业的战略在与外部投资人进行沟通时往往会遇到比较大的阻力，从而影响投资人与创业者之间的信任关系，导致双方的冲突。因此，创业者应该在与投资人的战略沟通方面进行更努力，避免因为战略沟通过程中出现的问题影响公司的前途，尤其在战略转型过程中，这种沟通显得更为重要。

8.2 初创企业战略制定

企业战略的制定就是根据企业所处的环境特征、自有资源（包括项目资源、资金资源、社会资源）而对各种资源进行重新组合、利用，以创造市场价值的商业行为。

8.2.1 影响初创企业战略制定的因素

通常，企业的融资、生产、销售等经营活动都需要在一定的环境中进行，它们所需要的资源和信息依赖环境来获得。对于初创企业来说则面临更多的威胁，如缺少资源与知识，拥有较少的经营记录，与供应商以及顾客的联系也较少。因此，环境对创业战略的制定具有重要的影响。环境是个多维度的因素，因此需要识别对初创企业更为重要的环境因素。按照竞争优势的来源，可以将战略制定的影响因素分成两类：一类是外界环境，外界环境的机遇与威胁以及产业结构是导致企业战略选择的基本因素；另一类是内部资源和能力，企业战略中合理配置企业内部独特资源、整合企业内部各种能力，才能适应环境的变化，获取可持续的竞争优势。

1. 外部环境

初创企业总是受竞争者、客户、政府、行业协会和社会的影响，对这些环境力量的一个或多个因素的依赖程度影响着企业战略管理的过程。对环境依赖程度较高通常会减少初创企业在其战略选择过程中的灵活性。通常来说，外界环境因素主要包括宏观环境、产业环境以及竞争对手等。

2. 内部资源及能力

自身资源的积累为初创企业战略提供了更多的选择。一般来说，初创企业的战略选择是为了发挥内部的资源、能力、知识、文化优势，来适应外界环境的变化，从而击败竞争对手，获取可持续的竞争优势。外界环境的机遇与威胁、同行业不同企业的战略竞争是初创企业战略选择的外在动力；初创企业内部特有的资源、技术、能力、知识、文化等因素是战略选择的内在约束条件。只有与企业内部资源、能力、知识、文化相匹配的战略，才能适应外界环境的变化，使初创企业获取可持续的竞争优势。

资源主要包括人财物资源、技术资源、市场资源、环境资源等。创业者因为拥有某种优势、资源而创建企业。初创企业吸引的人员和资金等资源是不同的，这就可能影响初创企业的战略决策和绩效。初创企业战略管理中的资源要素分析，从本质上说，是要在竞争市场上寻求一个能够充分利用自身资源的合适位置。

能力虽然不是基础性的条件，但却是初创企业不可缺少的功能性要素。初创企业对外部环境的应变性、竞争性均是能力的综合体现。核心能力可表现为某行业或领域内的技术能力；也可表现为企业的资本运作、成本控制、物流配送、营销技术等业务能力。

8.2.2 初创企业战略制定的关键点

1. 要突出专业化和核心专长，突出竞争优势

初创企业由于财力、物力和人力等因素限制，不可能在多个行业同时具有竞争优势。这就要求中小型企业做到“有所不为而后有为”，专注于专业化发展，集中企业内部的优势资源，突出核心专长，借此培育企业长期的竞争优势。目前，一些初创企业意识不到这一点，盲目地采取多元化战略，结果带来优势资源的分化，导致企业的竞争优势快速瓦解，失去生命力。这正是初创企业“各领风骚两三年”的最根本原因。

2. 要注意市场的深化细分

索尼公司前董事长盛田昭夫的“圆圈理论”认为，在无数的大圆圈（指大企业占有的销售市场）与小圆圈（即小企业占有的销售市场）之间，必然存在一些空隙，即仍有一部分尚未被占领的市场。“空隙”市场由于产品服务面比较窄，市场容量不大，大企业因不能形成规模生产而不愿涉足，从而使初创企业既可扩大市场占有率，又可扩大收益率。初创企业只要看准机会，将这些空隙组成联合销售网，必定会超过“大圆圈”市场。初创企业机动灵活、适应性较强的优势将能够保证它们寻找到市场上的各种空隙，从而形成独特的竞争优势。盛田昭夫所说的“空隙”市场，就是对市场的一种深化细分，就是要求初创企业确立明晰的目标市场和目标消费者。

著名管理学家沃尔夫冈·梅韦斯认为，如果一家公司把全部有限的资源用于解决精心挑选的一个客户群的问题，那么该公司就能兴旺发达。所以，企业在起步发展阶段，在战略上一定要注重市场的深化细分，明确目标消费者。只有这样才可能具有高度竞争优势，才可能成功。

3. 要认识到策略联盟的重要性

初创企业可以先从产业配角做起，通过与成熟企业结成某种稳定的协作关系，营造一个好的开始，降低成本和经营风险。初创企业一定要谨防个人英雄主义思想的侵害，不要幻想凭借单打独斗闯出一条金光大道，这既不现实，也不符合市场规律。产业配角当好了，同样可以成为一流的企业。

8.2.3 初创企业战略制定和实施过程

在任何公司中，战略都是通过两个同时进行的过程进行定义的：周详计划战略和紧急应

对战略。周详计划的战略制定过程是有意识进行的分析过程。周详计划战略通常是基于对市场增长、企业规模大小、客户需求、竞争者的优势和劣势、技术进步以及公司能力和资源状况等数据资料的严格分析而得出的，通常是自上而下得以实施的战略。紧急应对战略可能是自组织内部产生，是公司中层管理者、技术人员、销售人员或财务人员等员工每日做出的决策的累积，而不是由那些富有远见的、有洞察力或有战略眼光的人做出；也可能是高层管理者在面临无法提前预计的紧急事件或危机时产生的。

在满足三个条件的前提下，周详计划战略是公司选择行动方向时最有力的工具。

（1）战略包括正确处理可能面临的各种问题的所有重要环节，而且负责实施战略的人员理解战略中各个重要的实施细节。

（2）如果企业需要采取集体行动，则所有员工要对战略的理解与高层管理层对战略的理解相同，所有参加者能够行动一致；

（3）公司战略的实现不受无法预见的外界政治、技术或市场力量的影响。

由于外部环境的复杂多变，实际上，企业总是无法同时满足以上三个条件，因此企业的周详计划战略往往无法完整而完美地实现。在大多数情况下，紧急应对战略的制定和执行总是改变着公司实际执行的战略。紧急应对战略是管理者在分析、设计和实施周详计划的过程中，对不可预见的问题或机遇的紧急应对。一旦紧急应对战略受到认可和支持，企业就有可能将其正规化，对其进行改良并加以利用，从而将紧急应对战略转变为周详计划战略。

对初创企业而言，未来更难以预测，无法预知什么是正确的战略。在这种情况下，紧急应对战略的制定将是公司制定战略的主要方式。当环境的变化预示着以往的战略模式在未来不会同样有效时，成熟企业也需要紧急应对战略。一旦一项成功的战略清晰地形成，周详计划战略将成为主导，因为此时战略能否有效执行通常会成为企业成败的关键。

8.2.4 初创企业战略制定的方法

库洛特克（Donald F. Kuratko）和霍杰茨（Richard M. Hodgetts）在合著的《创业学》（第6版）中提到了四种初创企业战略制定的方法。

1. 机会管理法

机会管理法（Opportunity Management Approach）主要以环境分析为基础，其过程以机会分析轮廓为起点，包括估计内部资源、预测外部市场环境、评价公司优势和劣势、形成商业目标。在这个机会分析轮廓的基础上，导出一个战略计划框架，后者帮助企业从它的资源中获取最大的利益。在这个轮廓中要设计行动纲领、分配资源、识别预期的结果。实施和控制步骤包括组织员工、建立预算、制定时间表、分析财务报表。在结果的基础上产生一个新的机会轮廓或战略轮廓，过程又重新开始。机会管理法易于理解，具体实施情况可以随环境变化而调整，所以很受欢迎。这一方法很大程度上基于战略的第一定律——利用优势来占据主动，即做自己最擅长的。

2. 里程碑法

里程碑法（Milestone Planning Approach）也称重大事件计划方法，就是带领初创企业不断重新制定战略以渐进地实现既定目标的方法。每一个重要的步骤要在下一步之前做好，所有的事情联系在一起，形成一个全面的战略计划。

里程碑法的主要优势在于：考虑实践中的重大事件，并且这些事件之间有内在逻辑联系；避免由于没有考虑计划的关键部分而引起代价高昂的错误；采用以环境的连续反馈为基础的再计划方法。

里程碑法适用于技术性强、有多个阶段的新兴企业。这种方法也用在当重大事件和主要目标有紧密联系的时候。和机会管理法相比，里程碑法通常包括时间和资金的投入，更全面。

3. 创业战略矩阵模型

创业战略矩阵模型（Entrepreneurial Strategy Matrix）以风险和创新为分析维度，为初创企业指明不同风险和创新程度下可以选择的战略计划内容。为了应用这种矩阵，创新被定义为创造新的和不同的事物。产品或服务越新、越与众不同，该产品的创新程度就越高。风险被定义为新产品或服务的财物损失的可能性，包括初创企业失败的机会有多大，财务损失的后果有多严重等。按照创新程度和风险大小，创新和风险可分成以下四类：高创新、低风险；高创新、高风险；低创新、低风险以及低创新、高风险。

创业战略矩阵模型的价值在于，它为不同的企业提供了适当的战略途径。当创业者确认最能描述企业的创新程度和风险水平的单元时，就可确定与此单元相对应的、相对有效的创业战略。很明显，有些单元比其他单元更具有优势。一个高创新、低风险的类型比一个低创新、高风险的企业更合适。但是，在商业社会，风险往往比创新更普遍。

创业战略矩阵模型的战略含义是双重的。首先，创业者根据自己的商业模式和业务特点，找到某些更好的创新和风险组合单元，选择适合该创新风险组合的创业战略。其次，创业者通过具体措施促使业务从一个单元向其他单元转变，提高企业营利性。因此，创业战略矩阵模型既包括为一个相对固定的创新风险组合单元选择合适的战略，也包括在不同单元之间进行战略转变。

4. 多阶段权变法

多阶段权变法（Multistage Contingency Approach）要求制定战略的过程中综合考虑创业团队及员工、企业、环境这三个重要的因素和变量，并充分结合初创企业的生命周期、创业者的职业发展周期。以上五个因素的任意结合都会对创业战略提出不同的要求，考虑到创业领域出现的一系列新生事物——全球扩张、女性创业、公司创业等，创业战略在不同阶段需要考虑的因素更加丰富。

8.3 初创企业战略选择

初创企业可能的战略选择主要包括定位战略与竞争战略。

8.3.1 定位战略

由于创业资源所限，处于种子期的初创企业尤其应该关注如何做才能在市场中生存下去，对这一问题的认真思考和研究，即为企业制定生存战略。处于成长期的初创企业关注如何使企业在市场中步入正轨并不断壮大，即成长和发展战略。创业战略的选择实质上是初创企业寻求市场定位、产品定位以及速度与规模定位的过程。

1. 市场定位

市场定位是指企业对目标消费者或者目标消费市场的选择。初创企业市场定位的主要步骤包括市场细分分析、产业竞争状况分析、目标市场选择以及市场定位四部分。

(1) 市场细分分析

初创企业能力有限，必须通过市场细分来选择自己要服务的最重要的消费者。通过细分发掘市场机会，进而开拓市场，借此充分利用现有资源，获得竞争优势。分析细分市场通常通过一系列的指标来进行，最具代表性的市场细分因素包括地理因素、行为因素、人口统计因素、心理因素等。

(2) 产业竞争情况分析

为了寻找适合企业的目标市场，初创企业还有必要对产业进行分析，主要分析两个方面。

①产业演变。根据产业发展情况，了解产业历史，有效判断产业所处的周期以及发展动向。

②产业竞争结构。根据迈克尔·波特的产业竞争结构分析模型，对产业的现状进行分析，了解行业目前的整体竞争情况。

在上述分析的基础上，结合市场细分的情况，初创企业可以找到竞争不激烈或者市场空白点的市场细分，从而有效地确定企业对目标市场的选择。

(3) 目标市场选择

①目标市场选择必须遵循以下标准。

a. 目标市场必须与企业形象相吻合。如当企业希望给消费者树立高档次的形象时，选择大众化的目标市场则不利于企业形象的树立和传播。

b. 目标市场必须与企业拥有的资源相匹配。企业的能力是有限的，初创企业在资源等各方面都比较缺乏，在选择目标市场时更不能盲目，必须要选择利用企业自身资源和通过努力能够抓到的市场作为自己的目标市场。

c. 目标市场必须有潜在效益。企业的主要目标就是获取利益，初创企业能否获利直接决定其生存与发展，所以企业选择的目标市场也要具有潜在效益，以使其能够在经营的过程中逐渐获利，从而进一步发展。

②目标市场策略主要有三种。

a. 无差异策略。该策略不考虑市场内消费者的潜在差异，推出一种产品实行一种营销策略来占领市场。无差异战略的最大优势就是低成本。作为初创企业，无差异营销是降低成本的好办法。但是由于消费者的需求不尽相同，采用无差异营销也可能失去一些很好的市场机会。

b. 差异性策略。采用这一策略的企业同时为几个细分市场服务，为每个细分市场设计不同的产品，并实施相应的营销组合策略。差异性策略能够满足更多细分市场的需求，有利于企业树立良好的市场形象，但是同时也会增加企业的生产成本和营销费用。对于初创企业来说，过多的业务范围会分散资源和精力，使经营主业受到影响，从而不利于竞争。因此，初创企业采取此策略时选择细分市场要适度。

c. 集中性策略。这一策略就是企业集中所有的营销资源于一个细分市场，尽可能地在一个细分市场中占有较大的市场份额，而不是分别在几个细分市场中占有较小的份额。这一策略尤其适合资源有限、尚处于创业阶段的企业，有利于在目标市场取得强有力的市场地位。但是，实行这一策略的风险也会比较大，因为企业所有的资源都集中在一个细分市场，一旦这个市场出现变化，如消费者偏好突然转移或者出现强有力的竞争者，企业就可能陷入困境。

（4）市场定位

初创企业在选择了目标市场以及目标市场的策略之后，就需要为生产的产品进行市场定位，从而使消费者能够快速、准确地识别企业的产品。

①市场定位的依据有以下几项。

a. 产品本身特色。根据产品本身所要提供给消费者的特色进行定位。例如，“七喜”汽水的定位是“非可乐”，强调它是不含咖啡因的饮料，与可乐类饮料不同。“泰宁诺”止痛药的定位是“非阿司匹林的止痛药”，显示药物成分与以往的止痛药有本质的差异。

b. 竞争者状况。根据竞争者状况采取与之进行正面竞争或者避开竞争者的定位。

c. 消费者特色。根据不同目标市场的消费者特征进行市场定位。

②定位步骤有以下几步。

a. 识别可能的竞争优势。企业要尽可能地识别自己相对于竞争对手来说所具有的竞争优势。企业的竞争优势可能来源于产品、服务、人员和形象等方面。

b. 选择正确的竞争优势。竞争优势的选择即决定为企业的目标顾客推出的特色主要存在于哪个方面，是产品、服务、人员还是形象。初创企业应该将其全部营销活动加以分类，并结合自身条件，将主要环节与竞争者的相应环节进行比较分析，以选择正确的竞争优势。具体进行定位时，可以选择对抗定位、避强定位、反向定位以及重新定位等方法。

c. 表达自己的市场定位。市场定位确定以后，企业就应采取必要措施，通过各种传播媒介将定位信息有效地传达给消费者，从而获得认可。

所谓“凡事预则立，不预则废”。初创企业在经营产品和服务之前，必须进行市场细分、产业竞争情况分析、目标市场选择以及市场定位等步骤，这样才能使其产品和服务做到“有的放矢”，确保企业的产品具有竞争性，使企业的服务能够赢得顾客的满意，从而使企业不断地发展壮大。但是，应该注意的是，企业的定位与战略并不是一成不变的，在经营过程中，由于外部环境、市场需求、消费者行为等不断地发生变化，企业的目标市场、相应的营销策略以及市场定位也应随之发生变化。只有这样，初创企业才能具有长久的生命力。

2. 产品定位

产品定位是指企业在完成市场定位的基础上，为生产适合消费者心目中特定地位的产品而进行的产品策略企划及营销组合的活动，即企业用什么样的产品来满足目标消费者的需求。

初创企业要想在市场上立足，产品定位是非常关键的。在进行产品定位时，要考虑的问题主要有如下几个。

（1）消费者分析

根据市场定位的结论，对目标消费群的属性、消费者行为的特征以及影响其行为的因素、目标市场的竞争情况进行分析。

(2) 产品分析

产品分析即对产品定位所包含的各个方面进行深入分析。

①产品的基本情况。初创企业应思考：产品的性能特色是什么？产品的质量如何？与竞争对手相比存在什么特点，优势、劣势是什么？

②产品的外观与包装。初创企业应思考：产品的外观设计与包装如何？是否符合目标消费群体的审美取向和目标消费者的身份地位？如果不符合，应该如何改进？

③产品在产品线中的地位。初创企业应思考：产品在企业整个产品类别及产品线中的地位如何？能够调用多少资源来运作这个产品？产品的定位一定要符合企业的相关资源，否则，会导致产品推广的失败。举一个简单例子，如果这个产品在产品线中是补充产品，那么只能将这个产品定位为一个跟随性产品，而不能是挑战者产品或充当先行进入者的产品。

④企业的分销能力与促销能力。初创企业应思考：根据前面的分析，企业需要什么样的分销能力或促销能力，才有可能使产品获得成功？企业是否具备这种相适应的能力？如果没有，应如何重建或改进？

⑤企业的品牌属性。初创企业应思考：企业有没有形成品牌效应？企业的品牌定位（在消费者心目中的品牌形象）是什么？企业品牌规划的发展方向是什么？企业在这个行业的产品定位与企业的品牌属性是否存在冲突？如果存在冲突，应如何调整或改进？

3. 速度与规模定位

高速发展、高速扩张是每个企业家的梦想，尤其是同行业的竞争对手正高速发展的时候，内心难免会受到冲击，产生一鼓作气超越之雄心，于是不顾自身的实力、能力，盲目地追逐。初创企业应避免走入过分强调做大做强的误区，坚持“有所为，有所不为”的原则，走稳健发展的道路。根据自身实力，对自己的速度与规模做出合理定位。

8.3.2 竞争战略

初创企业在经过前期的种种准备之后，就要参与到激烈的市场竞争中去，市场才是检验其成败的试金石，因而竞争战略的选择尤为重要。波特提出了企业三大基本战略：差异化战略、低成本战略和集中战略。对于初创企业而言，跟随、模仿和依附是经常使用的战略。因此，此处加入这三种战略，与差异化、集中、低成本一起构成初创企业参与市场竞争的六大战略。这些战略或者是单一的，或者是以组合的方式被初创企业所采取。

1. 跟随战略

跟随战略是指初创企业进入成熟大企业正在服务的市场，提供与大企业相同的产品来蚕食既有的市场。

(1) 优势

首先，初创企业将现有企业已经建立的市场作为目标市场，降低了由于需求不确定性带来的风险；其次，可以节省大量的诸如市场调研、产品研发和创新费用以及广告和促销等市场开拓成本；最后，有机会向先入者学习经验，减少或避免犯错误。跟随战略的优势是为初创企业低成本进入市场、低价格销售创造了可能与条件。

当初创企业采用跟随战略时，如果大企业选择用价格战或者高密度的促销来打击初创企业，将会使大企业现有的利润大幅下降；而价格具有很强的刚性，一旦降下来很难再恢复到以前的水平。正是因为迫使初创企业退出的成本太高，大企业往往会容忍初创企业进入。

（2）风险

①成长风险。采用这种策略的初创企业的成长是有限的，一旦增长的份额超出大企业的容忍程度，必将遭受致命的打击。避免这类风险的最好办法是及时调整竞争战略。

②共享风险。这种风险是由于众多的初创企业同时或先后采用了跟随战略。这种状况一方面会提高初创企业相互之间的竞争成本，另一方面更容易引发大企业的“洗牌”行动。

（3）战略路径

初创企业一般先通过比附定位来提升自己，再通过傍依名牌来传播自己，实施跟随战略。

①比附定位。这是跟随性战略下的一种有效的品牌定位策略。比附定位是以竞争者品牌为参照物，依附竞争者定位。比附定位的目的是通过品牌竞争提升自身品牌的价值与知名度，获取稳定的生存环境和机会，其成功关键在于比附对象的品牌知名度和美誉度。

比附定位有两种方式：一种是量的比附，例如，蒙牛在创业之初巧妙地将自己比附于伊利，承认伊利是第一，而将自己定位为“内蒙古第二”；另一种是质的比附，即当某一品牌在进行定位时，可以把自己的品牌类比于产品性质迥然不同的品牌或产品，而且后者的影响能够作用于自己的产品。例如，波导手机定位为“手机中的战斗机”，手机和战斗机是两种迥然不同的产品，但是波导手机借此大大提升了自己的品牌形象，缩短了与国际品牌的距离。

比附定位以竞争者为参照物，通常基于以下理由：一是竞争对手是市场领导者，实力雄厚，无法正面与之竞争；二是竞争对手已经树立了稳定、成功的品牌形象，依附竞争者可以传递与之相关的品牌信息；三是消费者很难或不具备实际条件来判断产品或服务的质量差距。

②傍依名牌。企业通过比附找到准确、合理的品牌定位后，仍然需要在品牌传播中充分、巧妙地利用傍依策略，才能有效地借势，以在消费者心目中传达企业的品牌定位，实现自身品牌与竞争品牌的“双飞”。

蒙牛充分巧妙地利用傍依策略，从产品推广宣传开始就与伊利联系在一起，既借势提高了蒙牛品牌的知名度和美誉度，壮大了自身，又不会招致竞争对手的反对，防止了两败俱伤。更高明的是，蒙牛有一句口号是“提倡全民喝奶”，你不一定喝蒙牛牛奶，只要你喝奶就行。蒙牛很清楚，只有把这个行业的市场做大，大家才都有饭吃。蒙牛所提倡的这种理念恰恰符合中国古代“得道多助”的思想。

百事可乐和可口可乐之间的竞争有目共睹。百事可乐今天的成就可以说是得益于它对可口可乐马拉松式的傍依，这种傍依可以说演绎到了极致，不论是投放时间、投放媒体选择、投放的区域结构，两者都惊人的相似。

2. 模仿战略

模仿战略是指初创企业进入成熟大企业正在服务的市场，提供与大企业有差异的、可相互替代而非全然不同的产品。

（1）优势

同跟随战略一致，采用模仿战略的中小企业有后发优势，可以减少中小企业进入成熟市场的开拓费用，降低需求不确定性带来的风险，使低价格进入市场成为可能。因为面对的是同样的目标群体，大企业不可能单纯地采用价格战阻止中小企业进入，只能重新配置现有产品或引入同中小型企业一样的新产品。因为产品之间的可替代性，无论哪一种方式都将导致大企业现有产品销售的分流，企业整体利润率下降。基于上述分析，中小企业采用模仿战略进入市场是有机会的。

（2）风险

采用模仿战略的中小企业对产品的要求较高，提供的产品必须同时具有差异性和可替代性。足够的差异性可以吸引目标消费者，可替代性阻止现有市场的主要竞争者的反击。同跟随战略一样，模仿战略也具有成长风险和共享风险。

（3）战略路径

依据模仿的方式和模仿过程中的改进程度，模仿战略可分为复制式模仿战略和创造性模仿战略。

①复制式模仿战略。复制式模仿通常是指初创企业模仿市场上已经存在的成熟企业的技术、产品、服务乃至生产管理方法。采用这种战略企业往往会将注意力集中在处于成熟期的产品或者是处于市场发展衰退期的产品，而不是需要比拼技术能力的导入期和成长期产品。但是，如果企业在创业初期以后，仍然不能打造自己的特有主营产品，形成自有的经营思路，只能被模仿对象牵着鼻子走；而这种进入方式被潜在的市场进入者模仿以后，初创企业没有还手之力，对企业的生存会造成威胁。一般情况下，复制式模仿战略仅适用于企业的初创期，在业务得到一定程度的扩大之后，应该考虑改变经营方式，形成新的经营战略，特别要注意创建企业的竞争优势，形成企业的核心能力。

②创造性模仿战略。创造性模仿战略是指初创企业发掘新兴市场中产品或服务存在的缺陷，以改进完善后的产品或服务获得成功的战略模式。松下幸之助曾经说过，他成功的秘诀是六个字“只改进，不创新”，这句话正是创造性模仿战略的写照。创造性模仿者必须具备警觉性、灵活性，始终以顾客为中心，不断更新产品，以满足市场需求。它并不是致力于从最先推出新产品或服务的创新者手中抢走顾客，而是要服务于先驱者已创建但没有提供良好服务的市场；是满足已存在的市场需求而不是创建一个新的市场需求。实行创造性模仿战略的条件是：存在具有巨大发展潜力的市场；市场上已经存在对某种产品的需求，或者市场上已有的产品存在一定程度的缺陷。创造性模仿战略要求企业拥有一定的技术水平，可以生产改进后，还要善于发现消费者未满足的需求。鉴于上述特点，创造性模仿战略更适用于高科技领域。

3. 依附战略

依附型战略也称寄生战略，是指依附或者寄生在某家大企业的业务中，通过给这家大企业提供专业化的产品或服务而生存。企业创业之初，力量还不够强大，势单力薄。很多企业单枪匹马奋战，难以得到发展，甚至会因为互相撞车而灭亡。硬拼不行，初创企业应当怎么办呢？大企业有通畅的产品流通渠道，有广大的客户群体，就像一条牢固的大船；而初创企业无论在资金、技术，还是在人力资源、管理经验等方面都存在许多不足。如果初创企业能够找到与大企业利益结合点，就可借大船出海，跟随他们获得丰厚利润。换句话说：依附型战略就是把初创企业的生产经营活动相对固定地纳入或嫁接在某个大企业或企业集团上，成为该大企业或企业集团系列化生产中的一部分，进行专业化的生产与服务。

（1）优势

采用依附战略的优势在于：首先，企业可以得到相对稳定的供销渠道，产品的开发方向较为单一、明确，可以发挥自己的专长，并能在一定程度上避开市场激烈竞争的压力；其次，能通过协作关系进行联合开发，依靠大企业的技术开发能力和实力，突破自身在资金、人才、设备等方面的制约。

（2）风险

采用依附战略的初创企业，一旦所依附企业有风险，自身的风险就无法避免。为大企业提供专业化生产和服务的企业，同时也面临同类竞争者的威胁；以特许经营为依附的企业，高额的加盟费增加了投资的风险；依附单一品牌的企业自主权缺失，公司发展将面临危机；在IT行业，凡是依附于其他平台的公司，都非常不稳定。

（3）战略路径

首先，获得在大企业生产体系中相对稳定的、不可替代的专业化生产者或经营者的独特地位。

其次，在依附的同时，注重自身企业品牌的培育，并逐步经营自己的品牌。

再次，开发新产品，增加新的自主增长点。

最后，培育自身的核心能力，由单一依附向多元依靠过渡。

4. *差异化战略*

差异化战略是指通过使企业的产品、服务、企业形象等与竞争对手有明显的区别来获得竞争优势的战略。

（1）优势

①增加顾客对品牌的识别度。由于差异形成特色，而加深顾客对产品的印象。

②开发和培养顾客忠诚度，降低顾客对价格的敏感度。由于产品或服务的差异化，顾客对该产品或服务具有某种程度的忠诚，当这种产品的价格发生变化时，顾客对价格的敏感度不会随之发生变化。

③增强讨价还价的能力。由于购买者无其他选择，对价格的敏感程度又降低，企业可以增加讨价还价的能力。

④防止替代品的威胁。初创企业的产品或服务具有特色，能够赢得顾客的信任，便可以在与替代品的较量中比同类企业处于更有利的地位。

⑤创造新的竞争规则。经营差异化改变了游戏规则，使大企业在新的规则下难以用传统的模式打压新企业，从而保护了初创企业。

（2）风险

①面临实施低成本战略企业的威胁。如果顾客对某种差异化产品可觉察价值的评价，不足以使其认同该产品的高价格，低成本战略会轻而易举地击败差异化战略。

②买方需要的差异化程度下降带来的威胁。当顾客变得更加精明时，他们降低了对产品或服务差异化的要求，转而选择价格较低的产品。

③模仿者的威胁。竞争对手模仿可缩小顾客感觉到的产品差异，这是随着行业成熟而发生的一种普遍现象。

（3）战略路径

差异化战略又分为产品/服务差异化战略以及经营差异化战略。

①产品/服务差异化战略。这种战略的经济学意义是制造局部稀缺，初创企业针对供求平衡或供大于求的产品或服务，创造产品在性能的某一方面或经营过程中某一环节有别于竞争对手的稀缺性，从而建立差异化的竞争优势，获得超额利润。例如，“红色加多宝”这种功能型饮料，将“预防上火”作为自己的差别优势，与市场上各种红茶、绿茶等清凉型饮料形成差异，取得了巨大成功；海尔的服务差异化战略所带来的巨大经济效益也是有口皆碑的。

②经营差异化战略。经营差异化战略就是在产品或者服务的某一个环节，采取和以往完全不同的方式，同时结合其他方面重新定义竞争的规则、参数和范围，来改变既有的竞争模式，迫使竞争对手按照新的规则参与竞争。它可以表现为一种新的营销模式，如近几年出现的关系营销、体验营销、服务营销、顾问式营销、精确化营销、社区营销、定制营销等；也可以表现为一种新的渠道方式，如娃哈哈的联销体。

5. 集中战略

集中战略又称聚焦战略，是指企业将战略重点放在某个特定的地区或特定的购买者群体，提供特殊的产品或服务。集中战略是波特提出的三大基本竞争战略之一。它既是一种避免全面出击、平均使用力量的创业战略，也是一种进行市场和产品深度开发，促使企业获取超额利润的竞争战略。

（1）优势

企业在特定细分市场上实施集中化战略，可有效抵御行业竞争压力。此外，由于集中化战略避开了在大市场内与竞争对手的直接竞争，所以对初创企业来说，集中化战略可以增强相对的竞争优势。

（2）风险

采用集中战略具有以下风险：

①竞争对手可能会进入企业选定的细分市场，并采取优于企业的更集中化的战略。

②小市场中的顾客需求可能会与大市场中一般顾客需求趋同，优势削弱或消失。

③企业选择的细分市场非常具有吸引力，以至于各个竞争厂商蜂拥而入，瓜分细分市场的利润。

（3）战略路径

制定集中化战略，首先要检验该战略需要的市场基础和企业基础。成功实施集中化战略的关键是比竞争对手更好、更有效地服务于某一小市场的购买者，因而企业应具备以下基础：首先，服务小市场的成本比竞争对手低。其次，企业拥有有效服务小市场的资源和能力。从市场基础看，小市场应符合以下条件：其一，小市场需求非常独特并且专业化，以至于业内竞争者根本未能提供服务或服务得很差；其二，小市场可以盈利且具有较好的成长潜力；其三，小市场未被其他竞争对手关注，或者不是业内主要竞争对手成功的关键。

通过上述企业基础和市场基础检验后，企业就可选择具体的集中化战略。集中化战略除了市场细分战略外，还有专门技术战略。例如，为名牌汽车提供电路和照明系统的公司，在汽车工业尚处于初创阶段时就已经获取汽车配件市场的控制地位，成为事实上的行业标准，这也是一种专门技术战略。

6. 低成本战略

低成本战略是指企业通过建立高效规模的生产设施，在经验的基础上全力以赴降低成本，进行成本与管理费用的控制，最大限度地降低研发、推销、广告等方面的成本费用，贯穿整个战略的是“成本低于竞争对手”。

(1) 优势

企业在部分或全部领域建立成本优势不仅能够支持企业占据低成本的位置，而且具有相对较高的抗风险能力。即使外部环境变化导致构成行业竞争结构的五种力量都朝着恶化方向转变，占据低成本位置的企业仍能保持自己的竞争优势，持续获得高于行业平均水平的收益。

(2) 风险

低成本战略面临着潜在的风险。首先，过度关注成本而忽略了顾客诉求的变化，以致低成本战略定位失去有效性，甚至被顾客抛弃。其次，技术进步有可能导致企业设施或设备过时，采用新技术的竞争对手会获得更大的成本优势。最后，模仿、学习和改变规则对低成本战略定位企业产生威胁。

(3) 战略路径

首先，要求企业在对目标顾客诉求的分析和理解上超越其他竞争对手，从而保证战略选择的有效性。其次，要求企业在下列关键领域建立一种或多种资源和能力上的竞争优势。一是具有高效率、大规模、低成本的生产和物流设施、设备；二是将营销、研发、服务的成本降到最低水平；三是严格控制采购成本、生产运营和行政开支。为了防御低成本战略定位的潜在风险，实施这一定位战略的企业必须保持顾客导向和创新能力。

对于初创企业而言，低成本战略的最终目标是要抢占市场份额。因此，初创企业应努力建设能够达到规模经济的生产能力，并在已有经验的基础上尽力降低成本，从而实现产品的低成本。但是，在多数情况下，低成本战略不能单独成为创业战略，因为初创阶段的企业规模很难达到经济性的要求，只能通过成本管理和费用控制最大限度地减少研发、品牌塑造、营销等方面的费用，以降低经营过程中各个中间环节的成本。因此，这种战略往往是与其他战略同时实施的。

8.4 初创企业的扩张与退出

对于大多数创业者来说，创业的主要动机有三种。一是自己当老板，实现赚钱的愿望。如果自己当老板的动机始终没有变化，创业者可能一直设法牢牢地控制企业，把握企业的控制权可能是他们认为的最好的回报。二是获得经济利益。如果创业者从事创业的主要目的是赚钱，那么他们在企业快速成长阶段可能设法让企业上市或者把企业卖掉，最大限度地获得资金回报。三是实现自己的理想。对于实现理想的创业者来说，最好的回报也许是把企业继续做大、做强。因此，创业的动机不同，创业者对企业成长和发展制定的扩张或退出战略也有所不同。

8.4.1 初创企业内部成长战略

内部成长战略是指企业依靠内部活动，如新产品开发、其他的产品相关战略和国际扩张等，来实现成长。其独特性在于企业主要依靠自身竞争力、商业活动和员工成长。

产品—市场开发分析矩阵是企业战略规划中经常采用的方法，可以用来作为寻找和识别商业机会的工具。该方法将产品分为现有产品和新产品，市场分为现有市场和新市场，从而形成了一个四象限的矩阵，分别对应四种战略。

1. 市场渗透战略

市场渗透战略是指在既定的目标市场上，扩大现有产品的销售额在整个市场中的比例。当企业在对市场机会进行分析、判断，决定采取渗透战略时，需要做好三个方面的计划。

（1）确定市场领域

确定市场领域包括两层含义：一是选择现有市场需求未被满足的产品市场；二是进入对现有产品具有需求的其他市场，包括其他消费群体、其他地理区域的市场等企业还未进入的所有市场。企业既可以对上述市场采取依次进入的方式，也可以采取同时进入的方式。

（2）分析市场吸引力

市场吸引力是指企业进入目标市场后可能创造的最大利益。衡量市场吸引力的指标主要有市场需求规模、利润率、发展潜力等。同时，企业还需要考虑现有市场的竞争压力以及其他竞争对手的反应。

（3）确定企业在市场上的竞争优势

企业在进一步扩大市场份额时，必须对内部资源优势进行分析，主要包括两个方面。

①从质量、成本、技术、服务、客户关系、营销渠道等方面分析企业采取渗透战略的可能性。

②当现有市场的其他竞争对手采取对策行动后，企业如何长久保持自己的竞争优势。

2. 市场开发战略

当初创企业的销售额逐步增长、竞争优势突出时，为了获得更大的市场空间，企业就要采取相应的市场开发战略，开发新的市场。从广义的角度看，开发新市场既包括进入新的区域，也包括进入新的行业。由于进入新的行业与多元化战略相关，在此仅从进入新区域的角度加以分析。按照地理范围，市场可以划分为本地市场、地区市场、全国市场和国际市场四个层次。

（1）选择新区域市场的标准

企业进入新区域市场，首先要对当地市场状况进行分析、判断，主要包括三个方面。

①市场需求饱和程度。如果当地经济发展水平不均衡，有效供给滞后，市场需求处于非饱和状态，则为企业开发该市场的良机。

②市场竞争状况。如果当地市场需求处于非饱和状态，并且进入者不多或者进入者之间的竞争不充分，表明该地的市场份额有待进一步分配。

③市场的竞争秩序。如果当地市场相对公平、公开，不存在操纵市场、控制价格、限制交易等非正当竞争现象，并且当地政府有接受区域外资本的意愿以及相应的政策环境，则企业可以进入。

（2）选择合理的进入新市场的方式

对于刚刚进入扩张阶段的企业而言，在进入新区域市场时，一般都采用先易后难、先简后繁的办法。比如先推出一种或几种产品，试探市场反应，待有了一定市场影响时再大量推出产品；先派出几名营销骨干开拓当地市场，待占有相当市场份额后，再进一步招募营销、人力、财务等人员，扩大销售组织与销售模式；先通过建立销售网点、销售分公司的办法占领市场，待当地对产品的市场需求激增，并且具备生产条件时，再进一步在当地直接投资办厂。企业采取逐步深入的做法，既能在市场开发中积累丰富的经验，又能在一定时期做到资源集中利用，节约经营成本。

随着经济全球化的发展，我国越来越多的企业开始开拓国际市场。一般来说，进入国际市场的方式有：通过出口代理商（如进出口公司等）间接出口；通过建立销售分公司或子公司直接出口；许可证贸易或特许经营；合同生产（如委托加工等）；建立合资或独资企业等。实际上，每一种方式都具有各自的优势与劣势，企业在选择进入方式时不仅要考虑哪种方式更适合，还要考虑各种国际惯例、当地的政策限制等因素。

3. *产品开发战略*

产品开发战略是指在现有市场上通过改良现有产品或开发新产品来扩大销售的战略。改良现有产品，如提高产品质量、改变容量、改进性能或改良外观设计等，意味着提高价值和价格潜力。开发新产品包括创造和销售新产品或服务，在可能产生大量回报的同时也蕴涵着巨大的风险。有效的新产品和服务开发应遵循五个步骤：

①发现需求并尽力满足这种需求；

②开发增值产品；

③制定适当的质量、价格水平；

④关注特定目标市场；

⑤进行持续的可行性分析。

新产品失败有一些常见的原因，包括可行性分析不充分、高估市场潜力、时机选择不当、广告和促销活动不够以及质量或服务较差等。产品开发战略是企业对市场机遇与挑战、内部资源能力的优势和劣势所进行的全面的、前瞻性的思考和认识，以做出深思熟虑的选择。产品开发战略能避免企业临时、随意、盲目地开发没有市场价值的产品，而忽视了真正能够提升市场竞争力的产品机会。

4. *多元化战略*

多元化即一个企业同时生产和提供两种或两种以上经济用途不同的产品或服务。多元化战略是指企业的产品或服务跨一个以上产业的经营方式。按照企业涉及的各个业务之间的相互关系，多元化战略可以分为相关多元化战略和非相关多元化战略。相关多元化战略是指企业的各项业务之间存在技术、生产或市场的关联性；非相关多元化战略即企业的各项业务在技术、生产或市场等方面不存在明显的直接关联。

企业在实施多元化战略时，必须考虑内外部资源条件。内部资源条件包括竞争优势、产品特征、人员素质、技术水平等；外部资源条件包括资本市场、人才市场等企业外部环境。处于扩张期的初创企业，采取多元化经营时需要注意三个问题。

（1）多元化战略的实施时机

多元化战略的实施要以一定的人力、物力、财力为基础。在企业规模较小、资本有限、原有产品及市场都不断增长的情况下，不宜采用多元化战略。

（2）多元化的方式

企业的领导者在决策时需要全面分析企业资源条件，深入研究本企业应当在采取何种多元化战略，战略实施到何种程度才能最大限度地发挥企业潜力，并使资源达到充分利用。

（3）处理好专业化与多元化的关系

世界上成功的企业，既有采用集中经营单一产品、单一市场、单一技术的专业化战略的，也有采用多元化战略的。因此，企业需要认真分析市场机会，必要时可以聘请专业咨询公司，将企业资源优势与市场竞争状况综合起来考虑，分析实施专业化战略或多元化战略后企业的竞争优势、竞争对手的反应，从中找出适合本企业的战略。

8.4.2 初创企业外部成长战略

外部成长战略主要依靠与第三方建立的关系达到扩张和成长的目的。

1. 并购战略

并购是兼并和收购的合称，其实质是一种产权交易行为，是各权利主体依据企业产权的制度安排而进行的一种权利让渡行为。对于处于扩张阶段的初创企业而言，并购战略能够使企业进入新市场或者新产品领域，迅速扩大企业生产经营规模；但是同时也会带来市场、管理、文化、技术等方面的风险，因此企业应慎重运用。

（1）并购带来的收益与风险

①并购带来的收益。并购能够增加企业的市场竞争力，克服市场进入壁垒，降低新产品开发的成本和风险。

②并购带来的风险。并购带来了管理、企业文化、市场、技术等方面的整合困难；并购估价失误容易导致企业经营困难。

（2）并购目标企业的确定与价值评估

①并购目标企业的确定。在并购一家企业之前，必须对其进行全面的分析，以确定目标企业是否符合本企业整体发展战略，了解目标企业的价值，审查其经营业绩以及企业存在的机会与威胁，在此基础上做出是否并购的判断。一般来说，对目标企业的分析可从四个方面着手。

a. 行业分析：包括行业总体状况分析和市场结构分析。行业总体状况分析，包括行业所处生命周期的阶段、目前发展趋势、该行业在国民经济中的地位以及政府对该行业的支持、管制措施等；市场结构分析，包括市场集中度、现有企业数目、行业吸引力、行业竞争结构以及行业变革的驱动因素等。

b. 法律分析：对目标企业的法律审查，包括审查企业章程、财务清册、对外书面合约、企业债务以及诉讼案件等。

c. 经营分析：通过分析利润、销售额、市场占有率等指标大致了解目标企业的经营状况；通过分析管理风格、管理制度、管理能力，了解目标企业能否与本企业融合；通过分析人才、技术、设备、无形资产，掌握并购后如何发挥这些资产的作用。

d. 财务分析：可以委托会计师事务所审查目标企业所提供的财务报表，确定是否真实反映其财务状况。

②目标企业的价值评估。在并购实施过程中，并购方必须对目标企业的价值进行评估，从而为本企业的出价提供判断依据。另外也可根据估算目标企业的价值与现金流量，确定相应的融资方法。目前主要有三种价值评估方法。

a. 净值法：将公司净资产的价值作为目标企业的价值。净值法是估算企业价值的基本依据，一般在目标企业不适合继续经营或并购方主要目的是获取目标企业资产时使用。

b. 市场比较法：以企业的股价或目前市场上已有成交公司的价值作为标准，估算目标企业的价值。

c. 净现值法：预计目标企业未来的现金流量，再以某一折现率将其折现，作为目标企业的价值。如果并购方的目的是继续经营目标企业，则可以采用这种估算方法。

（3）并购资本的筹措

在企业并购中，并购方需要支付给目标企业巨额资本，因此如何筹措资本是实施并购战略的重大问题。

随着我国金融市场的发展，企业融资有多种方式，如向银行或非银行金融机构借款、发行债券、发行普通股、发行优先股、发行可转换债券等。实施并购的企业应该结合每种融资方式的特点以及自身实际情况选择合理的方式。

（4）并购之后的企业整合

并购方在完成一系列并购程序之后，必须对目标企业进行整合，使其与本企业的整体战略、经营目标协调一致。并购之后的企业整合主要包括以下五个方面：战略整合、业务整合、制度整合、组织与人力资源整合、文化整合。整合效果的好坏将直接关系到并购战略的实施成功与否，因此，并购之后的企业整合显得尤为重要。

（5）企业并购的特殊方式

①恶意并购。如果并购企业提出并购条件后，目标企业不接受，则并购企业只有通过股票市场交易强行并购，或者在未与目标企业的经营管理者协调的情况下提出公开并购要约，实现目标企业控制权的转移。在恶意并购中，目标企业通常会采取各种措施进行反并购。

②杠杆收购。杠杆收购是指拥有较少自有资本的企业，通过多方大量贷款筹措资金以收购目标企业，并在收购完成后，用目标企业的现金流来偿还债务的一种并购方式。理论界一般认为，当借款资金占到并购资金的 70%以上时，则可称为杠杆收购。

2. 战略联盟

战略联盟是企业间合作的一种具有长期性和重大意义的基本形式，是两个或两个以上的企业或组织在保持自己法人地位的前提下，相互自愿结成长期伙伴关系，以期在一个或多个领域实现双方共存与互惠，却不构成价格或产出共谋垄断的战略行为，如市场准入、获取技能和技术交换等。为实现这一目的，需要或多或少的合同机制来保证双方的投入，包括特许经营、外购协议、合资制造等。根据是否涉及产权关系以及产权分配的比例，企业之间的战略联盟可以划分为以下三种：合资企业、相互持股联盟和非产权战略联盟。

（1）合资企业

合资企业是两家企业对等出资组建和管理的企业。合资双方意识到双方各有优势与劣势，相互合作才能实现各自的利益，因此决定平分产权、共同管理、共享收益和共担风险。合资企业可以在很长一段时间内被初创企业用来迅速扩展经营规模。

（2）相互持股联盟

相互持股联盟由两个或者两个以上的企业以非对等出资的方式组建和管理。在这些企业的运营和管理中，合作各方将根据出资比例或者事前约定享受股东权益。

（3）非产权战略联盟

非产权战略联盟也称契约式联盟或协议式联盟，特指两个或两个以上的企业出于对市场预期和企业自身经营目标、经营风险以及共同使用资源等战略考虑，通过各种协议、契约而形成的非股权参与、优势相长、风险共担、生产要素双向或多向流动的一种松散型合作组织模式。非产权战略联盟的主要形式包括战略性外购、特许经营、合作开发等。

①战略性外购。战略性外购一般是以外包的形式进行，企业通过与其他企业签订购买协议而获得有价值的资源、产品或服务，从而更专注于核心能力与核心竞争优势的创造与建立。战略性外购有五大优势：第一，可以让企业将有限的资源和精力集中于关键领域，建立和强化核心专长；第二，降低企业的管理费用和维护成本；第三，从其他优秀企业获得更专业化的服务；第四，提高企业的应变和创新能力；第五，使企业保持更多的资源，有利于抓住其他机会。

②特许经营。特许经营是两家独立的企业通过合同确定合作关系，授权方允许被授权方销售前者的产品，或使用前者的商标进行商业活动。这种情况主要发生在企业国际化过程之中，例如市场多元化的麦当劳、肯德基、希尔顿酒店、迪士尼等，其特许经营目的主要是克服市场进入障碍、减少投资和加快进入速度。特许经营既是创业者的扩张战略之一，也是创业者进行创业的重要途径之一。特许经营模式应用非常广泛，特别是在餐饮、旅馆、零售、服装、旅游和健身美容等服务行业。特许经营是比较适合创业发展与扩张的经营方式，特别适合在经济低迷、品牌升温、买方市场为主的创业环境中。具体来讲，创业者采用特许经营模式可以得到的好处有：享受现成的商誉和品牌；避免市场风险；分享规模效益；获得多方面支持；短期内获取盈利。特许经营也有一些不足之处，如较高的加盟费和特许权使用费，强制性标准化，可能面临市场饱和的危机。

总之，创业者要谨慎选择加盟方，结合实际情况，考虑是否能承受加盟费用和统一的标准，并对特许的市场做充分的调研。

③合作开发。合作开发是指企业之间通过协议共同开发市场或技术。例如，在网络浏

览器市场，微软与美国50家硬件及网络服务厂商组成以销售渠道为主的战略联盟；摩托罗拉与东芝在1986年组建了一个以技术交换为导向的战略联盟，在此战略联盟下，东芝获得了当时日本公司一直缺乏的单晶片微处理机关键技术，对该公司的整体研发有很大的帮助；摩托罗拉则因此改善了制造技术，不但缓解了日本公司在此产品上的价格压力，同时提升了晶片制造的整体技术。通用电气与法国斯奈克玛公司联合生产小型民用飞机的发动机，斯奈克玛公司通过战略联盟获得了高度机密的天然气涡轮发动机核心技术使用权。

8.4.3 初创企业退出策略

退出策略是指将企业的所有权转移给他人的相关程序。当创业者希望收获回报并转向其他活动，或者是通过卖掉一部分股权来给企业注入的资金时，创业者会选择将所有权转移给他人。初创企业的退出机制具体来说有三种情况。

1. 销售或转移给内部人

创业者可以将企业的所有权转移给内部人而退出企业。内部人是指家庭成员、高层管理人员或者其他员工。具体采取哪种形式依赖于许多因素如创业者的偏好和愿望、从经济角度看对企业的有利性、税收和法律方面的考虑等。

（1）家族企业的继承

继承是最为普遍的一种形式，特别是对于家族企业而言，更是首选的形式。以继承方式退出企业的创业者可以通过三种途径。

①逐渐地与所选择的继承人分享权利。

②组建一个有限合伙企业，将大部分股份转移给这个成员，而创业者作为一般合伙人，继续控制这家企业的日常业务运营。

③建立各种类型的信托基金，即在创业者和受托人（一般是银行的职员或代理人）之间进行协议安排，受托人将得到财产（如企业股票）的法定权利，并为这种信托基金的受益人（如创业者的子女）持有这些财产。在这种情况下，创业者在有限的时间内继续控制这家企业，而后受益人将得到这些股票的所有权并对此进行控制。

（2）高层管理人员买断

企业的高层管理人员最了解企业的产品、财务、结构以及前景，所以当创业者决定要离开时，高层管理人员往往是购买这家企业的最佳买主。已有的数据表明，高层管理人员买断的企业通常能够大大提高效率，并且企业经营的改善能够非常持久。

如果企业的高层管理人员拥有足够的资金，就可直接购买企业，或者先支付一部分费用，剩下的部分按协议日后再全部付清。另外，他们还可以组织杠杆收购，通过从银行或其他金融组织借贷，来支付预先商定的价格。新的所有者以其的股票作为担保来借贷，或者在条件允许的情况下，贷款人也可以接受作为企业的权益人抵消全部或部分借贷。由于在杠杆收购中，购买者就是运营这家企业的管理者，因此，这种方式使企业破产的可能性降到了最低。

（3）员工持股计划（ESOP）

员工持股计划是将企业的股票作为奖金发给员工，而奖金的多少依赖于企业的盈利程度。研究结果显示，员工持股计划是建立企业员工的认同感和行为动机的有效方法。员工持股计划有三种类型。

①一般计划。在这一类型中，创业者往往建立一个员工持股信托基金（ESOT），并将企业每年薪金（现金或股票形式）的15%提供给这个基金。如果这一款项是现金形式，那么基金会将以公平的市场价格来购买企业股份；如果是股票形式，那么这些股份将由基金会为员工保存下来。通过这种方式，创业者（企业当前所有者）逐渐将股份转移给员工。对创业者来说，这种方式的一个好处是提供给信托基金的薪金部分将免除税收，从而降低了盈利企业的税收责任。

②杠杆计划。在这一计划中，员工持股信托基金通过从金融机构借款来购买企业的股票。企业保证将在未来几年向员工持股信托基金提供足够的资金或股票，以支付借款的本金和利息。企业支付给员工持股信托基金的款项（包括本金和利息）将全部免除当前的税收。这一类型有利于加快向员工转移所有权的速度，这是因为员工持股信托基金可以通过筹措足够的资金购买大宗股份。

③所有权转移计划。在这一计划中，企业向员工持股信托基金提供现金，以供员工持股信托基金从现有股东手中（如创业者及其家庭成员）而不是在公开市场上购买企业的股份。当创业者希望逐渐退出企业，且员工对企业有高度认同感时，所有权转移计划是一种有效的策略。相反，如果企业的员工流动性很大并且对企业的所有权兴趣很小或不感兴趣时，所有权转移计划就不是一种好的选择。

2. 销售给外部人

任何营利性的企业都存在几类潜在的买方：直接竞争者，即计划扩张市场份额的企业；非直接竞争者，即不与初创企业直接竞争但希望进入企业所服务市场的企业；非竞争者，即仅仅认为该企业是将剩余资金和管理技能进行投资的好场所。尽管许多创业者会选择将企业销售或转移给内部人，但外部的潜在买方也有可能成为企业的未来拥有者。

将企业出售给大企业是一种主要的退出策略。一些大企业希望通过收购小企业来扩大自身规模，并利用自身庞大的资金优势和销售网络来实现小企业创新产品的规模经济。将企业出售给大企业可以使创业者迅速收回现金，特别是在企业经营不善的情况下，这是一种有效的价值保全手段。但是，这种退出方式的代价很有可能是创业团队或管理层整体撤出企业，从而导致企业面临巨大的易主风险。

实现企业与潜在买方间沟通的最佳方式是商业计划书，一份对于企业经营前景及价值的说明。潜在买方一旦出现，销售协议中特定条款的签订就将取决于企业的估价和谈判过程。如果企业的收购最终没有达成，会给企业带来很多负面影响，因此做出将企业出售给外部人的决定时需要特别慎重。

3. 首次公开发行股票（IPO）

首次公开发行股票（IPO）是指企业通过证券交易所首次公开向投资者发行股票，以期募集用于企业发展的资金。

（1）实现IPO的优点

①通过IPO不仅能获得公司发展所需要的大量资本，还为创业者创造了大量的财富。

②公开上市的企业会获得从投资者到顾客的各种利益相关者的信赖，有利于企业获取

竞争优势。

③企业一旦上市，市场将对企业的价值进行持续和最新的评估，有助于后续的企业融资并增强企业的流动性。

④上市公司比私有企业更容易实施雇员股票期权，也更易于收购其他企业。

（2）IPO 的缺点

①实现 IPO 必须支付大量成本，主要包括上市初费、承销费、保荐人费、法律顾问费、会计师费等。

②公开上市的企业必须服从市场细致而彻底的监督，从而限制了管理者经营企业的自主性。比如市场倾向于低风险的商业策略，所以管理者不得不避免投资高风险的商业策略；投资者期望获得红利或资本收益，所以管理者会专注于短期策略，来满足投资者的要求。

创业者通过 IPO 把手中拥有的初创企业的股权抛售退出企业，是较受欢迎的一种退出策略。但这种退出策略除了要支付昂贵的退出费用，还存在一定的退出限制。IPO 方式不能使有限合伙人立即从初创企业中完全撤出，主要是为了防止由于拥有初创企业大量股份的创业者在公开上市后抛售股票，引起股价狂跌。总之，如果企业确实需要巨额资金，且能够处理上市过程中的各种压力，实施 IPO 作为退出策略是有利可图的。

【本章小结】

本章介绍了创业战略的概念和特征、初创企业战略制定以及选择，还介绍了初创企业的扩张与退出。

【扩展阅读】

如需要进一步了解和掌握初创企业战略管理的内容，请阅读《新进入缺陷、合法化战略与新企业成长》（杜运周，任兵，张玉利. 管理评论，2009），《创业成长模型评述及构建思路探讨》（林嵩，张帏，姜彦福，科研管理，2007），（《创业管理：成功创建新企业》，（［美］布鲁斯·R·巴林格（Barringer，B. R,），R·杜安·爱尔兰（Ireland，R·D.）著，杨俊，薛宏志等译. 北京：机械工业业出版社，2010 年。），《初创企业即兴行为到惯例的形成机理：基于创业学习视角》（马鸿佳，吴娟，郎春婷，外国经济与管理，2018），《战略形成、创业学习与初创企业绩效》，（陈彪，2017）

【关键术语】

创业战略　战略制定　跟随战略　模仿战略　依附战略　差异化战略　集中战略　低成本战略　内部成长战略　外部成长战略　退出策略

【思考题】

1. 初创企业是否需要战略？创业者如何思考战略问题？
2. 初创企业战略有何特征？

3. 初创企业有哪些竞争战略？分别具有哪些特点？

4. 初创企业的成长方式有哪些？

5. 初创企业的退出策略有哪些？

【参考文献】

[1] 张玉利. 创业管理. 北京：机械工业出版社，2009.

[2] 梁巧转，赵文红. 创业管理. 北京：电子工业出版社，2013.

[3] 李时椿，常建坤. 创业学——理论、过程与实务. 北京：中国人民大学出版社，2011.

第9章　初创企业营销管理

【学习目标】

1. 了解创业营销的相关概念、创业营销的过程；
2. 掌握初创企业的目标市场战略；
3. 熟悉市场营销组合的理论框架；
4. 熟悉并能将4P营销组合策略与实践结合应用。

【开篇案例】

2013年春天的一个下午，碧桂园控股有限公司（下称碧桂园）董事局主席杨国强与中国平安保险集团董事长马明哲之间有一场简短对话。那时，没有人能预测，这场对话将怎样改变碧桂园的命运。

两人在一场高尔夫球赛间隙交流，那时58岁的杨国强问了同龄的马明哲一个管理问题。10年前，杨国强把女儿杨惠妍推向了中国首富的位置，但面对业内最受追捧的保险公司掌门人，他态度谦逊。

杨国强问："你管理平安万亿资产，有什么秘方？"

马明哲说："我能有什么秘方，就是用优秀的人。我这有很多年薪千万的人。"

回去后，杨国强对时任碧桂园人力资源总经理彭志斌说："我给你30个亿，你去给我找300个人来。"

在这场对话发生之前，2010年，中建五局总经理莫斌接受杨国强邀请，加入碧桂园任总裁。2015年他的年薪跃为605.4万元，略高于碧桂园董事局副主席杨惠妍603.5万元的年薪。2013年，中海集团董事朱荣斌加入碧桂园，任执行董事及联席总裁，两年后他拿到了553.6万元的年薪。2014年，同样有中海、中建职业背景的吴建斌，出任碧桂园首席财务官，2015年年薪为619.5万元。到2016年结束时，来自中建的刘森峰，成为碧桂园第一位年收入过亿的区域总裁。同时，碧桂园成为业界拥有博士数量最多的地产商。

2016年，碧桂园以销售额3 088.4亿元跻身中国房企三甲，仅次于恒大的3 733.7亿元、万科的3 647.7亿元。而在6年前，碧桂园的年度销售规模仅为329亿元。那时，这家诞生于广东佛山顺德的地产商，多被业界认为是一家中小型家族企业。

变化是翻天覆地式的。6年间，碧桂园的业绩规模成倍增长。2011年432亿元，2012年476亿元，2013年1 060亿元，2014年1 288亿元，2015年1 402亿元，2016年3 088.4亿元，这样的增长速度，在地产行业并不多见。

多年来，杨国强延续着朴素的低姿态，这让他在同类企业家中更显低调而谨慎。据了解，在与王石、任正非等企业家私下交流时，他总说自己是个农民，没有读过什么书，自己的观点不一定对。熟悉杨国强的人称，这些开场白之后才是他的真实想法。接近他的人说，杨国强的阅读量并不小，经常给碧桂园高管推荐书籍，据说他最爱读的是法国作家卢梭的《忏悔录》，自己读过数遍，亦多次向人推荐。

杨国强深谙在中国经商的政治语境。在公众场合，他常会提起自己年少时穿不起鞋的窘迫往事。在追昔抚今的反差中，一再感恩机遇、感谢国家。在以规模论高下的地产行业中，杨国强治下的碧桂园，已成为同行不容忽视的对手。但杨国强的身边人说，杨的危机感很强，“他整天都在担心公司会倒闭”。

在碧桂园官网上，杨国强在2017年元旦致辞中写道：“有人才，有天下!”接近杨国强的人说，对于人才越发重视，是近几年来他最大的变化。

碧桂园之变起步于2010年，那一年，杨国强加大了对外部职业经理人的招揽力度。2013年，他们拟就一个“全球30%硕士、70%博士”的新招聘计划。这个计划深刻影响杨国强，促使他做了一个新决定——启动“未来领袖计划”，在全球广招名校博士，碧桂园给这些人才以高薪和高职业前景承诺，其力度与广度，为中国地产行业所罕见。到2016年底，入职碧桂园的博士已超过400人。但只有高中学历的杨国强仍不满足，他向内部发出了一个最新的动员令：2017年碧桂园还要新招300名博士，其中至少有200名博士是海外招聘，海外启用。到2016年底，碧桂园多出1 400多名外来职业经理人，他们多在碧桂园找到了职业存在感。

杨国强拿出了又一个秘密武器。这是一个几年后被证明，比单纯人才培养更有远见、也更有支撑性的举措，这就是碧桂园“成就共享”与“同心共享”人才激励机制。后者是前者的升级版，是通过让碧桂园员工入股项目，跟投获益，通过超额利润分红，让所有员工更愿意为企业创造价值。

这个合伙人制度是杨国强一手主推的，旨在让每一个员工有更大的工作积极性，以合伙人方式与项目更紧密联结，从而获得更大的回报。这是杨国强用来将外部优秀职业经理人与碧桂园绑定的利益绳索。

2016半年报显示，截至2016年6月30日，碧桂园共有319个项目引入合伙人制度，采取了项目跟投。碧桂园跟投年化自有资金收益率约为65%。

外部人才招纳和激励制度，为碧桂园从百亿到千亿注入了催化剂。2012年，碧桂园销售额476亿元。这一年开始推行“成就共享”制度，但因为是推行的第一年，所有人都将信将疑。到年底时，有员工发现自己竟拿到了8 000万元的收入，便去询问杨国强，是否给自己多打了一个零，杨国强告诉他，这是根据他的业绩和分红所得。这件事在公司内部刺激了很多人，大家发现原来激励并非只是空头支票。

“所以到2013年，所有人都拼命了。”2013年底，碧桂园销售额暴涨至1 060亿元，翻了两倍多，从此跨过千亿门槛。

企业销售额激增，与市场年景好的外部因素有关，但人的能动性被调动起来，也让碧桂园表现出更多的“狼”性。这最终在人员收入上反映出来。到2016年底，在激励制度下，已有碧桂园项目总经理年收入过千万，有区域总裁年收入过亿。拿到过亿元收入的是碧桂园江苏区域总裁刘森峰，他所在的江苏区域项目跟投了1.5亿元。“我自己的身家全部投在里面，连房子都全部抵押了，我们整个区域都像打了鸡血一样。”刘森峰说。

碧桂园总设计师黄宇奘每天早上八点半开始工作，中午不休息，午餐就在办公桌扒拉一份盒饭。他每天的工作要持续到晚上12点，双休日也基本无休。碧桂园设计部门2015年设计了200多个项目，2016年设计500多个项目，设计面积翻一倍，工作时间也增加了一倍。

一位碧桂园投资部副总裁在2016年瘦了15斤。“我压力大，不过习惯就好。你只要跟公司走，与外面比就是跑的速度，我们比同行工作节奏快，到碧桂园每个人都是工作狂。”

9.1 创业营销的概念

9.1.1 创业营销的内涵及特征

1. 创业营销的内涵

创业营销是营销的一种。所谓创业营销，是初创企业家凭借创业精神、创业团队、创业计划和创新成果，获取企业生存发展所必需的各种资源的过程。创业营销是一种崭新的创业模式，与传统的市场营销有很大的不同，创业营销是企业在市场变化、环境复杂、资源缺少情况下，通过积极地识别和开发市场机会，运用创新方法开发并维系潜在客户的一种创业导向的营销。

2. 创业营销的特征

同传统营销相比，创业营销有以下特征。

（1）机会导向

创业者在实施营销活动时，运用新方法赢得客户，根据创业机会的成长性制定营销战略。

（2）注重关系

初创企业开始时市场认同度低，缺少成功的营销经验，市场营销方案和措施对初创企业适应性较弱。在实际营销时，应注重创业团队成员的亲朋好友以及企业层面的战略联盟，特别要着重引进具有良好社会关系的市场开拓人才，可能会使营销活动事半功倍。

（3）灵活多变

初创企业在进入一个新市场或市场环境多变时，创业者应注意调整营销策略，依据营销环境的变化而进行调整，不能固定不变，被动营销。

（4）注重营销反馈

初创企业在营销活动中，特别强调营销活动对企业经营的反馈作用。不仅要推销产品，还要在推销中反思经营及发展战略，并作为调整企业经营活动的依据。成功的营销过程能够有效带动企业建立竞争优势，促进企业发展。

在创业的初始阶段，企业的创意、商业模式、团队建设、核心技术是初创企业能够在激烈的竞争环境中立足的条件，而市场的营销能力和推广能力则是降低初创企业风险的关键。在有限的市场容量下，能否顺利地把新产品和服务推向市场，并得到市场的认可，将产品、价格、促销、渠道营销组合实现有机融合，对于初创企业的发展至关重要。因此，初创企业一方面要注重积累培育企业发展所需的资源条件，另一方面更要注重培养企业的市场营销开拓方面的人才，发展具备良好沟通能力的营销团队，着眼于长期的客户关系培养和市场培育。

9.1.2 创业营销的相关理念

一般来讲，初创企业面临的环境不确定性因素很多，风险也远远超过成熟企业，因此营销策略更要灵活。为了更好地开拓市场，让企业的新产品为顾客带来更多的利益，创业者需要拓展现有的营销法则，不断地创新突破传统的思维模式。初创企业的营销理念主要表现在五个方面。

1. 机会营销理念

初创企业所拥有的资源较为匮乏，前期积累也有限，创业者在营销决策上不能只受限于企业当前所拥有的资源。机会营销理念意味着创业者在实施营销活动的过程中，要着眼于企业的未来发展机会，立足于长远目标，评估各类机会的成长性，进而制定相应的营销策略。初创企业还需要积极地探索新方法，以创新性的手段，最大限度地调动外部资源。

2. 关系营销理念

关系营销理念的核心是建立并发展初创企业与消费者之间的良好关系，初创企业不仅要为顾客提供一定的物质利益，还必须让顾客从企业形成的关系中获得情感的满足，比如，为顾客提供更贴心的服务，提供更多的附加利益，做好顾客维系工作。以关系为导向的营销理念有利于初创企业形成顾客忠诚度，并通过维系原有顾客争取更多的新顾客。

3. 合作营销理念

传统的营销理念过于强调竞争，而对于初创企业来讲，市场影响力有限，在竞争中不一定处于优势地位，所以更应该强调合作。以合作为导向的营销观念使初创企业与具有不同优势的企业之间展开合作，通过优势互补，共同创造更多的市场业绩，来实现“双赢”或“群赢”。弱化竞争，强化合作，初创企业通过与其他企业在资源或项目上的合作，可以增强市场竞争能力。

4. 动态营销理念

由于初创企业面临的市场环境更为动荡，具有很大的不确定性，所以初创企业在市场营销活动过程中，应该不断调整自身的战略和战术，实施动态调整反应机制。无论什么企业都应该以市场为导向，初创企业更应该如此。如果一味固守原有的产品和营销模式，不根据市场环境的变化进行相应的调整，则无法在激烈的市场竞争中生存和发展。

5. 风险防范理念

初创企业所处的阶段特征，决定了在其发展过程中不可避免地遇到一些外部风险和内部风险。因此创业者需要将防范营销风险作为一项重要的职责。否则，一旦营销风险发生，对于处于弱势地位的初创企业来说将是致命的。防范外部风险主要表现为，积极与信用度较高的经销商和客户建立长期、稳定、互相信任的合作关系，避免为了急功近利、拉拢客户资源，不对经销商进行信用调查。初创企业在销售过程中，允许存在一定的赊销行为，但需要与经销商、客户有严格规范的合同关系，避免经销商和客户带来的营销风险。内部风险需要注意的是创业团队人员股权清晰，权责明确，利润分配合理。应从制度和管理手段上解决初创企业销售人员所带来的风险。

对于创业营销而言，企业营销人员的营销理念决定其营销行为。因此，具备正确的营销理念，对营销从业人员的事业至关重要。

9.1.3 创业营销过程

一个成熟的企业往往拥有一个专业化的营销职能部门，初创企业由于所处阶段不同、拥有的资源较为匮乏，营销队伍的搭建不尽完善，很多的营销活动都由创业者或创业团队完成。创业者在企业初期的发展过程中往往身兼数职，为了降低企业的经营风险，更加注重创业营销的整个过程。因此，创业者在组织创业营销的时候，不应局限于营销活动本身，需要积极整合创业过程各要素，提升创业营销的力度和效率。

创业营销过程从产品（或服务）进入市场开始分析，构筑关系渠道，实施促销策略，确定产品价格，搞好售后服务和反馈。这既包括传统的营销组合（产品、价格、渠道、促销），也须考虑创业机会的深度分析和后续的服务。创业营销过程如图9-1所示。

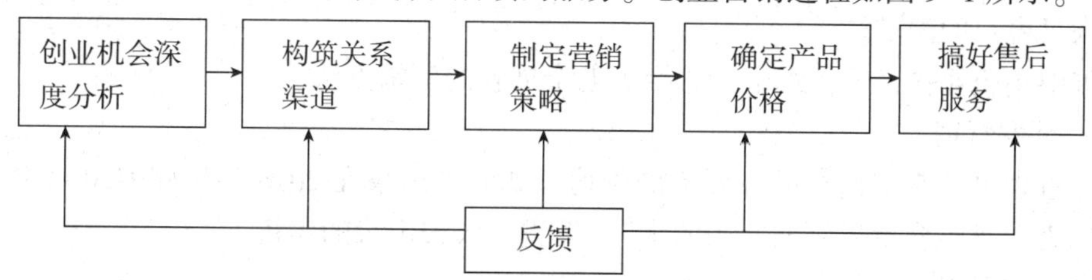

图9-1 创业营销过程

1. 创业机会深度分析

创业机会深度分析是对初创企业机会特征的分析。创业过程是一种创业机会导向的管理活动，创业者需要根据企业的内外部环境去深入分析创业机会的特征，从而选择不同的战略方向。创业营销的目标要服从于企业的战略目标，创业营销的规划也需要应用战略工具予以指导。创业机会的分析主要分为两个方面，一方面是市场层面，创业者需要分析企业如何进一步定位细分市场，从广阔的行业市场中寻找最适合的消费者群体。另一方面是产品层面，创业者需要从满足需求的角度去认识产品，考虑最合适的产品定位，提高产品的市场竞争力。从战略层面讲，机会导向的营销模式是创业营销能否实现预期目标的关键。

2. 构筑关系渠道

创业者关系渠道构筑是以人脉关系为核心的。良好的关系可以带来充裕的资金、技术、管理、信息、人才等各种要素，形成良性循环的关系网络，从战略层面讲，有利于创业者根据企业的营销规划和营销目标，寻找到与之相匹配的资源和能力。关系渠道的构建，能够有效地将营销策划和营销执行联系起来，对于初创企业的营销扩展至关重要。

3. 制定营销策略

初创企业通过创业机会的深度识别，构建好相应的网络关系，选定了目标市场，找好市场定位以后，需要制定一个营销方案，实施具体的营销策略，通过创业团队的营销规划、方案将产品推向市场。在创业营销的实践过程中，初创企业要使产品得到消费者的认可，仅靠一种营销手段是不够的，需要有效的营销组合策略包括产品创造价值、价格体现价值、渠道交付价值、促销宣传价值。因此，初创企业必须将企业的各种要素进行整体整合，相互配合，才能发挥最佳作用。

4. 确定产品价格

为了防止创业者在创业营销过程中一味地追求价格竞争方式，影响创业者的判断，一般情况下，确定产品价格一般放在营销规划的最后一步，这也体现了创业营销管理过程中产品定价的重要性。合理的价格设定可以充分推进新产品的市场导入工作。在定价阶段，创业者需要综合各方面的因素，为初创企业的产品寻找合理的价格。创业者首先需要考虑的是企业的定价目标。不同的定价目标影响着初创企业产品价格方法的选择与制定。此外，创业者还要考虑市场需求结构、产品成本等因素，以此来确定产品的价格。

5. 搞好售后服务

服务质量决定营销效果。因此，必须把服务作为创业营销组合的重要内容，并落实到位，让客户满意。根据客户提出的不同要求，做好反馈工作，适时调整，以促进销售量的增加，满足客户的需求。

我国中小企业在营销实践中，总结出七个创新的营销方法。

（1）事件营销

通过重大事件来突出产品或服务的价值，如农夫山泉在 2016 年杭州 G20 峰会上大放光彩，成为“被最多世界领袖饮用的水”，促进了农夫山泉的销售。

（2）关系营销

强调顾客、竞争者、供应商、分销商、政府机构、股东、员工、社会公众等发生营销互动的过程，其营销效果是显著的。

（3）网络营销

通过互联网或大的网商开展的互联网营销活动。

（4）零库存营销

以用户定量为标准，实行订单生产营销。

（5）无缺陷营销

开发的产品（或服务）要求零缺陷，即在设计、产品、服务、全过程无缺陷。

（6）饥饿营销

先进行前期的各项准备工作，培养客户的忠诚度，积累大量的粉丝，直到某一产品或服务得到客户认可的时候，才在适当时间进行销售。苹果、小米手机都曾采用饥饿营销的方式，并取得了很好的营销效果。

（7）病毒营销

一些后发企业利用独创的“语言”进行战略性病毒营销。凡客诚品针对“80 后”“90

后”，采用网络“术语”，启用同时代的明星代言人，以调侃般的语气，形成有效“病毒”，在地铁、户外、互联网等虚实区域进行立体式布局传播，获得了快速的成功。

9.2 市场定位

要获得成功，初创企业必须回答以下问题：谁是我们的顾客？我们该如何吸引他们？管理完善的新企业，会按下面三个步骤来回答这些问题：市场细分、选择目标市场、制定定位策略，如图 9-2 所示。在每个步骤中，新企业必须回答帮助其精确定位的问题。

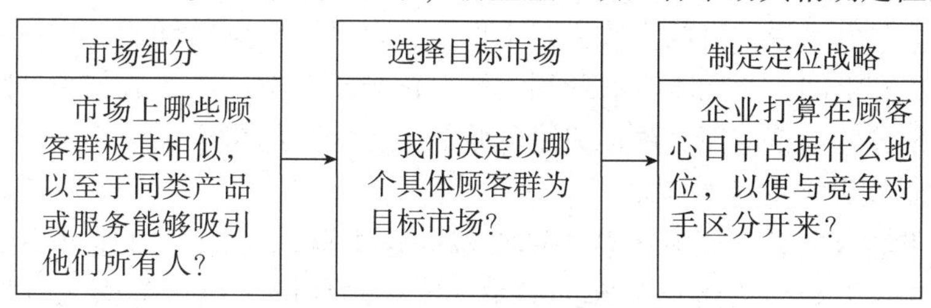

图 9-2　选择目标市场与定位战略的过程

企业的目标市场是企业追求或努力吸引的有限的个人或企业群体。优先选择一个目标市场并在目标市场上进行定位对企业而言非常重要，因为几乎所有的营销决策都依赖于这些关键的初始选择。如果先做其他的营销决策，比如选择广告战，企业可能会面临无法向大众发出明确信息的风险。

9.2.1 市场细分

选择目标市场的第一步，是研究企业打算进入的产业并确定该产业中的潜在目标市场，这个过程称为市场细分，它之所以重要是因为新企业拥有的资源一般仅够其定位于某个细分市场，需要将有限的资源应用到最有优势的市场中去。人们可以用很多不同方法、标准来细分市场，包括产品类型、价格点与顾客类型。例如，计算机产业可以按照产品类型（即手持计算机、便携型计算机、个人计算机、微型计算机和大型机）或顾客类型（即个人、企业、学校和政府）来细分。企业一般会选择最有可能进入的细分市场，这个市场与其核心竞争力最为兼容。

1. 市场细分的目标

在市场细分过程中，企业应努力实现四个重要目标。

①企业在市场细分过程时应在打算进入的产业中，根据购买者的需求识别出一个或多个相对同质的预期购买者群体。

②企业选择的细分市场，其内部差异应小于细分市场之间的差异。

③细分市场应该足够独特，以便于识别。市场一旦被识别，企业就可以通过广告和促销来专门吸引目标市场顾客。

④最后，企业应该能够确定细分市场的规模，以便在积极向前推进时知道潜在市场规模。如果细分市场太小，即使细分市场上的顾客对其产品和服务很满意，企业成长很快也会出现停滞。

2. 市场细分的步骤

（1）依据需求选定产品市场范围

每一个企业，都有自己的任务和追求的目标，作为制定发展战略的依据。企业一旦决定进入哪一个行业，接着便要考虑选定可能的产品市场范围。

产品市场范围应以市场的需求而不是产品特性来定。比如一家住宅出租公司，打算建造一幢简朴的小公寓，从产品特性如房间大小、简朴程度等出发，它可能认为这幢小公寓是以低收入家庭为对象的；但从市场需求的角度来分析便可看到，许多并非低收入的家庭也是潜在顾客。举例来说，有的人收入并不低，在市区已有宽敞舒适的居室，但又希望在宁静的乡村有一套房间，为周末度假所用，所以该公司要把这幢普通的小公寓看作整个住宅出租业的一部分，而不应孤立看成只是低收入家庭居住的房子。

（2）列举潜在顾客的基本需求

选定产品市场范围后，创业团队中的市场营销方面的专家可以通过头脑风暴法从地理、行为和心理等方面估算潜在顾客的需求。这一步能够为以后的深入分析提供基本资料。如，这家住宅出租公司可能会发现，人们希望小公寓住房满足的基本需求，包括遮蔽风雨、停放车辆、安全、经济、设计良好、方便工作、学习与生活、不受外来干扰、足够的起居空间、满意的内部装修、公寓管理和维护等。

（3）分析潜在顾客的不同需求

初创企业要依据人口变动情况做抽样调查，向不同的潜在顾客了解，上述需求哪些对他们更为重要。比如，在校外租房住宿的大学生，可能认为最重要的需求是遮蔽风雨、方便上课和学习等；新婚夫妇希望的是遮蔽风雨、停放车辆、不受外来干扰、满意的公寓管理和维护等；大家庭则要求遮蔽风雨、停放车辆、经济、足够的儿童活动空间等。这一步至少确定三个细分市场。

（4）移去潜在顾客的共同需求

初创企业移去各细分市场或各顾客群的共同需求。这些共同需求固然很重要，但只能作为设计市场营销组合的参考，不能作为市场细分的基础。比如，遮蔽风雨、停放车辆和安全等，几乎是每一个潜在顾客都希望的。公司可以把它作为产品决策的重要依据，但在细分市场时要移去。

（5）为细分市场暂时取名

初创企业对各细分市场剩下的需求做进一步分析，并结合各细分市场的顾客特点，暂时安排一个名称。

（6）进一步认识各细分市场的特点

企业对每一个细分市场的顾客需求及其行为进行更深入的考察。明确各细分市场的特点，以便进一步明确各细分市场有没有必要再做细分或重新合并。比如，单身和已婚消费者的需求差异很大，应当作为两个细分市场。同样的公寓设计，也许能同时迎合这两类顾客，但针对他们的广告宣传和人员销售方式都可能不同。初创企业要善于分析这些差异。

（7）测量各细分市场的大小

初创企业应把每个细分市场同人口变动情况结合起来分析，以测量各细分市场潜在顾客的数量。因为企业进行市场细分，是为了寻找获利的机会，而有的细分市场或许根本就不存在顾客，也就无法盈利。

9.2.2 选择目标市场

市场细分之后，初创企业接下来就要考虑决定的细分市场并为之提供产品或服务，这就是目标市场的选择。初创企业在营销能力和资源方面的优势都十分有限，选择目标市场时必须量力而行，且市场必须具有足够的吸引力，企业也有能力满足市场需求。

1. 选择目标市场的标准

在评价和分析各细分市场特性的基础上，初创企业应确定最适宜的目标市场。一般来说，初创企业所选择的目标市场应符合三个标准。

（1）目标市场必须与企业所拥有的资源相匹配

企业需要考虑凭借自己的资源和能力，在目标市场上是否有竞争优势。初创企业在评估细分市场的过程中，也要评估企业的内部环境和资源要素，选择力所能及的目标市场。如果企业的资源比较有限，可以考虑避开现有的竞争对手所占据的市场，寻找空白市场或市场的空白点。

（2）目标市场必须具有一定的容量和发展前景

对创业者来说，市场容量就是市场规模，也就是创业者从目标市场所获得的业务量。如果市场规模太小，会制约企业的后续发展，所以初创企业要选择具有一定容量的市场。市场的发展前景也十分重要，具有发展潜力的市场，对创业者来讲是极具吸引力的。而那些如今获利较多、好像极有诱惑力的市场很可能正在衰退，因此看一个市场要看前景，绝非仅看当下的状态。

（3）目标市场必须与企业的战略目标一致

有些细分市场虽然有吸引力，但与企业的战略目标不一致，也不能成为企业所选择的目标市场。创业者应注意区分短期利益和长远目标，根据企业的战略目标来选择目标市场。比如，企业实施的成本领先战略，以价格作为主要的竞争优势，那么所选定的目标市场就可以是大众人群，而非仅仅是高收入群体。

2. 选择目标市场的模式

（1）密集单一市场

密集单一市场即企业选择一个细分市场，集中营销。初创企业在以下情况中，可选择密集单一市场：已经具备在该细分市场发展所必需的条件；企业资源有限，只能在一个细分市场经营；细分市场中没有竞争对手；这个细分市场才进入成长期。

公司通过密集营销，更加了解本细分市场的需要，通过树立一定的声誉，可以在该细分市场建立稳固的市场地位。而公司通过生产、销售和促销的专业化分工，也可以获得许多经济效益。如果细分市场选择得当，公司的投资便可获得很高的收益。

但是，密集市场营销风险很大，因为它的目标市场范围小，品种单一，如果目标市场的消费者需求和偏好发生变化，企业就可能因应变不及时而陷入困境。同时，当强有力的竞争者进入目标市场时，企业就会受到严重影响。这使许多初创企业为了规避风险，选择在若干个细分市场分散营销。

（2）有选择的专门化

初创企业采用此法选择若干个细分市场，其中每个细分市场在客观上都有吸引力，并且符合初创企业的目标和资源，各细分市场之间很少有或者根本没有任何联系，每个细分市场都有可能盈利。这种多细分市场覆盖优于单细分市场覆盖，因为这样可以分散初创企业的风险，即使某个细分市场失去吸引力，初创企业仍可继续在其他细分市场盈利。

（3）产品专门化

初创企业采用此法集中生产一种产品，并向各类顾客销售这种产品。例如，显微镜生产商只向实验室销售显微镜，而不去销售、生产实验室可能需要的其他仪器。企业通过这种策略，在某个产品方面树立很高的声誉。如果产品被一种全新的显微技术代替，就会产生效益下降的风险。

（4）市场专门化

市场专门化是指企业专门为满足某个顾客群体的各种需要服务。初创企业专门为某个顾客群体服务，获得良好的声誉，并成为这个顾客群体所需各种新产品的销售代理商。如公司可为大学提供一系列产品，包括显微镜、示波器、本生灯、化学烧瓶等。采用这种模式，有助于发展和利用与顾客之间的关系，降低交易成本，并在这类顾客群体中树立良好的形象。当然，一旦这类顾客的购买力下降，企业的收益就会受到较大影响。上述事例中，如果大学实验室突然削减预算，就会减少从这个公司购买仪器的数量，使企业产生销量下降的风险。

（5）完全市场覆盖

完全市场覆盖是指企业用各种产品满足各种顾客群体的需求。只有大企业才能采用完全覆盖策略。

对于初创企业而言，前四种模式较为适用，第五种方式适用于已有竞争力的大企业。

9.2.3 市场定位

进行市场细分和确定目标市场后，企业面临的新问题就是市场定位，即初创企业全面了解、分析竞争者在市场的位置后，确定产品如何接近顾客、定在哪些市场。因此，市场定位是指塑造一种产品在市场上的适当位置。这种位置取决于与市场上现有的产品相比，消费者如何看待或认识这种产品。企业应通过市场定位塑造出产品与众不同的鲜明个性或形象，并传递给目标顾客，使该产品在细分市场上占有强有力的竞争位置。因此，市场定位是初创企业营销管理的核心，只有消费者明显地感觉和认识到产品的差别，企业的产品才会在消费者心目中占有一定的位置，才能给顾客留下深刻的印象。

企业创立之初就要认真研究市场机会，拓展产品和市场的边界，从广阔的行业市场中寻找最适合的消费者群体。创业者首先必须明白自己究竟要干什么行业，生产什么产品或提供什么服务。初创企业要充分突出产品和服务在市场上的新颖性、差异性和价值性，只要创业者找准定位，就一定能够成功地在市场上确定存在的价值、展示特色与风采，受到消费者的认可与青睐。

1. 市场定位的原则

各个企业经营的产品不同，面对的顾客不同，所处的竞争环境也不同，因而市场定位所依据的原则也不同。总的来讲，市场定位所依据的原则有三个方面。

（1）根据产品特点定位

初创企业首先要了解市场上现有竞争者的产品或服务的特点，其次要了解顾客对某类产品各属性的重视程度。构成产品内在特色的许多因素可作为市场定位所依据的原则。但对于初创企业来说，还需要考虑自身的条件和资源，有些产品属性虽然是顾客比较重视的，但如果企业力所不及，也不能形成有效的市场定位。

（2）根据顾客利益定位

市场定位的出发点就是满足顾客需求，产品提供给顾客的利益是顾客最能切实体验到的，也可以用作定位的依据。初创企业市场定位的主要任务是提高产品价值，并且从满足消费者需求的角度寻求自身特色和优势。如58同城在创立之初，便专注于为普通消费者解决生活问题，其核心价值即是用户第一，倡导做真正能够解决百姓生活问题的事情，让用户可以找合适的房子、理想的工作、生活信息等。

（3）根据顾客类型定位

初创企业将产品指向某一类特定的使用者，以便根据这些顾客的看法塑造恰当的形象。企业将消费者根据个体差异划分为不同类型，在营销活动中只为其中的一类或几类消费者服务。

2. 市场定位的误区

大多数创业者具有市场定位的意识，也极力主张产品和服务的差异化，并为目标顾客推出多重利益。但是，初创企业在为其产品推出较多的优越性时，很容易陷入定位误区，从而失去有效、明确的定位。一般而言，初创企业应避免三种主要的定位错误。

（1）定位过低

有些创业者没有深入地评估产品差异性的价值，没有了解消费者对产品或服务真正看重的利益，进而导致产品的卖点不能很好地吸引消费者。这种定位过低导致消费者对产品只有一个模糊的印象，没有发现其特色。

（2）定位过多

虽说单一利益的定位不一定总是最佳选择，但是对产品利益的诉求也并非越多越好。利益主张一旦过多，就会造成消费者对产品的印象模糊不清，与无定位一样，消费者面对多重利益也会导致购买动因不明确的情况。初创企业要避免将产品设置成有多重概念，多种利益主张，以免误导消费者。

（3）定位过频

有的时候，消费者会对某企业的定位产生混乱，这种混乱主要源自企业定位变化得太过频繁。尤其是初创企业，面对多变的市场经常会改变初始定位。创业者应该意识到，产品价值的传播和企业形象的树立，需要一定的时间，慢慢积累，定位是否成功同样需要时间的检验。当市场反应不如意时，不应马上改变定位策略，而是要全面分析，找出原因，如果发现确实是市场定位的问题再进行调整。

9.3 市场营销组合

9.3.1 市场营销组合含义

市场营销组合是企业市场营销战略的一个重要组成部分，是指企业在选定的目标市场上，根据顾客的需求和企业的营销目标，综合考虑环境、自身能力、竞争等状况确定的企业可以控制的营销因素的最佳组合。企业通过营销组合，组成一个整体策略，加以综合运用，以实现预期目标。作为初创企业来讲，在开展市场营销活动时，需要把握住基本性措施，合理组合，并充分发挥整体优势和效果。

9.3.2 市场营销组合模式

市场营销组合是企业制定营销战略的基础，是企业满足消费者需求和应对市场竞争强有力的手段，也是企业合理分配营销费用的重要依据。营销组合在企业经营过程中的重要性受到国内外企业的重视。在其营销组合的发展模式过程中主要有 $4P_S$、$6P_S$、$10P_S$、$11P_S$、$4C_S$和 $4R_S$等。

1. $4P_S$市场营销组合模式

20 世纪 60 年代初杰罗姆·麦卡锡首次提出了著名的 $4P_S$理论，其基本概念是产品（Product）、价格（Price）、渠道（Place）、促销（Promotion）这四个基本策略的组合，再加上策略（Strategy），根据这几个词的英文字头，简称为“$4P_S$”。$4P_S$的提出奠定了管理营销的基础理论框架。该理论认为，影响企业营销活动效果的因素有两种：一种是企业不能控制的，如政治、法律、经济、人文、地理、自然、道德等环境因素，称为不可控因素，这是企业所面临的外部环境；另一种是企业可以控制的，如生产、价格、渠道、促销等营销因素，称为企业可控因素。企业营销活动的实质是一个利用内部可控因素适应外部环境的过程，即通过对产品、价格、渠道、促销的计划和实施，对外部不可控因素做出积极动态的反应，从而促成销售的实现，满足企业的目标。

$4P_S$营销组合模式的优势是显而易见的：它把企业营销活动这样一个错综复杂的经济现象，概括为三个圆圈，把企业营销过程中可以利用的成千上万的因素概括成四个大的因素，即 $4P_S$理论——产品、价格、促销、渠道，非常简明、易于把握。得益于这一优势，$4P_S$营销组合模式很快成为营销界和营销实践者普遍接受的一个模式，如图 9-3 所示。

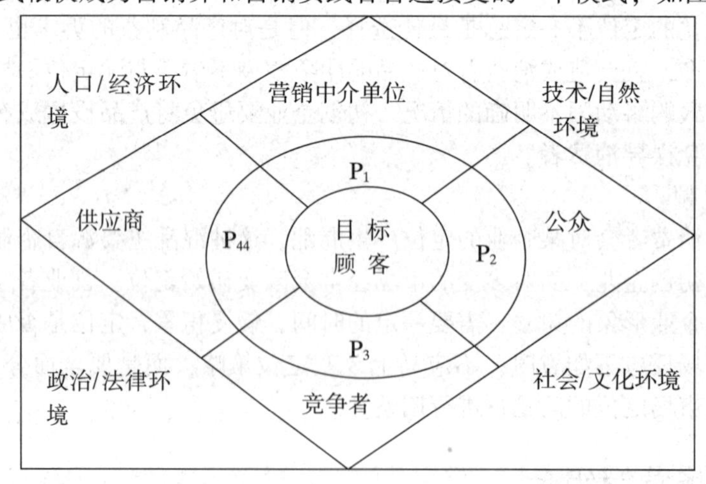

注：P_1—Product（产品）　P_2—Price（价格）

P_3—Place（渠道）　P_4—Promotion（促销）

图 9-3　$4P_S$市场营销组合模式

1967年，菲利普·科特勒进一步确认了这种以4P为核心的市场营销组合方法，并在其畅销书《营销管理：分析、规划与控制》中对$4P_S$予以定义。

产品策略：注重开发产品的功能，要求产品有独特的卖点，把产品的功能诉求放在第一位。产品策略包括对同产品有关的品种、规格、式样、质量、包装、特色、商标、品牌以及各种服务措施等可控因素的组合和运用。

价格策略：根据不同的市场定位，制定不同的价格策略，产品的定价依据是企业的品牌战略，注重品牌的含金量。价格策略包括对同定价有关的基本价格、折扣价格、津贴、付款期限、商业信用以及各种定价方法和定价技巧等可控因素的组合和运用。

渠道策略：企业并不直接面对消费者，而是注重经销商的培育和销售网络的建立，企业与消费者的联系是通过分销商来进行的。渠道策略包括对同分销有关的渠道覆盖面、商品流转环节、中间商、网点设置以及储存运输等可控因素的组合和运用。

促销策略：企业注重销售行为的改变，以短期的行为促成消费的增长，吸引其他品牌的消费者或诱导潜在消费者。促销策略包括与促销有关的广告、人员推销、营销推广、公共关系等可控因素的组合和运用。

2. $6P_S$市场营销组合模式

20世纪80年代以来，世界经济走向滞缓发展，市场竞争日益激烈，政治和社会因素对市场营销的影响和制约越来越大。1984年，美国著名市场营销学家菲利普·科特勒在原有$4P_S$营销因素的基础上加入了政治（Politics）和公共关系（Public Relations）两个因素，提出大市场营销策略，主要应用于实行贸易保护主义的特定市场。随后，科特勒把已有的$6P_S$称为战术性营销组合，并提出新的$4P_S$战略性营销组合，即市场调研（Probing）、市场细分（Partitioning）、市场择优（Prioritizing）、市场定位（Positioning），将$4P_S$和$6P_S$共同构成了$10P_S$市场营销组合。

大市场营销策略与$4P_S$相比，有两个明显的特点。

（1）大市场营销策略十分注重调和企业与外部各方面的关系，以排除来自人为的（主要是政治方面的）障碍，打通产品的市场通道。这就要求企业在分析目标顾客需要的同时，必须研究来自各方面的阻力，制定对策，这在相当程度上依赖于公共关系工作。

（2）大市场营销打破了传统的关于环境因素之间的分界线，也就是突破了“市场营销环境是不可控因素”的常规认识，重新认识市场营销环境及其作用。某些环境因素可以通过企业的各种活动或运用权力来加以改变。

科特勒认为，营销战术是实施营销战略所采取的行动，企业在制定战术性营销组合策略之前，必须先制定战略性营销组合策略。只有在实施战略营销计划的基础上，战术性营销组合的制定才能顺利进行。因此，企业必须首先选定目标市场，对其进行准确界定，以此作为设计战术性营销组合策略的指导。

至此，由麦卡锡提出以及科特勒等人完善而形成的市场营销理论成为主流的营销组合理论。它的提出奠定了营销组合的基础理论框架，精髓在于：它认为一次成功和完整的市场营销活动，意味着以适当的产品、适当的价格、适当的销售渠道和适当的促销手段，将企业的产品与服务投放到特定市场。根据实际的要求而产生的营销因素组合，变化无穷，推动着市场营销管理的发展和营销资源的优化配置。营销因素组合的要求及目的就是，用最适宜的产品，以最适宜的价格，用最适当的促销办法以及销售网络，最好地满足目标市场消费者的需求，以实现企业的发展目标。

3. $11P_S$ 市场营销组合模式

随着 $4P_S$ 营销组合模式的迅速和广泛传播，其在某些方面的局限性也日益凸显，主要表现在它过于注重产品，仅从企业的角度来考虑问题，专注于企业的利益，忽略了消费者乃至整个社会的利益，不适用于新兴的服务产业。服务以体验为主，无法触摸，难以标准化。1981 年，布姆斯与毕特那在传统 $4P_S$ 营销组合中增加了 3P，即加入人员（People）、服务环境（Physical Environment）和服务过程（Process），形成 $7P_S$ 营销组合，弥补了 $4P_S$ 营销组合的缺陷，随后被广泛采用。$7P_S$ 营销组合的观点认为，所有的人都直接或间接地被卷入某种服务的消费过程中，服务环境提供了消费体验。

1986 年 6 月，科特勒又提出了 11P 营销理念，即在大营销 6P 之外加上市场调研（Probing）、市场细分（Partitioning）、市场择优（Prioritizing）、市场定位（Positioning）和人（People）。他认为企业有效地开展营销活动，除了战术与战略上的配合，还要树立为人服务的正确指导思想；要有正确的战略性营销组合的指导，它们能够排除通往目标市场的各种障碍，而人则贯穿于企业营销活动的全过程，是实施前面 10 个“P”的成功保证。

市场营销组合策略作为现代市场营销理论中的一个重要概念，在其发展过程中，营销组合因素即“P”的数目呈现不断增加的趋势，但同时应当，看到传统的 $4P_S$ 理论仍然是基础。

4. $4C_S$ 营销组合模式

20 世纪 90 年代初，世界进入电子商务时代，消费个性化和感性化更加突出，企业为了了解消费者的需求和欲望，迫切需要与消费者进行双向信息沟通。1990 年美国市场学家伯特·劳特伯恩教授提出了 $4C_S$ 理论，即顾客（Customer）、成本（Cost）、便利（Convenience）、沟通（Communication）。该理论针对产品策略，提出应更关注顾客的需求与欲望；针对价格策略，提出应重点考虑顾客为得到某项商品或服务所愿意付出的代价；并强调促销过程应该是一个与顾客保持双向沟通的过程。$4C_S$ 理论的思想基础是以消费者为中心，强调企业的营销活动应围绕消费者的诉求来进行，如图 9-4 所示。尽管与 $4P_S$ 理论有着实质上的不同，但从操作层面上讲，$4C_S$ 营销组合仍然必须通过 $4P_S$ 为代表的营销活动来具体运作，是 $4P_S$ 营销组合的转化和发展。

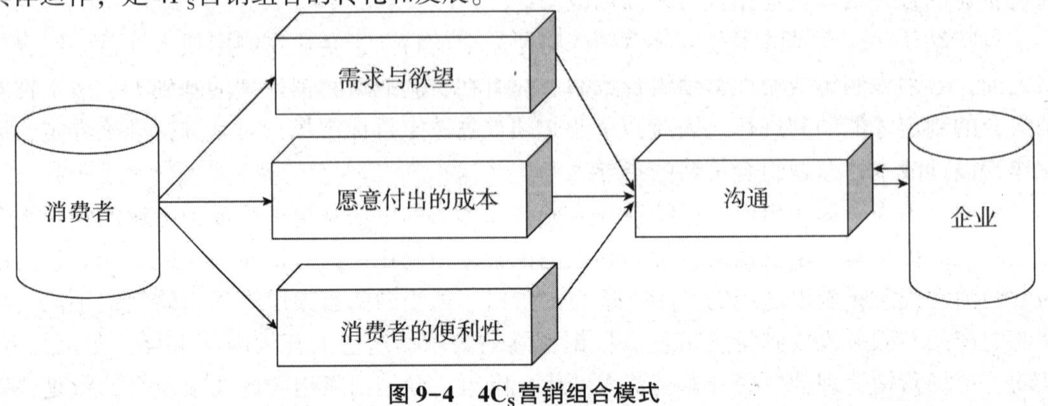

图 9-4　$4C_S$ 营销组合模式

5. $4R_S$市场营销组合模式

20世纪90年代，舒尔茨在$4C_S$理论的基础上，提出$4R_S$市场营销组合理论，4R分别指关联（Relevance）、反应（Response）、关系（Relationship）和回报（Results）。关联是企业建立与消费者关系的第一步，企业通过分析和选择消费者，了解并满足他们的需求和偏好；消费者的需求和偏好是动态变化的，企业需要站在消费者的立场上看问题，主动与消费者展开互动和交流，及时地倾听消费者的需求，并建立快速反应机制，高效回应消费者的需求变化；企业应当与消费者建立长期的、稳定的友好关系，与消费者形成一个命运共同体，将着眼点从实现销售转变为实现对消费者的责任和承诺；企业营销活动的最终落脚点在于回报，无论何时，企业的最终目标都是追求利润的最大化，企业应当将关系营销看作一种投资，从长期利润最大化的角度来看待和管理。因此，$4R_S$理论要求企业需要从更高层次上以更有效的方式在企业与顾客之间建立起有别于传统的新型的主动性关系，注重企业和顾客关系的长期互动，注重建立顾客忠诚。

9.4 初创企业的$4P_S$营销

企业一旦确定了目标市场，并确定定位，就需要确定市场营销组合。制定并实施有效的市场营销组合是市场营销活动的核心。$4P_S$是初创企业最基本的市场营销组合，被称为一组可控的战术性营销工具集。初创企业受限于资源、人才、技术等条件，需要结合企业的实际运用4P营销组合，针对产品、价格、渠道、促销采用适合的策略。

9.4.1 产品策略

产品是指企业向市场提供的所有能满足顾客需要和欲望的有形产品和无形服务的总和。有形产品主要包括产品的实体及其质量、外观、包装等；无形服务包括可以给顾客带来附加利益和心理上的满足感及信任感的一系列售后服务，如免费送货、安装、融资、信贷等。顾客购买某种产品，并不只是为了得到该产品的物质实体，而是要通过购买该产品来获得某方面利益的满足，甚至只是一种纯粹心理上的满足。

产品策略则是初创企业以向目标市场顾客提供适合消费者需求的有形产品或无形服务为营销目标，所采取的与产品有关并切合实际的系列可控因素的组合和运用，如产品的包装策略、品牌策略、产品组合策略、各种服务措施等的组合和运用。

1. 产品组合决策

产品是企业整个营销活动的关键，企业要高度重视客户价值，为目标客户提供满足需求并达到客户满意和忠诚的产品或服务，并从客户的购买活动中实现企业收益。因此，对于初创企业来说，应该根据企业的资源和能力围绕核心技术开发相关的系列产品。避免因企业经营品种单一，不能满足消费者的需求，而增加风险，影响利润。

产品组合是指一个企业所生产的所有产品项目和产品线的总称，即企业的生产经营范围和产品结构。产品组合一般是由若干条产品线组成的，每条产品线又由若干个产品项目构成。产品组合决策的原则是有利于促进销售和增加企业的总利润。

对于初创企业，其产品组合需要对新产品目标市场和新产品品种进行选择，其主要目标是有利于拓展产品组合的宽度，有利于增加产品组合的深度，有利于增加产品组合的关联性。如，当初创企业预测现有产品线的销售额和利润在未来几年要下降时，就应考虑在产品组合中增加新的产品线或重点发展有发展潜力的产品线，以弥补原有产品线的不足；或者增加新的产品项目，充分利用过剩的生产能力，填补市场空白，使企业充分利用人力、财力等资源，分散风险。同样，当企业预测市场环境不景气或原材料、能源供应较为紧张时，可以适当缩减产品组合，使企业集中生产获利较高的产品。初创企业可以结合实际，当发展到一定阶段时，进行产品线的延伸策略。

2. 整体产品决策

从营销角度来看产品，是指一切能满足顾客某种需要和利益的物质产品和非物质形态的服务，不仅包括产品的效用和使用价值，还包括产品呈现在市场上的具体形态，以及顾客购买产品所得到的附加利益。整体产品包括核心产品、形式产品、期望产品、延伸产品和潜在产品。核心产品为顾客提供最基本的效用和利益；形式产品包括质量、功能、款式、品牌、包装等；期望产品是顾客在购买产品时，期望得到与本产品密切相关的一整套属性和条件，如宾馆的消费者期待得到清洁的床单、舒适的枕头、衣柜、电话和安静的环境等；延伸产品是指产品的各种附加利益的综合，如维修、送货、技术培训、安装等；潜在产品是指现有产品的所有延伸和演进部分，如宾馆、酒店在未来可能为商务人士提供私人助理服务等。

初创企业需要从整体产品层面进行产品决策，考虑如何增加各个层次的产品价值，以赢得竞争优势。如果初创企业在核心产品及形式产品层面无力与竞争对手抗衡，则可以考虑在其他产品层面提高服务水平，增强产品的竞争力。如一家打算销售计算机杀毒软件程序的企业，当它打算销售产品时，核心产品可能是一张装有杀毒软件程序的 CD，而有形产品则是顾客所要购买的包括质量水平、外部特征、设计、品牌名称和包装、升级能力及其他一些属性，它们组合起来传递产品的利益：保护计算机及其内容免遭破坏，保护计算机用户的工作免受中断。当创业者第一次向市场导入产品时，不仅需要确保核心产品正确，还要注意有形产品（外部特征、设计、包装等）的正确，因为有形产品构成了顾客最终打算购买的利益集合。另外企业还要注意增加产品的免费安装、维护、安装说明等附加服务，或者是免费使用或低价试用一段时间，换取顾客试用产品的意愿和反馈。这些都是产品本身的一部分，而细心的服务更能使产品的内容丰富起来。

9.4.2 价格策略

定价是初创企业控制成本和获取利润的关键，也是营销组合中非常有效的营销工具。企业对产品的定价向目标市场传递了明确信息，能够体现产品的市场定位和定价目标。因此，创业者应该以产品或服务给顾客带来的价值作为估价基础，不能简单地以成本加上适当利润来定价。企业产品的价格不是轻而易举就可制定的，受到多种因素的影响，首先必须明确企业的定价目标。

1. 定价目标

定价目标是指企业通过特定水平的价格的制定或调整所要达到的预期目的。定价目标不同，其价格水平与价格策略就不同。定价目标可以从不同的出发点来确定，如来自公司方面、竞争对手方面或者顾客方面等。

初创企业的定价目标一般包括：追求利润最大化、实现预期的投资回报率、提高市场占有率、实现销售增长率、适应价格竞争、保持营业。

2. 定价策略

初创企业定价策略是企业定价策略的一个关键环节，与新产品能否及时打开销路、占领市场和取得满意的效益有很大关系。创业者需要花大力气进行市场的开拓工作。新产品定价策略一般包括高价撇脂定价策略、渗透定价策略和满意定价策略三种方式。

（1）高价撇脂定价策略

高价撇脂定价策略是指企业在追求最大利润的目标指导下，在新产品上市初期，利用顾客求新心理，将产品价格定得较高，力求短期内补偿全部固定成本，并迅速获取盈利的定价策略。这是对市场的一种榨取，就像从牛奶中撇取奶油一样。这种策略的优点是企业能迅速实现预期盈利目标，掌握市场竞争的主动权，为以后价格调整留有余地；缺点是在高价拟制下，销路不易扩大，同时，丰厚利润必然诱发竞争，也极易招致公众的反对。因此在以下条件下，企业才可以采用高价撇脂定价策略。

第一，市场有相当数量的收入水平较高的、有求新动机的消费者，产品价格需求缺乏弹性。

第二，在高价情况下，市场没有强有力的竞争者，企业仍能独家经营。

（2）渗透定价策略

渗透定价策略是指在新产品刚上市时，利用顾客求廉心理，采用低价政策，使产品在市场广泛渗透，从而提高市场占有率，然后随市场份额增加调整价格，降低成本，实现企业盈利目标的定价策略。这种策略的优点是能迅速打开新产品销路，提高市场占有率，树立企业的良好形象，同时低价不易诱发竞争，能有效排斥竞争者加入；缺点是投资回收期长，价格调整余地小。因此，渗透定价策略在以下情况较为适合。

第一，产品价格需求弹性大，低价能迅速扩大销量，提高市场占有率。

第二，产品市场已为他人占领，为了挤进市场，只好采用低价渗透策略。

第三，潜在市场大，对竞争者有吸引力，实行低价能有效排斥竞争者，便于企业长期占领市场。

（3）满意定价策略

满意定价策略介于高价撇脂定价策略和渗透定价策略之间，价格水平适中，同时兼顾生产者、中间商以及消费者利益。即使当生产企业处于优势地位、本可采取高价时，为了博得顾客的好感和长期合作，仍然选择满意定价策略，这样既能赢得各方尊重，又能使各方都感到满意。这种策略的优点是价格比较稳定，在正常情况下能实现企业盈利目标，赢得中间商和消费者的广泛合作；缺点是应变能力差，不适合复杂多变和竞争激烈的市场环境。

创业者应该结合各种定价策略的优缺点和适用条件，全面考虑市场竞争结构、产品特点、市场需求、企业自身等因素，从而为初创企业的产品制定最有利于实现预期目标的价格。

9.4.3 渠道策略

分销渠道是指产品由生产者向最终消费者或用户转移过程中取得产品所有权或帮助所有权转移的所有组织和个人。渠道策略主要是指企业以合理地选择渠道和组织商品实体流通的方式来实现其营销目标，包括渠道的选择、渠道的覆盖面、商品流转环节、中间商、网点设置以及储存运输等可控因素的组合和运用。初创企业为更快地把产品推向市场，完成销售活动，不仅要通过分销渠道进行销售活动，还需要为顾客提供售前和售后服务，收集消费者对新产品的意见和反馈，树立企业产品品牌和企业形象。

在渠道方面，初创企业面临的第一项决策是产品是直接还是通过中间商（批发商和零售商）销售给消费者。在大多数行业中，两种选择都可以实现，因此决策一般取决于企业认为目标市场愿意用哪种方式购买产品。依据营销渠道的特征，企业在渠道选择上一般采用传统的代理、经销或自建销售渠道方式。随着我国市场经济的建立和不断完善，市场竞争的激烈和网络经济的影响，渠道环境发生了巨大变化。初创企业需要结合产品特征、企业特征、目标市场特征和环境特征等，综合分析制定相应的分销渠道策略。

1. 直接销售

很多企业直接向消费者销售产品。直接销售的主要优势是能够控制产品从生产地转移到最终用户的整个过程，而不必依赖第三方。且可以节约流通费用，商品特别是工业品产销见面，生产者能直接地了解市场需求的变化，有利于企业及时进行相应的决策。劣势在于企业大部分资本与固定资产相联系，必须拥有或租用销售渠道，会耗费一定的人力、物力、财力，需要雇佣庞大的销售队伍销售产品，或必须支持一个电子商务的网站。进行直接销售的企业还必须亲自而不通过分销商寻找买主，生产者在承担了流通职能的同时，也承担了商品销售的风险。

2. 通过中间商销售

通过中间商销售的企业一般将产品通过批发商、零售商、代理商等中间商进行销售，由中间商承担流通职能。中间环节可能只有一个，也可能有若干个。一个中间环节有时不止一个中间商，因此，参与产品销售的中间商的数量在某些情况下会大于中间环节的数量。此种方法的优势在于，企业无须拥有自己的大部分销售渠道，劣势在于企业有时会丧失对产品的控制。受资源条件的限制，初创企业在初创阶段很难全面建立自己的分销渠道，在将新产品推向市场的过程中，大多数产品从生产领域向消费领域转移的过程中都要经过中间环节，需要中间商的协作。初创企业在选择中间商渠道时，要结合企业实际、产品实际合理选择渠道长短、宽窄、单渠道和多渠道，在与中间商业务融合上采取主动，要经常向批发商、零售商营销以获得支持和合作。通过借用中间商相对成熟的营销网络，初创企业可以将开发的新产品迅速推向市场。

3. 依托网络构建分销渠道

创业者经常考虑的问题是如何以少量投入，快速见效地获取客户信息和销售机会，目前依托网络构建分销渠道则是最佳途径。网络沟通渠道传播速度快，辐射范围广，能够有效克服传统沟通渠道效率低下的问题，因而能有效改善企业的渠道环境，使初创企业相对轻松地获取客户和把握销售机会。

如何控制网络渠道是初创企业开展网络营销的关键，包含有效吸引目标客户以及做好线上服务等。随着大数据营销时代的到来，营销环境发生了重大变化，消费者可以在任何时间、地点，通过任何方式特别是“互联网+”的方式，购买喜欢的产品。消费主体的特征越来越个性化、社交化、娱乐化。想要满足消费者主体需求的变化多样性，以最小的投入，获得最可观的收益，未来“互联网+”的渠道营销模式将发挥主要作用。这要求依托网络构建营销渠道的初创企业，建立完善的线上营销中心，以完美的创意、新颖的设计风格、创新的推广方式争取到更多的客户访问量，如网站广告、搜索引擎营销等。

9.4.4 促销策略

促销是指营销人员将有关企业及产品（品牌）的信息通过各种方式传递给消费者和用户，促进其了解、信赖并购买本企业的产品，以达到扩大销售目的的活动。促销的实质是企业营销人员与购买者、潜在购买者之间的信息沟通，目的是引发并刺激消费者的购买欲望。企业在制定了产品、价格和分销渠道策略之后，还需要运用各种传播方式和手段，将企业的产品信息及时准确地传递给目标顾客，并采用恰当的手段激发消费者的购买欲望，促进其购买行为，就需要制定促销策略。

促销活动的形式种类较多，初创企业大多受资源条件的限制，需要决定采取哪种推广形式，以更好地向目标顾客传递产品的信息。因此，在选择促销策略之前需要仔细研究营销活动，明确推广目标。最常见的推广目标包括：激发消费者的需求，扩大企业的市场份额；加深消费者对企业的印象，为产品占领市场、提高市场竞争地位奠定基础。显然，由于这两个促销策略的目标不同，促销组合决策就不同，前者属于短期促销目标，为了近期利益，适宜采用广告促销和营业推广相结合的方式；后者属于长期促销目标，则需要采用公共关系，并辅之以必要的人员推销和广告促销。初创企业在选择促销方式的决策中还需要注意，企业促销目标的选择必须服从企业营销的总体目标，不能为了单纯的促销而促销。常用的促销方式、沟通策略主要有四种。

1. 广告促销

广告促销是用商业广告进行推销。初创企业的产品不为消费者所知，在进行广告宣传时，要最大限度地传播企业信息，使有限的广告费用变得切实有效。由于广告的实施和传播需要中介媒体，而媒体本身的声誉和影响力会对广告的效果产生重大影响，因此，创业者在选择广告媒体时，除了注意媒体本身的特点外，还要考虑顾客的特点、产品的特性、媒体的传播范围、媒体的费用等，在广告的内容、形式、广告语等方面下大功夫，以此提升广告的宣传效果。

创业者在有效使用广告费用的同时，还需要灵活运用各种广告宣传工具，如开展事件营销、选择有实效的赞助方式、撰写软文、选择合适的媒体投放、充分发挥关系网络、互联网推广等。

2. 人员推销

人员推销是企业通过派出销售人员与一个或一个以上潜在购买者交谈，作口头陈述，以推销商品，促进和扩大销售。人员推销的目的在于，通过与顾客进行直接沟通和互动，说服顾客购买企业的新产品或服务。人员推销是面对面的双向信息沟通，在人员推销过程中，一方面，推销人员将新产品的特性、用途、使用方法、价格等方面的信息传递给顾客，另一方面，推销人员通过观察和了解，将顾客对产品的性能、规格、质量、价格、服务等方面的要求及时反馈给企业，为企业制定战略规划和营销策略提供依据。

初创企业在人员推销的决策上更为灵活，既可以建立自己的销售队伍，使用本企业的人员来推销产品；也可以雇用兼职的推销人员，一般在外部推销人员的选择上更应该看重过往的同类产品销售经验。推销人员应根据不同的销售环境、推销气氛、推销对象和推销商品，审时度势，巧妙而灵活地采用不同的推销策略，吸引顾客的注意力，激发顾客的购买欲望，促成交易。

3. 销售促进

销售促进又叫营业推广，是企业用来刺激早期需求或强烈的市场反应，这种方式运用各种短期诱因，鼓励消费者和中间商购买、经销企业产品和服务，是除人员推销、广告和公共关系以外的各种短期性促销方式的总称，也是一种在特定时机或特定地点采用特殊手段对消费者实行强烈刺激以求达到促销效果的方式。针对消费者的销售促进方式有赠送、优惠券、奖励、现场示范、组织展销等，针对中间商的销售促进方式有批发回扣、推广津贴、销售竞赛、交易会等，针对推销人员的销售促进方式有：销售竞赛、红利提成、特别奖金、职位提拔、免费旅游、免费参加培训等。销售促进能带给消费者某些利益，因此具有强烈的刺激作用。

4. 公共关系

在很多情况下，公共关系在营销活动中扮演者重要角色。由于初创企业没有大量的资金用于广告投入，所以搞好公共关系可能是解决问题的理想方案。创业者可以联系当地的报社、广播电台和电视台等媒体，进行营销推广；也可以与社区建立长期的合作关系，通过各种活动提高社区影响力，并基于消费者口碑传播方式对更多的消费群体形成免费广告效应。

【本章要点】

本章介绍了创业营销的相关概念，重点掌握创业营销过程中的市场定位，明确市场细分的标准、步骤，能够结合初创企业的实际选择目标市场，并在该目标市场上明确产品的位置，为产品做一个恰到好处的定位。重点掌握初创企业的$4P_S$营销组合策略的内容，并能够将产品、价格、渠道、促销策略很好地融合到企业发展的实践中去，实现企业发展的营销目标。

【扩展阅读】

如需进一步了解和掌握初创企业营销管理，请阅读《创业管理——成功创建新企业》（布鲁斯·巴林格，杜安·爱尔兰著，杨俊等译，机械工业出版社，2016）、《精益创业：如何建立一个精悍、可持续、可盈利的公司》（埃里克·莱斯，中信出版社，2012）《卓有成效的管理者》（德鲁克，机械工业出版社，2009）、《公司智慧201：对创业者至关重要的经营妙计》（简·阿普尔盖特 著，贺相铸，郑季良，瞿江云译，云南人民出版社，

2002)、《大败局》(吴晓波，浙江大学出版社，2013)、《创意力》(蒂娜·齐莉格，吉林出版社，2016)。

【关键术语】

创业营销　市场定位　市场细分　目标市场　市场营销

【参考文献】

[1] 郭占元. 创业学理论与应用——基于互联网+创业视角［M］. 北京：清华大学出版社，2016：194-195.

[2] 布鲁斯·巴林格. 杜安·爱尔兰著. 创业管理成功创建新企业［M］. 杨俊，等，译. 北京：机械工业出版社，2016：185-186.

[3] 刘志阳，创业管理［M］. 上海：上海财经大学出版社，2016 (11) 181-182.

[4] 赵永新，创业管理［M］. 北京：清华大学出版社，2014 (7)：155-156.

[5] 邢野，营口华润万家——乐购超市市场营销组合策略研究［D］. 2016 (1)：15-18.

[6] 陈守则，市场营销学［M］. 北京：机械工业出版社，2013 (1)：140-146，175-177.

[7] 孙德林，黄林等编著，创业基础教程［M］. 北京：高等教育出版社，2012 (11).

[8] 丁栋虹著，创业管理——企业家的视角［M］. 北京：机械工业出版社，2013 (3).

第10章　初创企业财务管理

【学习目标】

1. 了解财务预测；
2. 结合案例掌握财务预算的编制和财务分析、盈亏平衡分析。

【开篇案例】

“我的钱到底是怎么花的?”这是罗老板每天都在问自己的一个问题。罗老板经营一家装饰工程公司，已经有六年了。在这个公司中，罗老板是一股独大，虽然有另一个小股东，但也是罗老板的自家人。罗老板为人精明，做生意兢兢业业，把公司管理得井井有条。

2010年对于罗老板来说是大发展的一年。这一年，公司接到了多项大工程，由原来前四年每年营业额三四百万元猛增到年营业额2 000万元。业务形势一片大好，但财务管理问题又使罗老板陷入苦恼之中。

过去每年三四百万元的盘子、三四处工地，用罗老板一支笔加上精明的头脑，控制起来得心应手。但现在每年8~10处工地，2 000多万元的营业额，每个工地又有分包、转包、合作项目分支，工地分散在全国六个地区，每天各地传真来的费用申请多达上百张，大到几十万元小至几十元，每张都要他签字后回复方可申领。精明的罗老板在财务管理上一直不顺手，从2010年起，两年内换了三个会计、一个出纳。虽然公司制定了很完善的财务制度，但执行起来都不合罗老板的意。财务人员技能不足以控制住多头的项目财务走向，支出混乱。罗老板每天都在问：“我的钱到底是怎么花的?”

其实，这是初创企业的常见病。经过向专业财务公司咨询，罗老板对整个公司财务管理做了系统化的改造和建设工作。

(1) 针对公司的业务特点及多头、异地的经营现状，建立公司与财务公司管理集权与分权的责任划分，一支笔操控多支笔，并辅以财务公司确立的“公共财务总监”，对分权的多支笔进行有效审核监督机制。

（2）由财务公司对业务部门的项目经理进行专项财务培训，建立规范的业务部门业务统计报表体系及合同管理制度。

（3）对异地、多头的项目部及业务分支，实施新的格式化财务报表系统，确立报告系统的统计口径；建立内部控制系统的监督机制，保证数据的真实性。

10.1 创业者必备的财务知识

10.1.1 财务术语

任何一个创业者创业，首先想到的是资金从何处来，这属于融资（或筹资），出资各方属于投资者或债权人。资金是企业的血液，是企业创立、生存和发展的物质基础，是企业开展生产经营业务活动的基本前提。

在创办企业时，必须有场所、基本设备等，这就是投资。投资是指投放资金或实物等货币等价物的经济行为。条件具备了，企业通过采购、生产和销售等活动运转，这就是资金的营运。这个过程是企业进行生产和再生产的过程。企业盈利后，就要考虑盈利是用于企业的扩张还是用于投资消费等，这就涉及分配。

以上所说的融资、投资、营运和分配都是财务管理的内容，任何企业都要对这几项内容进行管理，财务管理的环节包括预测与预算、决策与控制、分析与考核。投资回收期与回报率也应进行管理。

1. 财务预测与财务预算

（1）财务预测

财务预测是根据企业财务活动的历史资料，考虑现实的要求和条件，对企业未来的财务活动进行较为具体的预计和测算的过程。方法主要有定性预测法和定量预测法两类。

财务预测可以测算各项生产经营方案的经济效应，为决策提供可靠的依据；可以预计财务收支的发展变化情况，以确定经营目标；可以测算各项定额和标准，为编制计划、分解计划指标服务。

比如，五星电器在开业前对康佳彩电的需求量进行过调查，调查结果显示：调查的用户中有10%的被调查者拟在一年内购买彩电，这10%的购买者中有30%打算购买康佳彩电，如果该店所辐射的住户有10 000户家庭，那么五星电器就可以对康佳彩电的销售量进行大致的预测，预测结果是10 000×10%×30%＝300台。根据这300台，再结合平均售价，就可以对彩电的销售收入进行预测。

再比如，有些企业因为经营时间较长，可以利用以前的销售量总结出一些规律，利用数学模型等。但对于创业初期的企业来说，由于没有历史数据，所以利用历史来进行财务预测就不合适。

由于销售预测是财务预测的起点，对于创业者来说，财务预测中的销售预测主要依靠市场调查，其他的预测依据销售预测。

（2）财务预算

财务预算是财务预测的具体化，是根据企业整体战略目标和规划，结合财务预测的结果，对财务活动进行规划，并以指标形式落实到每一计划期间的过程；是根据财务战略、财务计划和各种预测信息，确定预算期内各种预算指标的过程。它是财务战略的具体化，是财务计划的分解和落实。财务预算方法主要有固定预算和弹性预算、增量预算和零基预算、定期预算和滚动预算等。

对于创业者来说，确定创办初期的资金来源及金额、利用销售预测与市场价格确定收入都属于财务预算。

2. 财务决策与财务控制

（1）财务决策

财务决策是利用专门的方法对各种备选方案进行比较和分析，从中选出最佳方案的过程。财务决策是财务管理的核心，决策的成功与否直接关系到企业的兴衰。比如，企业创办需要融资，有几种方案可供选择，可以是几个股东共同出资，也可以由个人出资再加上银行贷款，但哪种方式对创办人更有利，就需要创办人进行对比和选择，这就是财务决策。

（2）财务控制

财务控制是指利用有关信息和特定手段，对企业的财务活动施加影响或调节，以便实现所规定的财务目标的过程。对于初创企业，事前控制比较重要，比如，开办费事先做好控制和安排。其他的财务控制发生在企业运营之后，创业者要掌握一定的方法，一旦出现问题，采取适当的措施解决。

3. 财务分析与财务考核

（1）财务分析

财务分析是根据企业财务报表等资料，采用专门方法，系统分析和评价企业财务状况、经营成果以及未来趋势的过程。财务分析方法主要有比较分析法、比率分析法和综合分析法。

一般创业者在写商业计划书时很少写到这一点，完整的商业计划书，包含了预计财务报表，那就应该对预计财务报表进行财务分析，说明企业的财务状况，这样才能持续发展下去。

（2）财务考核

财务考核是将实际完成数与规定的考核指标进行对比，确定有关责任单位和个人完成任务的过程。财务考核与奖赏紧密联系。

在创业准备阶段，这一工作是不需要的。但创业者应考虑好，在企业实际运行中有些预计指标无法完成时，应该如何处理。

4. 投资回收期与回报率

投资者在决定投资之前，首先要考虑所投入的资金需要多长时间能够完全回收。回收所投入资金所需的时间就是投资回收期。投资者还要考虑的一个问题就是投资回报率，也就是考虑这个投资值不值，是把钱存在银行划算还是创业划算，是投资 A 创业项目划算还是投资 B 创业项目划算。

义乌两位大学生毕业后，投入 10 万元加盟了欧香蛋糕店，假定不考虑折旧和终止经营的转让收入等，预计该蛋糕店每年净利润为 3 万元，那么这两位大学生投入的 10 万元需要 3.3 年（10/3 = 3.3）才能回收，以后每年的净利润即为净赚。如果考虑转让收入，每年的净利润还是3万元，假如经营两年后这个蛋糕店不经营了，该蛋糕店还可以转让，转让收入可以达到4万元，那么这两位大学生投入的10万元，两年就可以回收了。

我们再来计算一下义乌这两位大学生投资的回报率，投资回报率一般是计算一年的，因为银行给出的利息率一般是一年的。我们很容易计算出该项目一年的投资回报率＝（3/10）×100%＝30%，远远高于银行存款利率。如果有这笔资金，肯定不存银行。当然收益率越高也意味着风险越大，不可盲目乐观。如果蛋糕市场不景气，那预计的净利润3万元不一定会实现。

10.1.2 会计术语

在财务术语中提到的每一项活动，对于会计来说，都是一项经济业务，因此对于创业者来说，除了了解财务上的概念以外，还要了解这些财务活动所对应的经济业务。从会计角度来讲，经济业务会引起资产、负债、所有者权益、收入、费用、利润这六大会计要素的变化，了解这六大要素，有助于创业者发挥监督的功能，同时还有助于阅读财务报表。同时，创业者在创业时更应该对现金流、物流、往来、成本等概念有比较深入的了解。

1. 资产

资产是指企业过去的交易或者事项形成的、由企业拥有或者控制的、预期会给企业带来经济利益的资源。比如，企业采取融资租赁的方式租入了一台设备，尽管是租来的，企业没有所有权，但如果租赁期相当长，长到接近于该资产的使用寿命，企业控制了该资产的使用及其所能带来的经济利益，应当将其作为企业的资产。再比如，企业签订了购车协议，但只付了定金，所购买的车没有到达企业，企业也没有付款，这个产品就不属于企业的资产。

资产科目主要有现金、银行存款、库存商品、应收账款等。

2. 负债

负债是指企业过去的交易或者事项形成的、预期会导致经济利益流出企业的现时义务。比如，企业向银行贷款、应当缴纳的税款、向供应商赊购原材料的欠款等，均属于债务。再比如，企业对于售出商品提供一定期限内的售后保修服务，这项保修服务预期发生额也属于负债。

负债科目主要有短期借款、应付账款、长期借款等。

3. 所有者权益

所有者权益是指企业资产扣除负债后，由所有者享有的剩余收益。比如，创业者创办企业时投入的资金，就属于所有者权益，应该计入实收资本或股本。

所有者权益科目主要有实收资本、股本、资本公积和未分配利润等。

4. 收入

收入是指企业在日常活动中形成的、会使所有者权益增加的、与所有者投入资本无关的经济利益的总流入。比如，销售商品、提供服务、开发软件等属于企业的日常活动，对于提供商品或服务的公司来说，这些活动产生的经济流入就是收入。

收入科目属于损益类科目，主要有主营业务收入、其他业务收入。

5. 费用

费用是指企业在日常活动中发生的、会使所有者权益减少的、与向所有者分配利润无关的经济利益的总流出。比如，付给管理者或工人的工资、设备的折旧、销售产品的成本等。

费用科目属于损益类科目，主要有主营业务成本、其他业务成本、管理费用等。

6. 利润

利润是指企业在一定会计期间的经营成果，包括收入减去费用后的净额、直接计入当期利润的利得和损失等。

利润科目属于所有者权益类科目，主要有：本年利润、利润分配等。

10.1.3 相关财务制度

任何一个经济主体，都必须对所发生的经济业务进行核算，也就是说必须有会计，当然，根据《中华人民共和国会计法》（简称《会计法》），企业可以根据业务量的大小，确定会计岗位，可以委托他人代理记账，也可以自己设会计岗位，无论采用哪种形式，创业者都应该了解相关的财务制度、货币资金管理办法等，尤其是企业内部设置会计岗位的，必须建立自己的财务制度，尤其是要建立合理的内控制度，这些财务制度的建立，必须符合《会计法》《企业会计准则》等相关规定。

1. 会计工作

我国《会计法》规定："各单位应当根据会计业务的需要，设置会计机构，或者在有关机构中设置会计人员并指定会计主管人员。"会计工作的组织管理主要是根据各单位自身会计工作的特点，设置会计机构、配备会计人员、执行会计法规制度并制定单位内部的财务制度、保管会计档案和实行会计电算化等方面内容。

会计工作岗位是指一个单位会计机构内部根据业务分工而设置的职能岗位。在会计机构内部定人员、定岗位，明确分工，各司其职，有利于会计工作程序化、规范化，有利于落实责任和会计人员钻研分管的业务，有利于提高工作效率和工作质量。财政部发布的《会计基础工作规范》规定了会计岗位设置的原则。

（1）根据本单位会计业务的需要设置会计工作岗位。

（2）符合内部牵制制度的要求。根据规定，会计工作岗位可以一人一岗、一人多岗或者一岗多人。但出纳人员不得兼管稽核、会计档案保管和收入、费用、债权债务账目的登记工作。由于出纳人员是各单位专门从事货币资金收付业务的会计人员，根据复式记账规则，每发生一笔资金收付业务，必然会引起收入、费用或债权债务等账簿记录的变化。如果把这些不相容职务由同一人担任，就会造成既管理又记账，失去监控，给贪污、舞弊行为大开方便之门。同样的道理，如果稽核和内部档案保管工作由出纳人员经管，也难以防范利用抽换单据、涂改记录等手段进行舞弊行为。但出纳人员兼记固定资产明细账还是可以的。

（3）会计人员工作岗位要有计划地进行轮岗，以促进会计人员全面熟悉业务和不断提高业务素质。

2. 会计人员

设置会计机构的企业，应当配备相应的会计人员，会计人员应当具备必要的专业知识和专业技能，熟悉国家财经法律、法规、规章和国家统一的会计制度。我国《会计法》规定："会计人员应当具备从事会计工作所需要的专业能力"各单位应当根据会计业务需要，配备具有专业能力的会计人员。担任会计机构负责人（会计主管人员）的，应当具备会计师以上专业技术职务资格或从事会计工作三年以上经历。

纵观一些企业财务丑闻，都是由于内控制度失效，因此创业者在创业规模达到一定程度时，必须重视财务制度尤其是内控制度的建立，在签字、印章保管等方面必须严格。为了财务制度更好地执行，必须配备数量合理、素质较高的财务人员。

我国《会计法》规定："单位负责人对本单位的会计工作和会计资料的真实性、完整性负责。""单位负责人应当保证财务会计报告真实、完整。""单位负责人应当保证会计机构、会计人员依法履行职责，不得授意、指使、强令会计机构、会计人员违法办理会计事项。"

单位负责人是指单位法定代表人或者法律、行政法规规定代表单位行使职权的主要负责人。

10.2 财务预算

为了保证预测目标的实现，企业必须制定一个能够协调内部各个职能部门工作的全面预算，因此这里所讲的财务预算就是全面预算。对于创业期的企业来说，做一个合理的财务预算，也可以为控制企业未来的经济活动提供依据。财务预算主要是通过货币度量的形式，把企业的总体规划数据化、格式化地反映出来，即用货币的形式来反映企业未来某一特定时期全部经济活动过程的详细计划。

财务预算的方法有很多，对于创业初期来说，零基预算是最实用的方法。零基预算的全称是"以零为基础编制的计划和预算"，其基本思路是：在编制预算时，对过去的内容全然不予考虑，视为一切从零开始，以零为起点对预算项目根据计划期的实际需要进行逐个分析和计算，进而确定预算值。

企业根据前面的销售预测和利润预测的结果，展开全面的预算，包括销售预算、生产预算、材料采购预算、生产成本预算、销售及管理费用预算、专门决策预算和现金预算，根据这些预算编制预计利润表和预计资产负债表。

通过目标利润预算确定利润目标以后，企业即可以此为基础，编制全面预算。全面预算的编制应以销售预算为起点，根据各种预算之间的勾稽关系，按顺序从前往后逐步进行，直至编制出财务报表。

10.2.1 销售预算

销售预算是在销售预测的基础上，根据企业年度目标利润确定的预计销售量、销售单价和销售收入等参数编制的，用于规划预算期销售活动的一种业务预算。在编制过程中，应根据年度内各季度市场预测的销售量和单价，确定预计销售收入，并根据各季现销收入与收回前期的应收账款，反映现金收入额，以便为编制现金收支预算提供资料。根据销售预测确定的销售量和销售单价，确定各期销售收入；根据各期销售收入和企业信用政策，确定每期的销售现金流量。销售收入和销售现金流量是销售预算的两个核心问题。

由于企业其他预算的编制都必须以销售预算为基础，因此，销售预算是编制全面预算的起点。

【例 10-1】 W 公司 20××年（计划年度）只生产和销售一种产品，每季的产品销售货款有 60%于当期收到现金，有 40%属赊销于下一个季度收到现金。上一年（基期）年末的应收账款为 175 000 元。该公司计划年度的销售预算如表 10-1 所示。为方便计算，本章均不考虑增值税。

表 10-1 W 公司销售预算表

20××年度

项目	1 季度	2 季度	3 季度	4 季度	全年
预计销量/件	2 000	2 500	3 000	2 500	10 000
单价/元	250	250	250	250	250
预计销售收入/元	500 000	625 000	750 000	625 000	2 500 000
应收账款期初/元	175 000				175 000
一季度销售收现/元	300 000	200 000			500 000
二季度销售收现/元		375 000	250 000		625 000
三季度销售收现/元			450 000	300 000	750 000
四季度销售收现/元				375 000	375 000
现金收入合计/元	475 000	575 000	700 000	675 000	2 425 000

10.2.2 生产预算

生产预算是规划预算期生产而编制的一种业务预算。它是在销售预算的基础上编制的，可以作为编制材料采购预算和生产成本预算的依据。编制生产预算的主要依据是预算各期各种产品的预计销售量及存货期初期末资料。具体计算公式为：

预计生产量=预计销售量+预计期末结存量-预计期初结存量

生产预算的要点是确定预算期的产品生产量和期末结存产品数量，前者为编制材料预算、人工预算、制造费用预算等提供基础，后者是编制期末存货预算和预计资产负债表的基础。

【例 10-2】 假设 W 公司 20××年年初结存产成品 300 件，本年各季末结存产成品分别为：一季度末 500 件，二季度末 550 件，三季度末 500 件，四季度末 400 件，预计销售量见表 10-1。W 公司生产预算如表 10-2 所示。

表 10-2 W 公司生产预算表

20××年度　　　　单位：件

项目	1 季度	2 季度	3 季度	4 季度	全年
预计销量	2 000	2 500	3 000	2 500	10 000
加：预计期末结存	500	550	500	400	400
预计需要量	2 500	3 050	3 500	2 900	10 400
减：期初结存量	300	500	550	500	300
预计生产量	2 200	2 550	2 950	2 400	10 100

10.2.3 材料采购预算

材料采购预算是为了规划预算期材料消耗情况及采购活动而编制的，用于反映预算期各种材料消耗量、采购量、材料消耗成本和材料采购成本等计划信息的一种业务预算。进行采购预算时，先依据预计产品生产量和材料单位耗用量，确定生产需要耗用量，再根据材料的期初期末结存情况，确定材料采购量，最后根据采购材料的付款，确定现金支出情况。

某种材料耗用量=产品预计生产量×单位产品定额耗用量

某种材料采购量=某种材料耗用量+该种材料期末结存量-该种材料期初结存量

材料采购预算的要点是反映预算期材料消耗量、采购量和期末结存数量，并确定各预算期材料采购现金支出。材料期末结存量的确定可以为编制期末存货预算提供依据，现金支出的确定可以为编制现金预算提供依据。

【例 10-3】 假设 W 公司计划年度期初材料结存量 720 kg，本年各季末结存材料分别为：一季度末 820 kg，二季度末 980 kg，三季度末 784 kg，四季度末 860 kg，每季度的购料款于当季支付 40%，剩余 60%于下一个季度支付，应付账款年初余额为 120 000 元。其他资料如表 10-1 和表 10-2 所示。W 公司计划年度材料采购预算如表 10-3 所示。

表 10-3 W 公司材料采购预算表

20××年度

项目	1 季度	2 季度	3 季度	4 季度	全年
预计生产量/件	2 200	2 550	2 950	2 400	10 100
材料定额单耗/kg	5	5	5	5	5
预计生产需要量/kg	11 000	12 750	14 750	12 000	50 500
加：期末结存量/kg	820	980	784	860	860
预计需要量合计/kg	11 820	13 730	15 534	12 860	51 360
减：期初结存量/kg	720	820	980	784	720
预计材料采购量/kg	11 100	12 910	14 554	10 276	50 640
材料计划单价/元	20	20	20	20	20
预计购料金额/元	222 000	258 200	291 080	241 520	1 012 800
应付账款年初余额/元	120 000				120 000
一季度购料付现/元	88 800	133 200			222 000
二季度购料付现/元		103 280	154 920		258 200
三季度购料付现/元			116 432	174 648	291 080
四季度购料付现/元				96 608	96 608
现金支出合计/元	208 800	236 480	271 352	271 256	987 888

10.2.4 直接人工预算

直接人工预算是一种既反映预算期内人工工时消耗水平，又规划人工成本开支的业务预算。这项预算根据生产预算中的预计生产量及单位产品所需的直接人工小时和工种类别分别计算不同工种的直接人工小时总数；然后将算得的直接人工小时总数分别乘以各该工种的工资率，再予以合计，即可求得预计直接人工成本的总数。

有关数据具体计算公式如下：

1. 预计产品生产直接人工总工时

某种产品直接人工总工时=单位产品定额工时×该产品预计生产量

产品定额工时是由产品生产工艺和技术水平决定的，由产品技术和生产部门提供定额标准；产品预计生产量来自生产预算。

2. 预计直接人工总成本

某种产品直接人工总成本=单位工时工资率×该种产品直接人工总工时

单位工时工资率来自企业人事部门工资标准和工资总额。

编制直接人工预算时，一般认为各预算期直接人工都是直接以现金发放的，因此不再特别列示直接人工现金支出。另外，按照我国现行制度规定，在直接工资以外，还需要计提应付福利费，此时应在直接人工预算中根据直接工资总额进一步确定预算期的预计应付福利费，并估计应付福利费的现金支出。为便计算，本处假定应付福利费包括在直接人工总额中并全部以现金支付。

直接人工预算的要点是确定直接人工总成本。

【例10-4】 假设W公司单位产品耗用工时为6 h，单位工时的工资率为5元，W公司计划年度人工工资预算如表10-4所示。

表10-4 W公司直接人工预算表

20××年度

项目	1季度	2季度	3季度	4季度	全年
预计生产量/件	2 200	2 550	2 950	2 400	10 100
单耗工时/h	6	6	6	6	6
直接人工小时数/h	13 200	15 300	17 700	14 400	60 600
单位工时工资率/元	5	5	5	5	5
预计直接人工成本/元	66 000	76 500	88 500	72 000	303 000

由于工资一般都要全部支付现金，因此，直接人工预算表中预算直接人工成本总额就是现金预算中的直接人工工资支付额。

10.2.5 制造费用预算

制造费用预算是反映生成成本中除直接材料、直接人工以外的一切不能直接计入产品制造成本的间接制造费用的预算。这些费用必须按成本习性划分为变动费用和固定费用，分别编制变动制造费用预算和固定制造费用预算。编制制造费用预算时，应以计划期的一定业务量为基础计算各个费用项目的具体预算数字。另外，在制造费用预算表下还要附有预计现金支出表，以方便编制现金预算。

变动制造费用预算应区分不同费用项目，逐条根据单位变动制造费用分配率和业务量（一般是直接人工总工时或机器工时等）确定各项目的变动制造费用预算数。其中：

$$某项目变动制造费用分配率=\frac{该项目变动制造费用预算总额}{业务量预算总数}$$

固定制造费用预算也应区分不同费用项目，逐条确定预算期的固定费用预算。

在编制制造费用预算时，为方便现金预算编制，还需要确定预算期内制造费用预算的现金支出部分。为方便，一般将制造费用中扣除折旧费后的余额，作为预算期内的制造费用现金支出。

制造费用预算的要点是确定各个变动和固定制造费用项目的预算金额，并确定预算制造费用的现金支出。

【例 10-5】 根据前面所编各预算表的资料，编制 W 公司制造费用预算表如表 10-5 所示。

表 10-5 W 公司制造费用预算表

20××年度　　　　金额单位：元

变动费用项目	金额	固定费用项目	金额
间接人工	0.2×60 600=12 120	维护费用	4 000
间接材料	0.1×60 600=6 060	折旧费用	73 200
维护费用	0.15×60 600=9 090	管理费用	35 000
水电费用	0.25×60 600=15 150	保险费用	6 000
机物料	0.05×60 600=3 030	财产税	3 000
小计	0.75×60 600=45 450	小计	121 200
变动费用现金支出		45 450	
固定费用合计		121 200	
减：折旧费用		73 200	
固定费用现金支出		48 000	
制造费用全年现金支出		93 450	
制造费用第 1 季度现金支出		25 000	
制造费用第 2 季度现金支出		25 000	
制造费用第 3 季度现金支出		24 000	
制造费用第 4 季度现金支出		19 450	

10.2.6 单位生产成本预算

单位生产成本预算是反映预算期内各种产品生产水平的一种业务预算。这种预算是在生产预算、直接材料消耗及采购预算、直接人工预算和制造费用预算的基础上编制的，通常反映各产品单位生产成本。

单位产品预计生产成本=单位产品直接材料成本+单位产品直接人工成本+单位产品制造费用

以单位产品成本预算为基础，还可以确定期末结存产品成本，公式如下：

期末结存产品成本=期初结存产品成本+本期产品生产成本-本期销售产品成本

公式中的期初结存产品成本和本期销售产品成本，应该根据具体的存货计价方法确定。确定期末结存产品成本后，可以与预计材料期末结存成本一起，一并在期末存货预算中予以反映。本章中期末存货预算略去不作介绍，期末结存产品的预计成本合并在单位产品生产成本中列示。

单位产品生产成本预算的要点，是确定单位产品预计生产成本和期末结存产品成本。

【例 10-6】 假设 W 公司采用制造成本法计算成本，生产成本包括变动生产成本和固定生产成本。根据前面已编制的各种业务预算表的资料，编制 W 公司单位产品生产成本预算表如表 10-6 所示。

表 10-6　W 公司单位生产成本预算表

20××年度　　　　金额单位：元

成本项目	单位用量	单位成本/元
直接材料	单位用量 5 kg，价格 20 元/kg	100
直接人工	单位用量 6 h，价格 5 元/h	30
变动制作费用	单位用量 6 h，价格 0.75 元/h	4.5
单位变动生产成本		134.5
单位固定成本	（121 200÷60 600）×6=12	12
单位生产成本		146.5
期末存货预算	单位生产成本 期末存货量 400 件 期末存货成本	146.6 58 600

上述资料分别来自直接材料采购预算、直接人工预算和制造费用预算。

10.2.7　销售及管理费用预算

销售及管理费用预算是以价值形式反映整个预算期内为销售产品和维持一般行政管理工作而发生的各项目费用支出预算。该预算与制造费用预算一样，需要划分固定费用和变动费用，其编制方法也与制造费用预算相同。在该预算表下也应附列计划期间预计销售和管理费用的现金支出计算表，以便编制现金预算。

【例 10-7】 假设 W 公司销售和行政管理部门根据计划期间的具体情况，合并编制销售与管理费用预算表，如表 10-7 所示。

表 10-7 W 公司销售及管理费用预算表

20××年度 金额单位：元

费用明细项目		预算资金
变动费用	销售佣金 0.1×60 600 办公费用 0.2×60 600 运输费用 0.2×60 600 ……	6 060 12 120 12 120 ……
	变动费用小计	42 420
固定费用	广告费用 管理人员工资 保险费用 折旧费用 财产税 ……	80 000 125 000 8 000 50 000 4 000 ……
	固定费用小计	287 000
预计现金支出计算表	销售及管理费用总额 减：折旧费用 销售及管理费用现金支出总额 每季度销售及管理费用现金支出	329 420 50 000 279 420 69 855

10.2.8 专门决策预算

专门决策预算主要是长期投资预算，又称资本支出预算，通常是指与项目投资决策相关的专门预算。它往往涉及长期建设项目的资金投放与筹集，并经常跨越多个年度。编制专门决策预算的依据，是项目财务可行性分析资料，以及企业筹资决策资料。

专门决策预算的要点是准确反映项目资金投资支出与筹资计划，同时也是编制现金预算和预计资产负债表的依据。专门决策预算如表 10-8 所示。

表 10-8 W 公司专门决策预算表

20××年度 金额单位：元

项目	1 季度	2 季度	3 季度	4 季度	全年
投资支出预算	50 000	40 000	70 000	80 000	240 000
借入长期借款	40 000			80 000	120 000

10.2.9 现金预算

现金预算是以业务预算和专门决策预算为依据编制的，专门反映预算期内预计现金收入与现金支出，以及为满足理想现金余额而进行现金投融资的预算。

现金预算由期初现金余额、现金收入、现金支出、现金余缺、现金投放与筹措五部分构成。其中：

期初现金余额+现金收入-现金支出=现金余缺

财务管理部门应根据现金余缺与期末现金余额的比较，来确定预算期现金投放或筹措。当现金余缺大于期末现金余额时，应将超过期末余额以上的多余现金进行投资；当现金余缺小于期末现金余额时，应筹措现金，直到现金总额达到要求的期末现金余额。

现金余缺+现金筹措（现金不足时）= 期末现金余额

或：　　现金余缺-现金投放（现金多余时）= 期末现金余额

【例 10-8】　根据前面编制的各业务预算表和决策预算表的资料，编制现金预算表。该公司年初现金余额为 80 000 元，每季支付各种流转税 35 000 元，前三季度每季预交所得税 50 000 元，年末汇缴 89 440 元，年末支付股利 250 000 元。最低现金持有量为 50 000 元。W 公司现金预算如表 10-9 所示。

表 10-9　W 公司现金预算表

20××年度　　　　金额单位：元

项目	第 1 季度	第 2 季度	第 3 季度	第 4 季度	全年
期初现金余额	80 000	80 000	80 000	80 000	80 000
经营现金收入	475 000	575 000	700 000	675 000	2 425 000
可供支配的现金合计	555 000	655 000	780 000	755 000	2 505 000
经营性现金支出					
直接材料采购	208 800	236 480	271 352	271 256	987 888
直接人工支出	66 000	76 500	88 500	72 000	303 000
制造费用	25 000	25 000	24 000	19 450	93 450
销售及管理费用	69 855	69 855	69 855	69 855	279 420
支付流转税	35 000	35 000	35 000	35 000	140 000
预交所得税	50 000	50 000	50 000	89 440	239 440
分配股利				250 000	250 000
资本性现金支出	50 000	40 000	70 000	80 000	240 000
现金支出合计	504 655	532 835	608 707	887 001	2 533 198
现金余缺	50 345	122 165	171 293	（132 001）	（28 198）
资金筹措与应用					
长期借款	40 000			80 000	120 000
支付利息	（15 345）	（15 165）	（13 293）	（11 999）	（55 802）
取得短期借款	5 000			20 000	25 000
偿还短期借款		（5 000）			（5 000）
进行短期投资		（22 000）	（78 000）		（100 000）
出售短期投资				100 000	100 000
期末现金余额	80 000	80 000	80 000	56 000	56 000

10.2.10　预计利润表

预计利润表用来综合反映企业在计划期的预计经营成果，是企业最主要的财务预算表之一。编制预计利润表的依据是各业务预算、专门决策预算和现金预算。

【例 10-9】 以前面所编制的各种预算为资料来源。假设每季预提的财务费用为20 000元。编制 W 公司预计利润表如表 10-10 所示。

表 10-10 W 公司预计利润表

20××年度 金额单位：元

项目	第 1 季度	第 2 季度	第 3 季度	第 4 季度	全年
销售收入	500 000	625 000	750 000	625 000	2 500 000
减：销售成本	293 000	366 250	439 500	366 250	1 465 000
销售毛利	207 000	258 750	310 500	258 750	1 035 000
减：销售及管理费用	82 355	82 355	82 355	82 355	329 420
财务费用	20 000	20 000	20 000	20 000	80 000
营业利润	104 645	156 395	208 145	156 395	625 580
减：所得税	50 000	50 000	50 000	89 440	239 440
净利润	54 645	106 395	158 145	66 955	386 140

10.2.11 预计资产负债表

预计资产负债表用来反映企业在计划期末预计的财务状况。它的编制需以计划期开始日的资产负债表为基础，结合计划期间各项业务预算、专门决策预算、现金预算和预算利润表。它是编制全面预算的终点。

【例 10-10】 根据 W 公司期初资产负债表及计划期各项预算中的有关资料进行调整，编制出 20××年末的预计资产负债表如表 10-11 所示。

表 10-11 W 公司预计资产负债表

20××年 12 月 31 日 金额单位：元

资产	金额	负债及权益	金额
流动资产：		流动负债：	
现金	56 000	短期借款	20 000
应收账款	250 000	应付账款	144 912
存货	75 800	应付税金	10 000
流动资产合计	381 800	预提费用	24 198
长期资产：		流动负债合计	199 110
固定资产	800 000	长期负债	120 000
减：累计折旧	200 000	股东权益：	
固定资产净额	600 000	股本	500 000
在建工程	240 000	资本公积	100 000
无形资产	184 200	留存收益	486 890
长期资产合计	1 024 200	权益合计	1 086 890
资产总计	1 406 000	负债及权益总计	1 406 000

10.3 盈亏平衡分析

盈亏平衡分析属于本量利分析，本量利分析在实际工作中有比较广泛的用途，其基本内容主要包括保本分析、保利分析及各因素变动分析。盈亏平衡点分析就是保本分析。

10.3.1 盈亏平衡分析的基本概念

盈亏平衡是指企业在一定的时期内收支相等、盈亏平衡、不盈不亏，即利润为零。当企业处于这种特殊情况时，称为企业达到盈亏平衡状态。盈亏平衡分析就是研究当企业处于盈亏平衡状态时本量利关系的一种定量分析方法，分析的关键是盈亏平衡点的确定。盈亏平衡点就是在销售单价、单位变动成本和固定成本总额不变的情况下，企业既不盈利又不亏损的销售数量。

10.3.2 确定盈亏平衡点的方法

对于拟生产单一品种产品来说，盈亏平衡点的确定方法为：

$$总收入=单价\times销售量$$

$$总成本费用=单位变动成本\times销售量+固定成本+期间费用$$

令：

$$总收入=总成本费用$$

此时计算得出的销售量即为盈亏平衡点。

如果企业预测的销售量大于盈亏平衡点的销售量时，企业就会盈利；如果预测的销售量小于盈亏平衡点，即市场需求量小于盈亏平衡点时，企业就会亏损。

这也是企业确定一种产品能否投产的衡量标准。

在多品种条件下，由于不同产品的销售量不能直接相加，因而只能分别确定每种产品的盈亏平衡点，利用每种产品盈亏平衡点的销售量与相对应的售价进行乘积，最后确定一个盈亏平衡点的销售额。

多品种产品利润的计算公式为

$$利润=销售额\times加权平均边际贡献率-固定成本$$

当利润为 0 时，此时盈亏临界点销售额；固定成本等于加权平均边际贡献率和销售额的乘积，为各种产品边际贡献合计。

$$加权平均边际贡献率=各种产品边际贡献合计/各种产品销售收入合计\times100\%$$

【例 10-11】 某企业生产一种产品，单价 2 元，单位变动成本 1.20 元，固定成本 1 600元/月，计算其盈亏临界点销售量。

解：

$$2\times盈亏临界点销售量=1.20\times盈亏临界点销售量+1\ 600$$

$$盈亏临界点销售量=2\ 000（件）$$

即企业要每月销售 2 000 件产品，才能保证不盈不亏，因此，初创企业根据市场调查预测的销售量如果低于 2 000 件，就说明这个项目不可行。

【例 10-12】 某企业经营甲、乙、丙三种产品，固定成本为 2 000 元，销售和成本计划资料如表 10-12 所示。

表 10-12 某企业销售和成本计划资料

产品	单价/元	单位变动成本/元	单位边际贡献/元	销售量
甲	10	8	2	100
乙	9	6	3	300
丙	8	4	4	500

加权平均边际贡献率=［（2×100+3×300+4×500）/（10×100+9×300+8×500）］×100%

≈40. 26%

盈亏临界点销售额=2 000/40. 26%≈4 968（元）

10. 4 财务分析方法

10. 4. 1 财务分析的含义

财务分析以会计核算和报表资料为主要依据，参考市场信息等其他相关资料，采用一系列专门的分析技术和方法，对企业等经济组织过去和现在的财务状况、经营成果及未来前景进行分析与评价，从而为企业的投资者、债权者、经营者及其他关心企业的组织或个人了解企业过去、评价企业利弊得失、预测企业发展趋势、做出正确决策提供准确的信息或依据。

不论是静态的资产负债表，还是动态的损益表与现金流量表，所提供的有关财务状况和经营成果的信息都是历史性的描述。尽管过去的信息是进行决策的主要依据之一，但过去未必能代表现在和将来。因此，财务报表上所列示的各类项目的金额，如果孤立起来看，是没有多大意义的，必须与其他金额相关联或相比较才能成为有意义的信息，供决策者使用。而这正是财务分析所要解决的问题。

财务分析可以正确评价企业过去，全面反映企业现状，客观预测企业未来，不仅对企业内部生产经营管理有着重要作用，而且对企业外部投资决策、贷款决策、赊销决策等也有着重要作用，对于正确评价、考核、计划、控制、决策、预测都有重要作用。

10. 4. 2 财务分析的内容

由于分析主体和分析服务对象不同，财务分析的具体内容也有差异。各种财务分析主体的分析目的和财务分析服务对象所关心的问题构成了各自的分析体系。财务分析从主体和分析服务对象上看，包括投资者进行的财务分析、经营者进行的财务分析、债权者进行的财务分析，以及其他相关经济组织或者个人所进行的财务分析。

企业的股权投资者进行财务分析，主要关心资本的保值、增值及投资的风险性，因此其进行财务分析的最根本目的，是分析企业的盈利能力指标。与此同时，为了确保资本的保值和增值，还需进行企业的权益结构、偿债能力及营运能力等分析。

企业的债权者一方面要确保投资的安全，另一方面追求相应的报酬或收益，因此其进行财务分析首先要关注企业的偿债能力指标，而且还要与企业的盈利能力相结合。

企业经营者的总体目标是企业盈利的实现，因此他们首要关心盈利能力分析，不仅如此，企业经营者还需要及时发现生产经营中存在的问题，关注盈利的过程，以期实现盈利的持续增长，并要进行资产结构分析、营运状况与效率分析、经营风险与财务风险分析、支付能力与偿债能力分析与发展能力分析。

国家行政管理与监督部门进行财务分析的目的，是监督检查经济政策、法规、制度在企业的执行状况，保证财务会计信息和财务分析报告的真实性，为宏观决策提供可靠信息，财务分析的具体内容因其身份而异。

总的来说，财务分析的基本内容包括盈利能力分析、偿债能力分析利和营运能力分析。

10.4.3 财务分析的方法

财务分析的方法灵活多样。分析对象、企业实际情况和分析者不同，会采用不同的分析方法。财务分析的方法主要包括比较分析法、比率分析法和因素分析法。

1. 比较分析法

比较分析法是财务分析普遍使用的重要的分析方法。它是通过对经济指标在数据上的比较，揭示经济指标之间数量关系和差异的一种分析方法。对经济指标的对比，主要有以下两种方法。

（1）水平分析法

水平分析法是将企业报告期财务状况的信息与企业某一历史时期财务状况的信息进行对比，研究其发展变动情况的一种财务分析方法，主要应用于会计报表的分析。其基本要点是将不同时期的同项数据和指标进行对比，对比的方式有：

①变动绝对值。变动绝对值是将不同时期、相同项目的绝对金额进行比较，以观察其绝对额的变化趋势。其计算公式是：

$$\text{变动绝对值}=\text{分析期某项指标实际数}-\text{基期该项指标实际数}$$

②增减变动率。其计算公式是：

$$\text{变动率}=\frac{\text{变动绝对值}}{\text{基期该项指标实际数}}\times 100\%$$

需要注意的是，进行水平分析时，应将变动绝对值与变动率两种对比方式结合运用，仅用单独一种方法得出的结论往往是片面的，甚至是错误的。

（2）趋势分析法

趋势分析法是根据企业两期或者连续几个时期的分析资料，运用指数或完成率的计算，确定分析期各有关项目的变动情况和趋势的一种财务分析方法。趋势分析法的主要方式有：

①定基分析法。定基分析是以分析期间某一固定时期的报表数据作为基数，其他各期与之对比，计算百分比，以观察各期相对于基数的变化趋势。

②环比分析法。环比分析是以某一期的数据和上期的数据进行比较，计算趋势百分比，以观察每期的增减变化情况。

趋势分析法通常采用定基分析法。

2. 比率分析法

比率分析法是将财务报告中相互关联的两个项目或多个项目的绝对数进行对比，通过计算经济指标的比率来考察、计量和评价经济活动变动程度的一种分析方法。比率分析法是财务分析最基本、最重要的方法。

（1）比率的分类

根据分析的不同内容和要求，可以计算出各种不同的比率，主要有：

①相关指标比率。相关指标比率即根据经济活动客观存在的相互依存、相互联系的关系，将两个性质不同但又相关的指标加以对比，求出比率，然后进行各种形式的比较，以便更深刻地认识经济活动，更合理地评价经济效益。例如，通过计算，比较资产负债率、流动比率、速动比率等相关指标，可以了解企业的偿债能力及其变动情况，或与先进水平的差距等。

②构成比率。构成比率又称结构比率，是通过计算某项经济指标各个组成部分占总体的比重，来探讨各个部分在结构上的变化规律，反映报表中的项目与总体关系情况及其变动情况的财务分析方法。其计算公式是：

$$\text{构成比率}=\frac{\text{某个组成部分数额}}{\text{该总体总额}}\times 100\%$$

通过对各项目的占比分析，可以了解各项目在企业生产经营中的重要性。一般来说，项目比重越大，说明其重要程度越高，对总体的影响越大。计算、比较构成比率，可以了解某项经济指标的构成情况，以便考察总体部分的变化情况。例如，计算、比较资产构成比例、负债构成比率、所有者权益构成比率等，可以了解这些构成比率是否合理，其发展变化是否更加有效等。通常情况下，在计算出某项目的比重后，需要与前期同项目比重进行对比，研究各项目的比重变动情况。

③动态比率。动态比率将某项经济指标不同时期的数额进行对比，求出动态比率，然后进行各种形式的比较，以便考察该项经济指标的发展变化趋势和增减速度。

（2）比率分析法应遵循的原则

在财务分析中，比率分析虽然用途最广，但也有其局限性，如比率分析属于静态分析，对于预测未来并非绝对合理可靠。比率分析所使用的数据为账面价值，难以反映物价水准的影响。运用比率分析法，必须遵循4个原则。

①相关性。所分析的项目要具有可比性、相关性，将不相关的项目进行对比是没有意义的。

②一致性。比率的分子项与分母项必须在时间、范围等方面保持口径一致。

③科学性。选择比较的标准时要注意行业、生产经营情况差异性等因素。

④全面性。将各种比率有机地联系起来进行全面分析，而不可孤立地看某种或某类比率，同时要结合其他分析方法，才能对企业的历史、现状和将来有一个详尽的分析和了解，达到财务分析的目的。

3. 因素分析法

因素分析法是依据财务分析指标与其影响因素之间的关系，按照一定的程序和方法，从数量上确定各因素对分析指标差异影响程度的一种技术方法。一个经济指标往往是由多种因素构成的。它们各自对某一个经济指标有不同程度的影响，只有将这一综合性的指标分解成各个构成因素，才能从数量上把握每一个因素的影响程度。因素分析法既可以全面分析各因素对某一经济指标的影响，又可以单独分析某个因素对经济指标的影响，在财务分析中应用颇为广泛。因素分析法根据其分析特点可分为连环替代法和差额计算法两种。

（1）连环替代法

连环替代法是指在多种因素对某一指标综合发生作用的情况下，将分析指标分解为各个可以计量的因素，并根据因素之间的内在依存关系，顺次用各因素的比较值（通常为实际值）替代基准值（通常为标准值或计划值），据以测定经济指标变动的原因及各因素的影响程度。

①连环替代法的一般程序

a. 确定分析指标与其影响因素之间的关系，即将财务指标在计算公式的基础上进行分解或扩展，从而得出各影响因素与分析指标之间的关系式。

b. 根据分析指标的报告期数值与基期数值列出两个关系式，确定分析对象。

c. 连环顺序替代，计算替代结果，即以基期指标体系为计算基础，用实际指标体系中的每一个因素的实际数顺序地替代其相应的基期数，每次替代一个因素，替代后的因素被保留下来不再返回为基期数。

d. 比较各因素的替代结果，确定各因素对分析指标的影响程度。每个因素替换以后，均会得出一个综合指标的结果，将每个因素替换以后的结果与替换以前的结果相减，即可得出该替换因素变动对综合指标的影响数额。

e. 检验分析结果。将各因素的影响额汇总相加，与综合指标变动的总差异相比较，确定其计算的正确性，即将各因素对分析指标的影响额相加，其代数和应等于分析对象。如果二者相等，说明分析结果可能是正确的；但是如果二者不相等，则说明分析结果一定是错误的。

设某一分析指标 P 由相互联系的 A、B、C 三个因素相乘得出，报告期（实际）指标和基期（计划）指标为：报告期（实际）指标 $P_0=A_0\times B_0\times C_0$，基期（计划）指标 $P_S=A_S\times B_S\times C_S$；在测定各因素变动对指标 P 的影响程度后按顺序进行：

分析对象：$\Delta P=P_0-P_S$

基期（计划）指标：$P_S=A_S\times B_S\times C_S$；（1）

第一次替代：$A_0\times B_S\times C_S$；（2）

第二次替代：$A_0\times B_0\times C_S$；（3）

第三次替代：$A_0\times B_0\times C_0$（4）

式（2）-式（1）得：A 变动对 P 的影响。

式（3）-式（2）得：B 变动对 P 的影响。

式（4）-式（3）得：C 变动对 P 的影响。

②应用连环替代法的注意事项

a. 因素分解的相关性。构成经济指标的因素要能够反映形成该指标差异的内在构成原因。经济指标与它的构成因素之间不仅能够构成一种代数式，而且必须存在真正的因果关系。

b. 分析前提的假定性。连环替代法计算的各因素变动的影响数，会因替代计算的顺序不同而有差别，即计算结果只是在某种假定前提下的结果，为此，财务分析人员在具体运用此方法时，应力求假定合乎逻辑，具有实际经济意义，这样才不会妨碍分析的有效性。

c. 因素替代的顺序性。连环替代法严格按照各因素的排列顺序，逐次以一个因素的实际数替换其基数。替换的顺序不一样，计算结果就不一样。在实际工作中，一般将各因素区分为数量指标和质量指标，替换顺序的确定原则是：先换量的因素，再换质的因素，并按照影响指标的重要性程度来安排各因素的替换顺序，如果同时出现几个数量指标或几个质量指标，应先替换数量指标，后替换质量指标。除此之外，还可按照先替换基本因素、后替换从属因素的方法，确定连环替代法的因素替换顺序。

采用连环比较的方法确定因素变化影响结果。只有保持这一连环性，才能使计算出的各因素的影响等于所要分析的综合经济指标的总差异。

（2）差额分析法

差额分析法也称绝对分析法，是连环替代法的一种简化形式，即利用各个因素的比较值与基准值之间的差额，在其他因素不变的假定条件下，来计算各因素对分析指标的影响。仍以连环替代法使用的财务指标为例，实际指标与基期指标的总差异为 P_0-P_S，这一总差异同时受到 A、B、C 三个因素的影响，它们各自的影响程度可分别由下式计算求得：

A 因素变动的影响：$(A_0-A_S)\times B_S\times C_S$

B 因素变动的影响：$A_0\times(B_0-B_S)\times C_S$

C 因素变动的影响：$A_0\times B_0\times(C_0-C_S)$

最后，将以上三大因素各门的影响数相加，就应该等于总差异 P_0-P_S。

需要注意的是，并非所有的连环替代法都可以运用差额分析法进行简化，尤其在各影响因素之间不是连乘的情况下，运用差额分析法必须格外慎重。

【例 10-13】 影响总资产报酬率的因素主要有总资产周转率和销售息税前利润率，根据表 10-13 中某公司的资料，分别运用连环替代法和差额替代法分析总资产周转率和销售息税前利润率变动对总资产报酬率的影响。

其中：

$$总资产报酬率=\frac{利润总额+利息支出}{资产平均总额}=\frac{营业收入}{资产平均总额}\times\frac{利润总额+利息支出}{营业收入}\times 100\%$$

$$=总资产周转率\times销售息税前利润率\times 100\%$$

表 10-13　某公司资产经营盈利能力分析表

项目	2018 年	2017 年	差异
营业收入/元	1 250 000	1 020 000	
利润总额/元	310 300	290 252	
利息支出/元	41 500	42 560	
息税前利润/元	351 800	332 812	
平均总资产/元	8 070 078	7 992 050	
总资产周转率/%	15. 49	12. 76	2. 73
销售息税前利润率/%	28. 14	32. 63	-4. 49
总资产报酬率/%	4. 36	4. 16	0. 20

①运用连环替代法分析：

实际指标体系：15. 49%×28. 14%＝4. 36%

基期指标体系：12. 76%×32. 63%＝4. 16%

分析对象：4. 36%-4. 16%＝0. 20%

进行连环替代，并计算每次替代后的结果：

基期指标：12. 76%×32. 63%＝4. 16%

第一次替代：15. 49%×32. 63%＝5. 05%

第二次替代：15. 49%×28. 14%＝4. 36%

得总资产周转率的影响为：5. 05%-4. 16%＝0. 89%

得销售息税前利润率的影响为：4. 36%-5. 05%＝-0. 69%

检验分析结果：-0. 69%+0. 89%＝0. 20%

②运用差额替代法分析：

因素分析：

总资产周转率的影响：（15. 49%-12. 76%）×32. 63%＝0. 89%

销售息税前利润率的影响：（28. 14%-32. 63%）×15. 49%＝-0. 69%

分析结果表明，该公司本年总资产报酬率比上年提高了 0. 20%，主要是由于尽管销售息税前利润率的下降使总资产报酬率下降了 0. 69%，但该公司 2008 年总资产周转率加快，总资产报酬率上升了 0. 89%。由此可见，要提高企业总资产报酬率，增强企业的盈利能力，应从提高企业总资产周转率和销售息税前利润率两方面努力。

10. 5　财务比率分析

总结和评价企业财务状况与经营成果的比率指标包括偿债能力指标、营运能力指标、盈利能力指标和发展能力指标。其中偿债能力指标包括资产负债率、流动比率、速动比率；营运能力指标，包括应收账款周转率、存货周转率；盈利能力指标，包括营业利润率、成本费用利润率、总资产报酬率、净资产收益率等。某公司的资产负债表和利润表列举如下（如表 10-14、表 10-15 所示）。

表 10-14 某公司资产负债表

2018 年 12 月 31 日　　单位：万元

资产	年初数	年末数	负债及所有者权益	年初数	年末数
流动资产：			流动负债：		
货币资金	800	900	短期借债	2 000	2 300
交易性金融资产	1 000	500	应付账款	1 000	1 200
应收账款	1 200	1 300	预收账款	300	400
预付账款	40	70	其他应付款	100	100
存货	4 000	5 200	流动负债合计	3 400	4 000
其他流动资产	60	80	长期负债	2 000	2 500
流动资产合计	7 100	8 050	所有者权益：		
长期投资	400	400	实收资本	12 000	12 000
固定增产净值	12 000	14 000	盈余公积	1 600	1 600
无形资产	500	550	未分配利润	1 000	2 900
			所有者权益合计	14 600	16 500
资产总计	20 000	23 000	负债及所有者权益合计	20 000	23 000

表 10-15 某公司利润表

2018 年度　　单元：万元

项目	上年实际	本年实际
一、营业收入	18 000	20 000
减：营业成本	10 700	12 200
税金及附加	1 080	1 200
销售费用	1 620	1 900
管理费用	800	1 000
财务费用	200	300
资产减值损失	0	0
加：投资收益	600	1 000
二、营业利润	4 200	4 400
加：营业外收入	400	450
减：营业外支出	600	650
三、利润总额	4 000	4 200
减：所得税（设税率为 25%）	1 000	1 050
四、净利润	3 000	3 150

注：表中的营业收入即为主营业务收入净额，营业成本即为主营业务成本。

10.5.1 偿债能力分析

偿债能力是指企业偿还到期债务（包括本息）的能力。偿债能力分析包括短期偿债能力分析和长期偿债能力分析。

1. 短期偿债能力分析

短期偿债能力是指企业流动资产对流动负债及时足额偿还的保证程度，是衡量企业当前财务能力特别是流动资产变现能力的重要标志。

企业短期偿债能力的衡量指标主要有流动比率、速动比率和现金流动负债比率三项。

（1）流动比率

流动比率是流动资产与流动负债的比率，它表明企业每1元流动负债有多少流动资产作为偿还的保证，反映企业用可在短期内转变为现金的流动资产偿还到期流动负债的能力。其计算公式为：

流动比率=流动资产÷流动负债

一般情况下，流动比率越高，反映企业短期偿债能力越强，债权人的权益越有保证。一般认为2∶1的比例比较适宜，它表明企业财务状况稳定可靠，除了满足日常生产经营的流动资金需要外，还有足够的财务偿付到期短期债务。如果比例过低，则表示企业可能捉襟见肘，难以如期偿还债务。但是，流动比率也不能过高，过高则表明流动资产占用较多，会影响资金的使用效率和企业筹资成本进而影响获利能力。究竟保持多高水平的流动比率，主要视企业对待风险和收益的态度予以确定。

根据表10-14资料，该公司2018年流动比率为：

年初流动比率：7 100÷3 400=2.088

年末流动比率：8 050÷4 000=2.013

该企业2018年年初、年末流动比率均超过一般公认标准，反映该公司具有较强的短期偿债能力。

（2）速动比率

速动比率是企业速动资产与流动负债的比率。所谓速动资产，是指流动资产减去变现能力较差且不稳定的存货、待摊费用、待处理流动资产损失等后的余额。由于剔除了存货等变现能力较弱且不稳定的资产，因此速动比率较之流动比率，能更加准确、可靠地评价企业资产的流动性及其偿还短期负债的能力。其计算公式为：

速动比率=速动资产÷流动负债

一般速动比率为1时是安全标准。因为如果速动比率小于1，必使企业面临很大的偿债风险；如果速动比率大于1，尽管债务偿还的安全性很高，但却会因企业货币资金及应收账款资金占用过多而大大增加企业的机会成本。

根据表10-14材料该企业2018年的速动比率为：

年初速动比率：（800+1 000+1 200+40）÷3 400=0.894

年末速动比率：（900+500+1 300+70）÷4 000=0.693

分析表明，该企业2018年年末的速动比率比年初有所降低，虽然该企业流动比率超过一般公认标准，但由于流动资产中存货所占比重过大，导致企业速动比率未达到一般公认标准，企业的短期偿债能力并不理想，需采取措施加以扭转。

在分析时需注意的是，尽管速动比率较之流动比率更能反映流动负债偿还能力的安全性和稳定性，但并不能认为速动比率较低的企业的流动负债到期绝不能偿还。实际上，如果企业存货流转顺畅，变现能力较强，即使速动比率较低，只要流动比率高，企业仍然有望偿还到期的债务本息。

（3）现金流动负债比率

现金流动负债比率是企业一定时期的现金净流量同流动负债的比率，它可以从现金流量角度来反映企业当期偿付短期负债的能力。其计算公式为：

现金流动负债比率=年经营现金净流量÷年末流动负债

式中，年经营现金净流量是指一定时期内，由企业经营活动所产生的现金及其等价物的流入量与流出量的差额。

该指标是从现金流入和流出的动态角度对企业的实际偿债能力进行考察。由于有利润的年份不一定有足够的现金来偿还债务，所以利用以收付实现制为基础的现金流动负债比率指标，能充分体现企业经营活动所产生的现金净流量在多大程度上保证当期流动负债偿还的能力，直观地反映出企业偿还流动负债的实际能力。

根据表 10-14 资料，假定该企业 2017 年度和 2018 年度的经营现金净流量分别为3 000 万元和 5 000 万元，则该企业的现金流动负债比率为：

2017 年度的现金流动负债比率为：3 000÷3 400=0. 882

2018 年度的现金流动负债比率为：5 000÷4 000=1. 250

该企业 2018 年度的现金流动负债比率比 2017 年明显提高，表明该企业的短期偿债能力增强。

2. 长期偿债能力分析

长期偿愤能力指企业偿还长期负债的能力。其分析指标主要有：

（1）资产负债率

资产负债率又称负债比率，是企业负债总额对资产总额的比率。它表明企业资产总额中，债权人提供资金所占的比重，以及企业资产对债权人权益的保障程度。其计算公式为：

资产负债率=负债总额÷资产总额

这一比率越小，表明企业的长期偿债能力越强。如果此项比率较大，从企业所有者来说，利用较少量的自有资金投资，形成较多的生产经营用资产，不仅扩大了生产经营规模，而且在经营状况良好的情况下，还可以利用财务杠杆作用，得到较多的投资利润。但如这一比率过大，则表明企业债务负担重，企业资金实力不强，不仅对债权人不利，而且企业有倒闭的危险。

根据表 10-14 资料，该企业 2018 年的资产负债率为：

年初资产负债率=5 400÷20 000=0. 270

年末资产负债率＝6 500÷23 000＝0. 283

该企业年初、年末的资产负债率均不高，说明企业长期偿债能力较强，有助于增强债权人对企业出借资金的信心。

（2）产权比率

产权比率是指负债总额与所有者权益的比率，是企业财务结构稳健与否的重要标志，也称资本负债率。它反映企业所有者权益对债权人权益的保障程度。其计算公式为：

产权比率＝负债总额÷所有者权益

该指标越低，表明企业长期偿债能力越强，债权人权益的保障程度越高，承担的风险越小，但企业不能充分地发挥负债的财务杠杆效应。所以，企业在评价产权比率时，应从提高获利能力与增强偿债能力两个方面综合进行，即在保障债务偿还安全的前提下，尽可能提高产权比率。

根据表 10-14 资料，该企业 2018 年的产权比率为：

年初产权比率＝5 400÷14 600＝0. 370

年末产权比率＝6 500÷16 500＝0. 394

该企业 2018 年年初、年末的产权比率都不高，同资产负债率的计算结果可相互印证，表明企业的长期偿债能力较强，债权人的保障程度较高。

（3）利息保障倍数

利息保障倍数也称已获利息倍数，是指企业息税前利润与利息支出的比率，它可以反映获利能力对债务偿付的保障程度。其计算公式为：

利息保障倍数＝息税前利润÷利息支出

该指标不但反映了企业的获利能力，而且反映了获利能力对偿还到期债务的保证程度，既是企业举债经营的重要依据，也是衡量企业长期偿债能力的重要标志。若要维持正常偿债能力，从长期看，获利能力倍数应当大于 1，且比值越高，企业长期偿债能力也就越强。

如果获利能力倍数过小，企业将面临亏损、偿债的安全性与稳定性下降的风险。究竟企业获利能力倍数应是利息的多少倍，才算偿付能力强，要根据往年经验结合行业特点来判断。

根据表 10-15 资料，假定表中财务费用全部为利息费用，该企业获利能力倍数如下：

2017 年利息保障倍数为：（4 000+200）÷200＝21（倍）

2018 年利息保障倍数为：（4 200+300）÷300＝15（倍）

从以上利息保障倍数来看，该企业 2017 年和 2018 年的获利能力倍数都较高，表明企业有较强的偿付负债利息的能力。

10. 5. 2　营运能力分析

营运能力是指企业基于外部市场环境的约束，通过内部人力资源和生产资料的配置组合而对财务目标所产生的作用。营运能力分析包括人力资源营运能力分析和生产资料营运能力分析。

1. 人力资源营运能力的分析

人作为生产力的主体和企业财富的原始创造者，其素质水平对企业营运能力的形成状况具有决定性作用，分析和评价人力资源营运能力的着眼点在于如何充分调动劳动者的积极性、能动性，从而提高经营效率。通常采用劳动效率指标进行分析。劳动效率是指企业主营业务收入净额或净产值与平均职工人数（可以视不同情况具体确定）的比率。其计算公式为：

劳动效率=主营业务收入净额或净产值÷平均职工人数

对企业劳动效率进行考核评价主要采用比较的方法，例如将实际劳动效率与本企业计划水平、历史先进水平或同行业平均先进水平等指标进行对比，确定差异程度，分析造成差异的原因，以择取适宜对策，进一步发掘提高人力资源劳动效率的潜能。

2. 生产资料营运能力分析

企业拥有或控制的生产资料表现为各项资产占用。因此，生产资料的营运能力实际上就是企业的总资产及各个组成要素的营运能力。资产营运能力取决于周转速度。一般说来，周转速度越快，资产的使用效率越高，则资产营运能力越强；反之，营运能力就越差。资产营运能力的分析可以从三个方面进行。

（1）流动资产周转情况分析

反映流动资产周转情况的指标主要有应收账款周转率、存货周转率和流动资产周转率。

①应收账款周转率。应收财款周转率是一定时期内商品或产品营业收入与平均应收账款余额的比值，是反映应收账款周转速度的指标。其计算公式为：

应收账款周转率（次）=主营业务收入净额÷平均应收账款余额

应收账款周转天数=（平均应收账款余额×360）÷主营业务收入净额

其中：主营业务收入净额=主营业务收入-销售折扣与折让

平均应收账款余额=（应收账款年初数+应收账款年末数）÷2

应收账款周转天数=360÷应收账款周转率

应收账款周转率反映了企业应收账款变现速度及管理效率。周转率高表明：收账迅速，账龄较短；资产流动性强，短期偿债能力强；可以减少收账费用和坏账损失，从而相对增加企业流动资产的投资效益。同时借助应收账款周转期与企业信用期限的比较，还可以评价购买单位的信用程度，以及企业原定的信用条件是否适当。

利用上述公式计算应收账款周转率时，需要注意：公式中的应收账款包括会计核算中的“应收账款”和“应收票据”等全部赊销账款，且其金额应为扣除坏账准备后的净额。如果应收账款余额的波动性较大，应尽可能使用更详尽的计算资料，如按每月的应收账款余额来计算其平均占用额。分子、分母的数据应注意时间的对应性。

根据表10-14资料，计算2017年和2018年两年的应收账款周转率，如表10-16所示。计算结果表明，该企业2018年应收账款周转率比2017年有所改善，周转次数由15.7次提高为16次，周转天数由23缩短为22.5天。

这不仅说明企业的营运能力有所增强，而且对流动资产的变现能力和周转速度也会起到促进作用。

表 10-16 应收账款周转率计算

项目	2016 年	2017 年	2018 年
销售收入净额/万元		18 000	20 000
应收账款年末余额/万元	1 100	1 200	1 300
平均应收账款余额/万元		1 150	1 250
应收账款周转次数/次		15.7	16
应收账款周转天数/天		23.0	22.5

②存货周转率。存货周转率是一定时期内企业销售成本与存货平均资金占用额的比率，是反映企业流动资产流动性的一个指标，也是衡量企业生产经营各环节中存货运营效率的一个综合指标。它包括存货周转次数和存货周转天数。其计算公式为：

存货周转率（次数）= 主营业务成本÷平均存货

存货周转天数=平均存货×360÷主营业务成本

存货周转天数=360÷存货周转率

式中，主营业务成本也可用销货成本。

存货周转率是从存货变现角度来分析企业的销售能力及存货适量程度的。存货周转速度，不仅反映出企业采购、存储、生产、销售各环节管理工作，而且对企业的偿债能力及获利能力产生决定性的影响。一般来讲，存货周转率越高越好，存货周转率越高，表明其变现的速度越快，周转额越大，资金占用水平越低。因此，通过存货周转分析，有利于找出存货管理存在的问题，尽可能降低资金占用水平。

假设该公司 2016 年存货年末余额为 3 800 万元，该公司 2017 年、2018 年存货周转率，如表 10-17 所示。

表 10-17 存货周转率计算 单元：万元

项目	2016 年	2017 年	2018 年
主营业务成本/万元		12 320	14 100
存货年末余额/万元	3 800	4 000	5 200
存货平均余额/万元		3 900	4 600
存货周转次数/次		3.16	3.07
存货周转天数/天		113.9	117.3

③流动资产周转率。流动资产周转率是流动资产的平均占用额与流动资产在一定时期内所完成的周转额（营业收入）之间的比率，是反映企业流动资产周转速度的指标。其计算公式为：

流动资产周转率（次数）= 主营业务收入净额÷平均流动资产总额

流动资产周转期（天数）= 平均流动资产总额×360÷主营业务收入净额

平均流动资产总额应按分析期的不同分别加以确定，并应保持进行计算的主营业务收入净额与平均流动资产总额两项在时间上的一致性。

在一定时期内，流动资产周转次数越多，说明以相同的流动资产完成的周转额越多，流动资产利用效果越好。流动资产周转率用周转天数表示时，周转一次所用天数越少，表明流动资产在经历生产和销售各阶段时所占用的时间越短。生产经营任何一个环节上的工作改善，都会反映到周转天数的缩短上来。

假设该公司2016年流动资产年末余额为6 000万元，可以计算公司2017年、2018年流动资产周转情况，如表10-18所示。

表10-18 流动资产周转率计算

项目	2016年	2017年	2018年
主营业务收入净额/万元		18 000	20 000
流动资产年末余额/万元	6 000	7 100	8 050
流动资产平均余额/万元		6 550	7 575
流动资产周转次数/次		2.75	2.64
流动资产周转天数/天		131.0	136.4

由表10-18可见，该公司2018年流动资产周转速度比2017年延缓了5.4天，表明公司流动资产周转速度下降，公司应加强流动资产的管理。

（2）固定资产周转率

固定资产周转率是指企业年销售收入净额与固定资产平均净值的比率。它是反映企业固定资产周转情况，从而衡量固定资产利用效率的一项指标。其计算公式为：

固定资产周转率=营业收入÷固定资产平均净值

固定资产周转率高，表明企业固定资产利用充分，同时也能表明企业固定资产使用得当，固定资产结构合理，能够充分发挥效率。反之，如果固定资产周转率不高，则表明固定资产使用效率不高，提供的生产成果不多，企业的营运能力不强。

运用固定资产周转率时，需要考虑固定资产因计提折旧的影响，其净值在不断减少，因更新重置，其净值突然增加的影响。同时，由于折旧方法不同，可能影响其可比性。故在分析时，一定要剔除不可比因素。

假设该公司2016年年末固定资产净值为11 800万元，则该公司2017年、2018年固定资产周转率，如表10-19所示。

表10-19 固定资产周转率计算

项目	2016年	2017年	2018年
主营业务收入净额/万元		18 000	20 000
固定资产年末净值/万元	11 800	12 000	14 000
固定资产平均净值/万元		11 900	13 000
固定资产周转次数/次		1.51	1.54

以上计算结果表明，公司2018年固定资产周转率比2017年有所加快，其主要原因是固定资产净值的增加程度低于主营业务收入净额增长幅度，这表明企业的营运能力有所提高。

（3）总资产周转率

总资产周转率是企业营业收入与资产总额的比率。它可用来反映企业全部资产的利用效率。其计算公式为：

总资产周转率=主营业务收入净额+平均资产总额

总资产周转率高，说明企业全部资产使用效率高；反之说明使用效率较差，企业应采取各项措施来提高企业的资产利用程度，如提高销售收入或处理多余的资产。

10.5.3 盈利能力分析

对增值的不断追求是企业资金运动的动力源泉与直接目的。盈利能力是指企业资金增值的能力，即企业获取利润的能力。分析盈利能力时，应排除非正常因素影响，比如证券买卖等，只涉及企业正常的经营状况。这里主要从企业一般盈利能力角度分析。一般可用以下指标进行企业盈利能力分析。

1. 营业利润率

主营业务利润率是企业主营业务利润与主营业务收入净额的比率。其计算公式为：

主营业务利润率=（主营业务利润÷主营业务收入净额）×100%

或营业利润率=（营业利润÷营业收入）×100%

从利润表来看，企业的利润包括主营业务利润、营业利润、利润总额和净利润。其中利润总额和净利润包含非销售利润因素，所以能够更直接地反映销售获利能力的指标是主营业务利润率和营业利润率。通过考察主营业务利润占总额比重，可以发现企业经营理财状况的稳定性、面临的危险或可能出现的转机。

【例 10-14】 根据表 10-15，计算公司主营业务利润率，如表 10-20 所示。

表 10-20 销售利润率计算表

项目	2017 年	2018 年
主营业务利润/万元	6 220	6 600
营业利润/万元	4 200	4 400
利润总额/万元	4 000	4 200
净利润/万元	2 400	2 520
主营业务收入净额/万元	18 000	20 000
主营业务利润率/%	34. 56	33
营业利润率/%	23. 33	22

从以上分析可以看出，公司主营业务利润率呈下降趋势。进一步分析可以得到，这种下降趋势主要是由于公司 2018 年成本费用增加，因其毛利率比 2017 年有所提高。所幸的是在整个经营过程中，主营业务利润率下降的幅度不大。可见，企业的经营方向和产品结构仍能适应市场需要。

2. 成本费用利润率

成本费用利润率是指利润与成本费用的比率，能反映企业生产经营过程中发生的耗费与获得的收益之间的关系。其计算公式为：

成本费用利润率=（利润÷成本费用）×100%

同利润一样，成本也可分为几个层次：主营业务成本、营业成本（主营业务成本+其他业务成本）。主营业务成本利润率与营业成本利润率反映企业主要成本的利用效果，是企业加强成本管理的着眼点。

根据表10-15，可计算主营业务成本利润率如下：

2017年主营业务成本利润率为：

$$6\ 220 \div 10\ 700 \times 100\% = 58.13\%$$

2018年主营业务成本利润率为：

$$6\ 600 \div 12\ 200 \times 100\% = 54.10\%$$

从以上计算结果可以看到，该公司主营业务成本利润率指标2018年比2017年有所下降。公司应当深入检查导致成本费用上升的因素，改进有关工作，以便扭转效益指标下降的状况。

3. 总资产报酬率

总资产报酬率是企业一定时期内获得的报酬总额与企业平均资产总额的比率，是反映企业资产综合利用效果的指标。其计算公式为：

总资产报酬率=（利润总额+利息支出）÷平均资产总额

平均资产总额为年初资产总额与年末资产总额的平均数。该比率越高，说明该企业资产利用效果佳，整个企业盈利能力越强，经营管理水平越高。

根据表10-15及有关资料，可计算总资产报酬率：

2017年总资产报酬率为：

$$(4\ 000+200) \div [(19\ 000+20\ 000) \div 2] = 0.215$$

2018年总资产报酬率为：

$$(4\ 200+300) \div [(20\ 000+23\ 000) \div 2] = 0.209$$

计算结果表明，企业资产综合利用效率2018年不如2017年，需要对公司资产的使用情况进一步分析考察，以便改进管理，提高效益。

4. 净资产收益率

净资产收益率是指企业一定时期内的净利润同平均净资产的比率。它反映投资者投入企业的自有资本获取净收益的能力，即反映投资与报酬的关系，因而是评价企业资本经营效益的核心指标。其计算公式为：

净资产收益率=（净利润÷平均净资产）×100%

式中，净利润是企业的税后利润，是未做任何分配的数额，受其他人为因素影响较少，能够比较客观地综合反映企业的经济效益。平均净资产是企业年初所有者权益同年末所有者权益的平均数。

净资产收益率是评价企业自有资本及其积累获取报酬水平的最具综合性和代表性的指标，又称股东权益净利率，反映企业资本运营的综合效益。该指标通用性强，适用范围广，不受行业局限。在我国上市公司业绩排序中，该指标居于首位。通过对该指标的综合对比分析，可以看出企业获利能力在同行业中所处的地位，以及与同类企业的差异水平。一般认为，企业净资产收益率越高，企业自有资本获取收益的能力越强，运营效益越好，对企业投资人、债权人的保证程度越高。

根据资料，假设该公司2016年年末所有者权益合计为13 000万元，则该公司2017年和2018年的净资产收益率为：

2017年净资产收益率为：

$$2\,400\div[(13\,000+14\,600)\div 2]=2\,400\div 13\,800=0.174$$

2018年净资产收益率为：

$$2\,520\div[(14\,600+16\,500)\div 2]=2\,520\div 15\,550=0.162$$

该公司2018年净资产收益率比2017年降低了1个百分点，这是由于该公司所有者权益的增长快于净利润的增长，根据前列资料可以求得，该公司所有者权益增长率为：（15 550−13 800）÷13 800×100%=12.68%，而其净利润的增长率为：（2 520−2 400）÷2 400×100%=5%。

5. 资本保值增值率

资本保值增值率是指企业本年末所有者权益扣除客观增减因素后同年初所有者权益的比率。资本保值增值率表示企业当年资本在企业自身努力下的实际增减变动情况，是评价企业财务效益状况的辅助指标。其计算公式为：

资本保值增值率=扣除客观因素后的年末所有者权益÷年初所有者权益

资本保值增值率是根据“资本保全”原则设计的指标，更加谨慎、稳健地反映了企业资本保全和增值状况。它充分体现了对所有者权益的保护，能够及时、有效地发现侵蚀所有者权益的现象。该指标反映了投资者投入企业资本的保全性和增长性，该指标越高，表明企业的资本保全状况越好，所有者权益增长越快，债权人债务越有保障，企业发展后劲越强；该指标如为负值，表明企业资本受到侵蚀，没有实现资本保全，损害了所有者的权益，也妨碍了企业进一步发展壮大，应予以充分重视。

根据资料，计算胜利公司2017年和2018年的资本保值增值率：

2017年资本保值增值率为：14 600÷13 000=1.123

2018年资本保值增值率为：16 500÷14 600=1.130

6. 每股净收益

每股净收益也称每股利润或每股盈余，是指上市公司本年净利润与本年普通股总数的比值，反映普通股的获利水平，是衡量上市公司盈利能力的最常用指标。其计算公式为：

每股净收益=净利润÷年末普通股总数

为了更好地反映普通股所取得的利润，每股净收益也可以用净利润扣除优先股股利后的余额除以发行在外的普通股平均股数来计算。其计算公式为：

每股净收益=（净利润−优先股股利）÷发行在外的普通股平均股数

每股净收益是上市公司发行在外的普通股所取得的利润，它可以反映公司获利能力大小。每股净收益越高，说明公司获利能力越强。

7. 每股股利

每股股利是指上市公司本年发放的普通股现金股利总额与年末普通股总数的比值，其计算公式为：

每股股利=普通股现金股利总额÷年末普通股总数

每股股利是上市公司普通股股东从公司实际分得的每股利润，反映上市公司当期利润的积累和分配情况。

8. 市盈率

市盈率是上市公司普通股每股市价相当于每股收益的倍数，反映投资者对上市公司每股净利润愿意支付的价格，可以用来估计股票的投资报酬和风险。其计算公式为：

市盈率=普通股每股市价÷普通股每股收益

市盈率是反映上市公司获利能力的一个重要指标，投资者对这个比率十分重视。一般来说，市盈率高，说明投资者对该公司的发展前景看好，愿意出较高的价格购买该公司股票，所以一些成长性较好的股票的市盈率通常要高些。

9. 每股净资产

每股净资产是上市公司年末净资产与年末普通股总数的比值。其计算公式为：

每股净资产=年末股东权益÷年末普通股总数

10. 销售净利率

销售净利率反映每 1 元销售收入带来的净利润，表示销售收入的收益水平。其计算公式为：

销售净利率=净利润÷销售收入×100%

10.5.4 发展能力分析

发展能力是企业生存的基础上，扩大规模、壮大实力的潜在能力。反映发展能力的指标主要有销售（营业）增长率、资本积累率、总资产增长率等。

1. 销售（营业）增长率

销售（营业）增长率是指本年销售（营业）收入增长额同上年销售（营业）收入总额的比率。其计算公式为：

销售（营业）增长率=本年销售（营业）增长额÷上年销售（营业）收入总额×100%

该指标是衡量企业经营状况和市场占有能力、预测企业经营业务拓展趋势的重要标志，也是企业扩张增量和存量资本的重要前提。不断增加的销售（营业）收入，是企业生存的基础和发展的条件，增长速度越快，企业市场前景越好；若指标小于零，则说明企业或是产品不适销对路、质次价高，或是在售后服务等方面存在问题，产品销售不出去，市场份额萎缩。该指标在实际操作时，应结合企业历年的销售（营业）水平、企业市场占有情况、行业未来发展及其他影响企业发展的潜在因素进行前瞻性预测，或者结合企业前三年的销售（营业）增长率做出趋势性分析判断。

根据表 10-15 资料，可计算该企业 2018 年度销售（营业）增长率：

（20 000−18 000）÷18 000×100%=11.11%

2. 资本积累率

资本积累率是指企业本年所有者权益增长额同年初所有者权益的比率，可以表示企业当年的积累能力，是评价企业发展潜力的重要指标。其计算公式为：

资本积累率=本年所有者权益增长额÷年初所有者权益×100%

该指标越高，表明企业的资本积累越多，企业资本保全性越强，应付风险、持续发展的能力越大。该指标如为负值，表明企业受到侵蚀，所有者利益受到损害，应予充分重视。

根据表 10-14 资料，可计算该企业 2018 年度资本积累率：

（16 500－14 600）÷14 600 ×100%＝13.01%

3. 总资产增长率

总资产增长率是企业年总资产增长额同年初资产总额的比率，可以衡量企业本期资产规模的增长情况，评价企业经营规模总量的扩张程度。其计算公式为：

总资产增长率＝本年总资产增长额÷年初资产总额×100%

该指标是从企业资产总量扩张方面衡量企业的发展能力，表明企业规模增长水平对企业发展后劲的影响。该指标越高，表明企业一个经营周期内资产经营规模扩张的速度越快。但实际操作中，应注意资产规模扩张的质与量的关系，以及企业的后续发展，避免资产盲目扩张。

根据表 10-14 资料，可计算该企业 2018 年度总资产增长率：

（23 000－20 000）÷20 000 ×100%＝15%

4. 三年利润平均增长率

三年利润平均增长率表明企业利润连续三年增长情况，体现企业的发展潜力。其计算公式为：

$$\text{三年利润平均增长率}=\left(\sqrt[3]{\frac{\text{年末年润总和}}{\text{三年前年末利润总额}}}-1\right)\times 100\%$$

三年前年末利润总额指企业三年前的利润总额数。假如评价企业 2021 年的效绩状况，则三年前年末利润总额是指 2018 年利润总额年末数。

利润是企业积累和发展的基础，该指标越高，表明企业积累越多，可持续发展能力越强，发展的潜力越大。利用三年平均利润增长率指标，能够反映企业的利润增长趋势和效益稳定程度，较好体现企业的发展状况和发展能力，避免因少数年份利润不正常而对企业发展潜力做出错误判断。

5. 三年资本平均增长率

三年资本平均增长率表示企业资本连续三年的积累情况，体现企业的发展水平和发展趋势。其计算公式为：

$$\text{三年资本平均增长率}=\left(\sqrt[3]{\frac{\text{年末所有者权益}}{\text{三年前年末所有者权益}}}-1\right)\times 100\%$$

三年前年末所有者权益指企业三年前的所有者权益年末数。假如评价 2021 年企业绩效状况，三年前所有者权益年末数是指 2018 所有者权益年末数。

由于一般增长率指标在分析时具有滞后性，仅反映当期情况，而利用该指标，能够反映企业资本保值增值的历史发展状况，以及企业稳步发展的趋势。该指标越高，表明企业所有者权益得到的保障程度越大，企业可以长期使用的资金越充足，抗风险和保持连续发展的能力越强。

需要强调的是，上述四类指标不是相互独立的，它们相辅相成，有一定的内在联系。企业周转能力好，获利能力就较强，则可以提高企业的偿债能力和发展能力；反之亦然。

【本章要点】

本章介绍了创业者必备的财务知识，如何进行财务预算，如何进行盈亏平衡分析，同时还介绍了财务分析方法、财务比率分析等内容。

【关键术语】

财务预测　财务预算　财务决策　财务分析　财务考核　投资回收期　投资回报率　盈亏平衡分析

【扩展阅读】

下面是 ZH 电子公司 2017 年 12 月 31 日的资产负债表和利润表、现金流量表，如表 10-21—表 10-23 所示。

表 10-21　资产负债表（简表）

2017 年 12 月 31 日　　单位：元

资产	2017 金额	2016 金额	负债及所有者权益	2017 金额	2016 金额
现金	50 000	280 000	应付账款	490 000	440 000
应收账款	920 000	700 000	应交税金	150 000	40 000
存货	1 300 000	850 000	预提费用	60 000	50 000
预付账款	40 000	60 000	应付债券	1 650 000	200 000
固定资产	2 000 000	400 000	股本	1 060 000	960 000
累计折旧	200 000	100 000	留存收益	700 000	500 000
资产合计	4110 000	2190 000	负债和所有者权益合计	4 110 000	2 190 000

表 10-22　利润表

2017 年 12 月 31 日　　单位：元

项目	金额
销售收入	5 000 000
销售成本	3 100 000
销售管理费用	800 000
利息费用	110 000
利润总额	990 000
所得税	300 000
净利润	690 000

表 10-23　现金流量表

2017 年 12 月 31 日　　　　单位：元

项目	金额
净利润	690 000
加：折旧费用	100 000
财务费用	110 000
应付账款增加	50 000
应交所得税增加	10 000
应计负债增加	10 000
预付账款减少	20 000
减：应收账款增加	220 000
存货增加	450 000
经营活动现金净流量	320 000
投资活动现金流量	
购置固定资产	-1 600 000
投资活动现金净流量	-1 600 000
筹资活动现金流量	
吸收权益性投资	100 000
发行债券	1 550 000
偿付利息	-110 000
分配股利	-490 000
筹资活动现金净流量	1 050 000
本期现金净流量增加	-230 000

要求：

1. 计算 2017 年下列指标：流动比率、速动比率、现金比率、资产负债率、存货周转率、应收账款周转率、利息保障倍数、权益净利率、现金流量比率。

2. 对该公司财务状况进行简要分析。

3. 该公司总经理不能理解为什么公司在偿付债务方面存在困难，请说明原因。